GUÍAS VISUALES OCÉANO

Mamíferos

Dirección general de ediciones
Carlos Gispert

Dirección de la obra
José A. Vidal
Dirección y revisión científica
Aurelio Martins y Manuel Pijoan
Realización editorial y edición gráfica
Victoria Grasa
Diseño y diagramación
María Balsells
Diseño de cubiertas
Eduardo Palos
Revisión editorial
Ramón Sort

© MCMXCIX
OCEANO GRUPO EDITORIAL, S.A.
Milanesat, 21-23
08017 Barcelona (España)
Tel. 93 280 20 20★
Fax: 93 280 56 00
http://www.oceano.com
e-mail:info@oceano.com

Queda rigurosamente prohibida, sin la autorización
escrita del autor, bajo las sanciones establecidas en
las leyes, la reproducción parcial o total por
cualquier medio o procedimiento, comprendidos la
reprografía y el tratamiento informático, así como la
distribución de ejemplares de ella mediante alquiler
o préstamo público.

ISBN: 84-494-1423-7
Depósito legal: B-19509-XLII
10263949

Impreso en España/Printed in Spain

GUÍAS VISUALES OCÉANO

Mamíferos

OCEANO

PRESENTACIÓN

Las **Guías Visuales Océano** son ventanas abiertas al conocimiento del mundo natural, a las que puede asomarse cualquier lector. La cuidada selección de las ilustraciones, la concisión y claridad de los datos, la riqueza y abundancia de la información hacen de ellas un instrumento de gran utilidad tanto para alumnos y profesores de los niveles escolares como para los estudiantes de ciencias biológicas o para todo lector interesado.

El presente volumen dedicado a los **Mamíferos** se organiza según un criterio sistemático clásico, siguiendo las principales categorías taxonómicas —clase, orden, familia, género y especie— de los principales grupos de mamíferos. Una cuidadosa selección de imágenes y la organización sistemática de los contenidos permiten al lector centrar su atención en clases definidas y disponer de los datos característicos de las especies más representativas de las distintas categorías taxonómicas.

SUMARIO

CLASE MAMÍFEROS	**8**
SUBCLASE PROTOTERIOS	
ORDEN MONOTREMAS	**14**
SUBCLASE METATERIOS	
ORDEN MARSUPIALES	**20**
Suborden poliprotodontos	22
Suborden diprotodontos	30
SUBCLASE EUTERIOS	
ORDEN INSECTÍVOROS	**40**
ORDEN MACROSCELIDEOS	**50**
ORDEN DERMÓPTEROS	**52**
ORDEN QUIRÓPTEROS	**54**
Suborden megaquirópteros	56
Suborden microquirópteros	58
ORDEN ESCANDENTES	**68**
ORDEN PRIMATES	**70**
Suborden estrepsirrinos	72
Suborden haplorrinos	80
ORDEN DESDENTADOS	**108**
ORDEN FOLIDOTOS	**112**
ORDEN LAGOMORFOS	**114**
ORDEN ROEDORES	**118**
Suborden esciuromorfos	118
Suborden miomorfos	124
Suborden histricomorfos	132
ORDEN CETÁCEOS	**142**
Suborden odontocetos	144
Suborden misticetos	154
ORDEN CARNÍVOROS	**160**
ORDEN PINNÍPEDOS	**226**
ORDEN TUBULIDENTADOS	**240**
ORDEN PROBOSCÍDEOS	**240**
ORDEN HIRACOIDEOS	**246**
ORDEN SIRENIOS	**248**
ORDEN PERISODÁCTILOS	**252**
ORDEN ARTIODÁCTILOS	**268**
Suborden suiformes	268
Suborden tilópodos	278
Suborden rumiantes	286
Índices	331

GUÍA DE CONSULTA

- **Ficha técnica.**
  Descripción en síntesis de una especie: nombre vulgar y científico, clasificación, características y distribución.

- **Localización visual de la fotografía de la especie en la página.**

- **Localización visual de las tres subclases**
  - Prototerios
  - Metaterios
  - Euterios

- **Fotografía de la especie**

En la mayor parte de Eurasia vive el oso pardo de la subespecie nominal (*U. arctos arctos*), que en casi toda Alaska, en el noroeste de Canadá y en los estados de Idaho, Wyoming y Washington (EE UU) está sustituida por el grizzly u oso pardo americano (*U. a. horribilis*), subespecie de origen más reciente. En general, los osos pardos americanos son bastante más corpulentos que los europeos, pues su altura en la cruz llega a 1,10 m o más, y algunas veces su peso excede de 550 kg. Están considerados como los animales más peligrosos de América del Norte, lo que probablemente sea cierto si se descartan los insectos venenosos, los roedores transmisores de plagas y los animales domésticos. Aunque el grizzly se alimenta de vegetales, es bastante carnívoro y depreda alces, wapitís y otros ungulados —entre ellos el ganado doméstico— e incluso ataca a los osos negros.

Otra subespecie americana del oso pardo es el gigantesco oso kodiak (*U. a. middendorffi*), el mayor de los carnívoros vivientes, que es casi tan grande como un buey y alcanza los 800 kg de peso. A pesar de su tamaño, es un ser esquivo que se alimenta de marmotas y otros roedores, y, al igual que su vecino el grizzly de Alaska, también de salmones, que pesca en la época en que estos peces remontan los ríos metiéndose en el agua para atraparlos. El oso kodiak habita en la isla homónima (Kodiak) y en las adyacentes Afognak y Shuyak, que están situadas frente a la península de Alaska.

Oso negro americano. En la mayor parte de América septentrional, desde Alaska y el norte de Canadá hasta California y el N de México, vive, y en ocasiones abunda, el oso negro americano (*Ursus americanus*). Más pequeño que el oso pardo, tiene el pelo más corto que él, la espalda menos caída y una línea más convexa de cabeza y hocico. Su coloración varía del blanco (algunos individuos de la subespecie *U. a. kermodei*) hasta el negro intenso, pasando por el pardo y el gris azulado, según las subespecies y los individuos. Por sus costumbres, el oso negro difiere poco del pardo, aunque algunas de sus poblaciones son más carnívoras. También trepa a los árboles con más frecuencia que el pardo y a veces se instala en algún tronco hueco. No obstante, en invierno prefiere ocultarse bajo algún árbol caído, excavando el suelo con las uñas.

Oso polar. En toda la zona circumpolar del hemisferio norte habita el oso polar (*Ursus maritimus*), especie bien conocida por su pelaje blanco y sus grandes dimensiones, que a veces se acercan a las del oso kodiak. Cubierto de una piel abundante y de una gruesa capa de grasa, el oso polar se encuentra a sus anchas en las blancas extensiones del Ártico. Su pelaje, además, es una de las obras maestras de la naturaleza. Al igual que el de muchos mamíferos boreales, está formado por una capa exterior de pelo recio que protege otra interior de pelos más finos. El poder aislante de esta capa interior se ve realzado todavía más por unos pelos huecos, llenos de aire.

FICHA TÉCNICA
Nombre vulgar:
Grizzly u oso pardo americano
Nombre científico:
Ursus arctos horribilis
Clasificación:
Orden carnívoros.
Familia úrsidos
Características:
P máx. 550 kg
Distribución:
Alaska, NO de Canadá y estados de Idaho, Wyoming y Washington (EE UU)

FICHA TÉCNICA
Nombre vulgar:
Oso negro u oso negro americano
Nombre científico:
Ursus americanus
Clasificación:
Orden carnívoros.
Familia úrsidos.
Características:
LCC 1,5-1,8 m;
P 92-270 kg; G 220 d; Nc 2-3
Distribución: desde Alaska y el N de Canadá hasta California

Ursus arctos horribilis. *Ursus americanus.*

Ursus americanus.

- **Descripción completa de todos los mamíferos, ordenados con criterios taxonómicos.**

- **ABREVIATURAS**
  LCC: longitud cabeza-cuerpo
  LCCm: longitud promedio de cabeza cuerpo
  P: peso
  Pm: peso promedio
  G: gestación
  Gm: promedio gestación
  Nc: número de crías
  Ncm: número promedio de crías

- **Nombre científico de la especie**

Mamíferos

CLASE MAMÍFEROS

Los mamíferos actuales descienden de los sinápsidos primitivos, grupo de tetrápodos amniotas que comenzó a florecer a principios del Pérmico, hace unos 280 millones de años, y continuó dominando sobre los «reptiles» terrestres hasta hace unos 245 millones de años (principios del Triásico), cuando empezaron a despuntar los primeros dinosaurios. Debido a su superioridad competitiva, estos últimos hicieron desaparecer a la mayoría de los sinápsidos. No obstante, algunos sobrevivieron y se convirtieron en los primeros mamíferos verdaderos hacia finales del Triásico, hace unos 200 millones de años.

Características generales

Al igual que sus primitivos ancestros, los mamíferos modernos poseen un solo par de fenestras temporales en el cráneo, a diferencia de los diápsidos (dinosaurios, reptiles modernos y aves), que presentan dos pares, y de los anápsidos (tortugas), que no tienen ninguno. Además de esta diferencia esquelética —y de otras menos significativas como la importancia del hueso dentario en la mandíbula inferior y la condición heterodonta o capacidad que tienen los dientes de cumplir distintas funciones—, las características principales de los mamíferos son la presencia de pelo y de glándulas de la piel. Entre estas últimas destacan las sudoríparas, las sebáceas y, sobre todo, las glándulas mamarias, que dan nombre a toda la clase. Las glándulas mamarias segregan leche, un líquido rico en azúcar, grasa y caseína —una proteína de gran valor nutritivo— con el que las hembras alimentan

La cornamenta, cuyo principal fin es servir de arma en las luchas entre machos, confiere al ciervo un aspecto inconfundible.

a sus crías durante la primera época de su vida. Es probable que la lactancia y los cuidados paternos que recibieron sus crías fueran factores decisivos para que los mamíferos recuperaran la posición predominante de la que habían gozado como primitivos sinápsidos antes de la aparición de los dinosaurios. Sin embargo, antes de alcanzar esta superioridad, es muy posible que los primitivos mamíferos tuvieran que convertirse en animales nocturnos para evitar la competencia con los dinosaurios. Y es probable que, para sobrevivir al frío de la noche, comenzasen a desarrollar la endotermia, es decir, la autorregulación interna de la temperatura corporal —la vulgarmente llamada «sangre caliente»—, gracias a la aparición del pelo y del sebo que lo impermeabiliza (la secreción de las glándulas sebáceas), y al sudor de las glándulas sudoríparas. Una vez adquirida la endotermia, los primeros mamíferos verdaderos mejoraron su capacidad competitiva frente a otros tetrápodos terrestres, porque su metabolismo continuo les permitió hacer frente a los rigores climáticos, tener un crecimiento más rápido y ser más prolíficos.

Además de los caracteres esqueléticos y de otros ya mencionados —presencia de pelo y de glándulas cutáneas— que les valieron el predominio sobre la tierra a partir del Paleoceno, los mamíferos presentan otras características menos distintivas.

Los monos araña reciben este nombre por la delgadez y longitud de sus extremidades, con las que se aferran a las ramas.

Los dromedarios sobreviven en los desiertos gracias a que pueden elevar su temperatura corporal y liberar el calor durante la noche y vivir sin agua varios días.

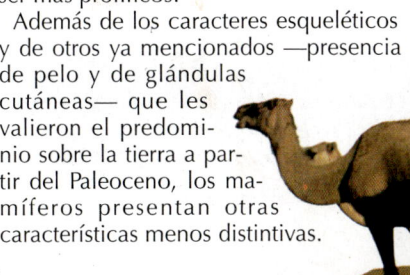

ALIMENTACIÓN

El aparato digestivo consiste en un conducto de entrada, o esófago, un estómago y un tubo intestinal con salida al exterior, más algunas glándulas anejas, las más importantes de las cuales son el hígado y el páncreas. Salvo contadas excepciones, el alimento sufre

Aunque los osos no son especialmente territoriales, de vez en cuando puede haber luchas por un espacio de pesca o de caza.

una preparación previa, la masticación, por medio de los dientes, órganos duros que guarnecen la boca y cuyo número y forma varían en gran medida según la alimentación de cada animal.

En la mayoría de los casos hay, ante todo, unos dientes cortantes, llamados incisivos; a continuación, otros aptos para desgarrar, que son los colmillos, o caninos, y, por último, otros que sirven para triturar y moler, denominados muelas o molares. Por regla general, los mamíferos poseen una serie de dientes cuando son jóvenes y más tarde los cambian por otros. No obstante, dentro de la serie molar, los posteriores sólo salen una vez; de ahí que se distingan dos grupos: los premolares, o molares anteriores, que se mudan, y los molares verdaderos, que no se mudan nunca. El número y disposición de todos estos dientes constituye un dato de

El mayor de los mamíferos que puebla las aguas continentales es el hipopótamo, al que podemos considerar de costumbres anfibias dada su dependencia de este elemento.

gran importancia para la clasificación de los mamíferos. Un ratón y un musgaño, por ejemplo, son animales superficialmente muy parecidos, pero basta comparar sus dientes para ver en seguida que corresponden a órdenes distintos.

Los dientes se componen de sustancias que no pertenecen al sistema óseo, sino al tegumentario, como la piel, las uñas y el pelo. La materia que forma el cuerpo del diente es el marfil o dentina, que por lo general está revestido en el exterior de otra sustancia muy dura, el esmalte, mientras que en la base del diente la envoltura externa está compuesta por una tercera sustancia llamada cemento.

En los mamíferos, los dientes se hallan siempre insertos en los huesos del cráneo que rodean la boca, que son, arriba, dos maxilares y dos premaxilares, y abajo, una mandíbula o quijada, que se articula directamente con la caja del cráneo. Este último, a su vez, enlaza con la columna vertebral por medio de dos abultamientos, o cóndilos, que hay a uno y otro lado del agujero por donde la médula espinal penetra para unirse al encéfalo. Aunque el número de vértebras de la columna vertebral varía mucho según las especies, las cervicales o

Las defensas de la morsa le sirven para defender su posición en la jerarquía de dominio.

La pantera negra debe su color a la melanina de su pelaje

Los tapires son de costumbres solitarias, aunque las crías permanecen al lado de sus madres el tiempo necesario para aprender a sobrevivir en la selva.

Ante ciertas presas muy bien defendidas, los leones tratan primero de debilitarlas. En la fotografía una leona enfrentada a un puercoespín que trata de defenderse del ataque erizando sus puas.

vértebras del cuello son siete en todos los mamíferos, a excepción de los perezosos, que pueden tener hasta diez, y de los manatíes, que sólo poseen seis.

REPRODUCCIÓN

Por último, es también característico de los mamíferos su modo de reproducirse. Si bien algunas especies son ovíparas, es decir, el óvulo fecundado sale al exterior formando un huevo, en la inmensa mayoría el embrión se desarrolla dentro del cuerpo de la madre y nace en un estado más o menos avanzado. De aquí se deriva una primera clasificación del grupo en mamífe-

ros que ponen huevos y mamíferos vivíparos. A los segundos se les ha llamado terios, término derivado del griego clásico que significa «animales», y a los que son ovíparos, prototerios, esto es, «primeros animales», ya que el registro fósil permite suponer que los primeros mamíferos que aparecieron en el mundo pertenecían a esta categoría. Todavía en los terios cabe distinguir entre los mamíferos cuyos hijos nacen en un estado de desarrollo muy atrasado, teniendo que pasar algún tiempo en una bolsa que la hembra posee en la piel del vientre, y aquellos otros en que no se observa semejante particularidad. Los primeros son los metaterios (también denominados marsupiales), es decir, «los animales que vienen detrás», los que siguen a los prototerios, y los últimos los euterios o mamíferos placentarios. Dentro de la clase que nos ocupa, éstos constituyen la gran mayoría.

Clasificación de la clase mamíferos

- **Clase mamíferos**
  - Subclase prototerios
    - Orden monotremas
  - Subclase metaterios
    - Orden marsupiales
  - Subclase euterios
    - Orden insectívoros
    - Orden macroscelideos
    - Orden dermópteros
    - Orden quirópteros
    - Orden escandentes
    - Orden primates
    - Orden desdentados
    - Orden folidotos
    - Orden lagomorfos
    - Orden roedores
    - Orden cetáceos
    - Orden carnívoros
    - Orden pinnípedos
    - Orden tubulidentados
    - Orden proboscídeos
    - Orden hiracoideos
    - Orden sirenios
    - Orden perisodáctilos
    - Orden artiodáctilos

CLASIFICACIÓN

Por la forma de los dientes, por las particularidades de sus miembros, etcétera, los mamíferos se dividen en veintiún órdenes, distribuidos en tres subclases. ■

El aullido del coyote durante las noches es uno de los sonidos más característicos de la gran pradera.

13

ORDEN MONOTREMAS

Aunque los monotremas parecen representar el boceto de los mamíferos, el primer ensayo de la naturaleza para producir esta clase de vertebrados, su primitivismo no está demostrado. En primer lugar, no se han encontrado fósiles que puedan probar la existencia de un eslabón intermedio entre éste y otros órdenes más primitivos. En segundo lugar, el huevo que los zoólogos de finales del siglo XIX creyeron similar a los de los reptiles crece en el interior del oviducto, absorbiendo nutrientes del útero de un modo muy similar al óvulo fertilizado de cualquier mamífero. Y en tercer lugar, está el hecho de que los equidnas presentan un cerebro bastante desarrollado.

Sin embargo, no puede negarse que los monotremas muestran varios rasgos primitivos, hasta el punto de que algunos autores los consideran como los últimos terápsidos vivos, esos reptiles sinápsidos del Cenozoico de los que, según parece, descienden todos los mamíferos. Además de ser los únicos mamíferos ovíparos, los monotremas tienen rasgos claramente reptilianos, como la presencia de ciertos huesos en el cráneo, la peculiar estructura de su cintura pectoral y, sobre todo, la presencia de una cloaca o conducto único en el que desembocan el intestino y los sistemas excretor y genital. Por lo demás, aunque tienen glándulas mamarias, las hembras de los monotremas carecen de mamas externas. Cuando las crías salen del cascarón, las amamantan mediante un procedimiento muy curioso: la leche brota de los poros y se escurre por los pelos del vientre, de manera que las crías, que no tienen labios carnosos para poder chupar, la reciben tomando con la boca un pequeño mechón. La boca de los monotremas es un pico duro y rígido, pero no córneo como el de las aves, sino revestido de piel lisa y suave. Otros rasgos notables de estos animales son la carencia de orejas y la existencia, en las patas posteriores de los machos, de un espolón que, en el caso del ornitorrinco, está atravesado por un canal que da salida al veneno segregado por unas glándulas especiales. Por último, la temperatura corporal de estos animales es algo más baja que la de otros mamíferos (entre 30 y 32 °C), circunstancia que explica por qué, hasta el año 1973, no se descubriera en ellos la homeotermia o capacidad para regular con precisión la temperatura coporal.

Los monotremas comprenden dos familias, tres géneros y tres especies, que viven en Australia, Nueva Guinea e islas adyacentes.

FAMILIA TAQUIGLÓSIDOS

Está compuesta por dos géneros con una especie cada uno. Superficialmente, los taquiglósidos recuerdan a los erizos por su cuerpo rechoncho y su pelaje duro, entremezclado

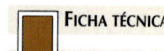

FICHA TÉCNICA

Nombre vulgar:
Equidna común
Nombre científico:
Tachyglossus aculeatus
Clasificación:
Orden monotremas. Familia taquiglósidos
Características:
LCC 35-53 cm; P 2,5-6 kg; G 9-27 d; Nc 1;
Distribución:
Australia, Tasmania, C y S de Nueva Guinea

Tachyglossus aculeatus.

de fuertes y afiladas púas; pero es fácil distinguirlos por su largo hocico tubular y por sus fortísimas uñas adaptadas para excavar. Carecen de dientes y su lengua está impregnada de una saliva pegajosa.

El equidna común (*Tachyglossus aculeatus*) tiene cinco uñas en cada pata y el pico recto o ligeramente inclinado hacia arriba. Tiene el dorso cubierto de púas amarillentas de punta negra —en ocasiones completamente amarillas—, que en algunos individuos ocultan casi por completo el pelo de color negruzco o pardo y que en otros quedan ocultas por él. Crepuscular y nocturno, frecuenta una gran variedad de hábitats, desde selvas y zonas de matorral ricas en helechos hasta zonas rocosas y llanuras arenosas, donde busca cobijo en grietas rocosas, bajo la vegetación u ocasionalmente en madrigueras que él mismo excava. Cuando se le molesta en su escondrijo, excava en el suelo y se aferra al sustrato con las espinas y las uñas; si el suelo es excesivamente duro, se enrosca como un erizo, convirtiéndose en una bola cubierta de espinas.

El equidna común se alimenta casi exclusivamente de hormigas y de termes; por razones que se desconocen, su dieta se compone principalmente de las primeras en las zonas húmedas y frescas, mientras que los termes son su presa más habitual en zonas secas y cálidas. Cuando la temperatura del aire supera los 32 °C, el animal se refugia invariablemente en su cobijo y no entra en letargo cuando hace frío sino únicamente cuando no encuentra alimento suficiente, circunstancia que puede producirse en cualquier época del año.

El equidna común habita en Australia, Tasmania y sudeste de Nueva Guinea.

En esta última isla también vive el equidna de hocico curvo (*Zaglossus bruijni*), que se diferencia del común por tener únicamente tres uñas en cada pata, por sus espinas más cortas, desafiladas y esparcidas, y por su hocico largo y curvo. Este equidna es un habitante de la selva húmeda de montaña, que puede encontrarse en prados alpinos hasta una altitud de 4 000 m. Es principalmente nocturno y se alimenta casi exclusivamente de lombrices. Su carne es muy codiciada por los nativos, que lo cazan intensamente con la ayuda de perros especialmente adiestrados. Por esta razón y por la pérdida del hábitat forestal en provecho de la agricultura, la especie se ha vuelto muy rara en todas las zonas accesibles.

Familia ornitorrínquidos

Comprende un único género, con una sola especie: el ornitorrinco (*Ornithorhynchus anatinus*). Este singular mamífero, que recuerda a un gran topo con cola de castor, pico de pato y pies palmeados y un pelaje de nutria. Vive en la parte oriental de Australia y en Tasmania. Su cuerpo fusiforme y aplanado dorsoventralmente está cubierto de un pelaje espeso y blando como de nutria, y sus pies, con cinco dedos provistos de largas uñas, están unidos por una mem-

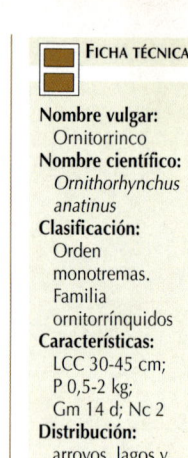

FICHA TÉCNICA

Nombre vulgar:
Ornitorrinco
Nombre científico:
Ornithorhynchus anatinus
Clasificación:
Orden monotremas. Familia ornitorrínquidos
Características:
LCC 30-45 cm; P 0,5-2 kg; Gm 14 d; Nc 2
Distribución:
arroyos, lagos y lagunas del E de Australia y de Tasmania

PROTOTERIOS

Ornithorhynchus anatinus (dibujo).

Ornithorhynchus anatinus.

17

brana. En el talón, los machos llevan un espolón córneo en comunicación con una glándula que se hincha durante la época de cría; ésta segrega un veneno que causa un dolor insoportable y provoca importantes edemas en los seres humanos, siendo capaz de matar a un conejo en 90 segundos. El espolón se encuentra en los jóvenes de ambos sexos, pero en la hembra degenera con la madurez. Los jóvenes también poseen dientes funcionales, pero al hacerse adultos los pierden, presentando en su lugar unas placas córneas que crecen sin interrupción para compensar así su desgaste por el uso.

El ornitorrinco es semiacuático y un excelente nadador que vive junto a ríos y arroyos de curso lento o en lagunas ricas en plantas acuáticas. Cuando se sumerge, sus ojos y oídos quedan cubiertos por unos repliegues cutáneos y el animal, que entonces se vuelve funcionalmente ciego y sordo, se guía con los órganos sensitivos extremadamente desarrollados de su pico. En tierra anda con lentitud, arrastrando el vientre.

En la parada nupcial, un ritual elaborado y complejo, es la hembra quien toma la iniciativa. Para atraer la atención del macho utiliza diversas pautas: bucea debajo y en torno suyo, frota sus flancos contra los suyos cuando éste pasa por delante o simplemente se arrellana cerca de él. La pauta más extraña del cortejo es la emisión de una nube de vómito por la hembra, tras la cual el macho nada a su través y señala su disposición a la cópula, agarrando con el pico la cola de la hembra. A continuación, la pareja nada en círculos, ejecutando diversas figuras, sin violencia alguna, durante varios días. Después de la cópula en la que interviene un pene bífido, la hembra pone dos huevos (ocasionalmente tres) en una madriguera mucho más profunda y elaborada que la que durante el resto del año ocupan ambos sexos. Esta larga galería, que la hembra suele excavar en orillas escarpadas, puede superar los 20 m de longitud y termina en una cámara de cría llena de hojas húmedas en la que eclosionan las crías después de unos diez días de incubación.

Esta última se realiza de un modo insólito, ya que la hembra se sienta sobre sus cuartos traseros y se pone los huevos encima del abdomen. Las crías, que nacen desnudas, rosadas y ciegas, miden 2,5 cm de longitud y no abandonarán la madriguera hasta que, con unos cuatro meses de edad, adquieran todo su pelaje y un tamaño similar al adulto.

La dieta del ornitorrinco se compone de pequeños crustáceos y moluscos de agua dulce que detecta no sólo por el tacto sino eléctricamente con el pico. Esta capacidad de electrodetección, es decir, de localizar a las presas por los débiles campos electromagnéticos que emiten, fue descubierta en 1985 por investigadores australianos y alemanes. Poco después se descubrieron sensores electrorreceptores idénticos a los del ornitorrinco en los equidnas. ∎

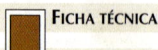

Ficha técnica

Nombre vulgar:
Equidna de hocico curvo
Nombre científico:
Zaglossus bruijni
Clasificación:
Orden monotremas. Familia taquiglósidos
Características:
LCC 45-75 cm; P 5-10 kg
Distribución:
selvas de montaña de Nueva Guinea

Zaglossus bruijni.

ORDEN MARSUPIALES

Los marsupiales son mamíferos vivíparos, provistos de mamas externas. Sin embargo, su peculiar forma de reproducirse, junto con otras particularidades anatómicas, los separan de los restantes mamíferos. La mayoría de las hembras de los marsupiales poseen una bolsa abdominal, denominada marsupio, en la que llevan a las crías desde el nacimiento hasta el destete. Los marsupios mejor formados son los que presentan las especies trepadoras, saltadoras, excavadoras o nadadoras, pero existen especies terrestres en las que es muy rudimentario o está ausente.

Los marsupiales carecen de una placenta bien desarrollada. Al contrario que en los mamíferos placentarios, sus crías nacen en un estado de desarrollo muy poco avanzado, tras una breve gestación; desde la tercera vagina o vagina media (otro rasgo único de los marsupiales, que tienen una vagina y un útero dobles y desarrollan una tercera vagina durante la reproducción) se abren camino hasta el marsupio, donde localizan el pezón y se adhieren a él por medio de sus músculos labiales. Cuando falta el marsupio, las crías suelen ser transportadas colgando de las mamas. La mayor parte del desarrollo y crecimiento del embrión se produce fuera del útero, por lo que la lactancia en estos animales es sumamente importante.

Los sentidos más desarrollados en los marsupiales son el oído y el olfato, ya que casi todas las especies son nocturnas. Mediante la orina, las heces y ciertas glándulas, los marsupiales marcan lugares importantes, otros animales o se impregnan a sí mismos.

En la actualidad los marsupiales sólo se encuentran en América y en Oceanía (incluidas las islas de Indonesia situadas al este de la línea de Wallace), principalmente en Australia y en Nueva Guinea. Las formas sudamericanas son, sobre todo, pequeñas especies terrestres o especies arborícolas insectívoras u omnívoras. Sin embargo, en Australia los marsupiales tienen modos de vida muy diversificados, similares a los que presentan los mamíferos placentarios en otras zonas del planeta. Las diferencias morfológicas son potentes en las imágenes y análogas divergencias se observan en sus costumbres y alimentación: unas familias son herbívoras o frugívoras, en tanto que algunas se alimentan de carne y otras de insectos. Estas diferencias se traducen en ciertas particularidades de los dientes. Los marsupiales carnívoros y casi todos los insectívoros presentan cuatro o más incisivos inferiores, mientras que los herbívoros poseen dos incisivos enormes (diprotodontos) y, si tienen más, están muy atrofiados.

Clasificación

No existe ninguna clasificación de los marsupiales del todo satisfactoria. Una de ellas considera que el orden marsupiales se divide en dos subórdenes: poliprotodontos y diprotodontos, el primero compuesto por nueve familias y el segundo por ocho.

Phascolarctos cinereus (ver ficha técnica en página 32).

Didelphis virginiana (ver ficha técnica en página 22).

Macropus rufus (ver ficha técnica en página 36).

SUBORDEN POLIPROTODONTOS

Se caracterizan por presentar más de tres incisivos en cada hemimandíbula superior y cuatro o más en la mandíbula inferior. Además, la mayoría de los poliprotodontos son didáctilos, es decir, tienen el segundo y el tercer dedos del pie posterior unidos por una vaina común.

Familia didélfidos

La familia abarca 11 géneros y 77 especies, distribuidas por el continente americano. Las zarigüeyas son mamíferos de tamaño pequeño o mediano, superficialmente similares a ratones o ratas, con el hocico desnudo y alargado, el pulgar de las patas posteriores muy desarrollado, oponible y sin uña, y una cola larga y prensil.

Los didélfidos son principalmente crepusculares y nocturnos. La mayoría son arbóreos o terrestres, y los del género *Chironectes* son semiacuáticos. Aunque algunas especies tienen una dieta más especializada, insectívora o carnívora, la mayoría son oportunistas y se alimentan indistintamente de gusanos, artrópodos, pequeños vertebrados, vegetales o carroña. A su vez, son depredadas por varias especies, incluido el ser humano, que se alimenta de algunas de las formas de mayor tamaño. Como en otros marsupiales, el período de gestación es corto y el de desarrollo, largo. En el género *Didelphis*, el período de gestación, que no supera los 13 días, es uno de los más cortos de entre todos los mamíferos.

Las zarigüeyas del género *Didelphis* son las de mayor tamaño y las más conocidas de la familia, entre otras cosas por su utlidad como animales de laboratorio. Las tres especies alcanzan 50 cm, sin contar la cola, y su área de distribución es muy amplia: el micuré (*D. albiventris*) vive en casi toda América del Sur, desde Venezuela y Colombia hasta el norte de Argentina; la zarigüeya marsupial (*D. marsupialis*) se distribuye desde el E de México hasta el norte de Argentina; y el opósum de Virginia (*D. virginiana*) desde el sur de Ontario hasta Costa Rica. Son principalmente nocturnas y durante el día duermen en madrigueras, grietas rocosas, árboles huecos o nidos que ellas mismas contruyen. Su alimentación, extremadamente variada, consiste en pequeños vertebrados, invertebrados, carroña y materia vegetal.

Los didélfidos están especialmente diferenciados en las selvas tropicales, donde pueden encontrarse hasta siete especies en una misma localidad. La competencia entre estas zarigüeyas se evita por las diferencias en el tamaño corporal y en la tendencia a trepar; así, por ejemplo, las zarigüeyas lanudas (*Caluromys sp.*) y las marmosas cenicientas (*Marmosa cinerea* y especies relacionadas) suelen encontrarse en la bóveda arbórea, mientras que las marmosas «comunes» (*M. murina* y especies afines) viven en las ramas más bajas, en tanto que las zarigüeyas colicortas (*Monodelphis sp.*) nunca abandonan el suelo.

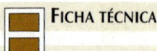

Ficha técnica

Nombre vulgar:
Opósum de Virginia
Nombre científico:
Didelphis virginiana
Clasificación:
Orden marsupiales.
Familia didélfidos
Características:
LCC 32,5-50 cm;
P 2,0-5,5 kg;
Gm 13 d; Nc 21
Distribución:
América del N y C, desde New Hampshire hasta Colorado y desde el S de Ontario hasta Costa Rica.

Didelphis virginiana.

Didelphis virginiana.

Familia microbioteríidos

Está compuesta por una única especie, el monito del monte (*Dromiciops australis*), que habita en el bosque nativo húmedo del centro y sur de Chile, donde se desplaza como un buen trepador, con la ayuda de sus patas provistas de almohadillas y su cola prensil. Es un marsupial arborícola, de pequeño tamaño, cuyo cuerpo no supera los 13 cm de longitud, sin contar la cola que mide otros tantos. Es de hábitos nocturnos y de alimentación omnívora, si bien con una preferencia marcada por los invertebrados. Antes de los primeros fríos de otoño almacena una gran cantidad de grasa en la cola y a continuación hiberna hasta entrada la primavera austral. En esta última estación (octubre a diciembre) tiene lugar el apareamiento y poco después la hembra tiene de 3 a 5 crías cuyo desarrollo pasa por cuatro fases: 1.ª en el marsupio, adheridas a las mamas; 2.ª en el nido construido por sus padres en troncos caídos, huecos o ramas de árbol; 3.ª viajes nocturnos en el dorso de la hembra; 4.ª en asociaciones laxas con otros miembros de la familia.

Familia cenoléstidos

Está formada por dos géneros y siete especies que habitan en la región andina del oeste de Sudamérica, desde el sur de Venezuela hasta Chile. Tienen el aspecto y el tamaño de las zarigüeyas más pequeñas, pero presentan un menor número de incisivos, siendo los dos centrales inferiores muy grandes y casi horizontales.

Las cinco especies del género *Caenolestes* viven en bosques y prados alpinos, a altitudes comprendidas entre 1 500 y 4 000 m, en zonas inaccesibles y bastante inhóspitas, lo que dificulta en gran parte su estudio. Aunque el hábitat de la especie del sur de Perú (*C. gracilis*) es considerablemente más seco, estos marsupiales prefieren las zonas frías y húmedas cubiertas de espesa vegetación, tales como bosques nubosos, páramos y laderas recubiertas de musgo. Nocturnos y terrestres, se desplazan de una zona de alimentación a otra por sendas que ellos mismos trazan en la superficie de la vegetación. Más desconocida aún es la biología de las comadrejitas trompudas (*Rhyncholestes raphanurus*, *R. continentalis*), que viven respectivamente en la isla de Chiloé y en el continente chileno justo en frente de esta isla, y cuyo hábitat se limita exclusivamente al bosque pluvial.

Familia tilacínidos

Esta familia sólo incluye al tilacino o lobo marsupial (*Thylacinus cynocephalus*), especie que la inmensa mayoría de autores considera extinguida, aunque todavía hay quien cree en la posible supervivencia de algunos ejemplares en el suroeste de Tasmania. Ampliamente distribuido en el continente australiano tiempo atrás, fue exterminado allí antes de que se iniciase la colonización europea, pero

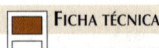

Ficha técnica

Nombre vulgar: Monito del monte
Nombre científico: *Dromiciops australis*
Clasificación: Orden marsupiales. Familia microbioteríidos
Características: LCC 8,3-13 cm; P 16,7-31,4 g; Nc 1-5
Distribución: bosque nativo húmedo del S de Chile, desde el S de Concepción hasta la isla grande de Chiloé, y hasta poco más allá de la frontera argentina.

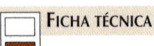

Ficha técnica

Nombre vulgar: Tilacino o lobo marsupial
Nombre científico: *Thylacinus cynocephalus*
Clasificación: Orden marsupiales. Familia tilacínidos
Características: LCC 100-130 cm; Nc 2-4
Distribución: extinguido

Dromiciops australis.

Thylacinus cynocephalus (dibujo).

continuó siendo común en Tasmania hasta mediados del pasado siglo. A partir de esta fecha, sin embargo, el tilacino empezó a ser considerado como un animal dañino, sobre todo para la ganadería ovina; tras una intensiva caza en la que se ofrecían primas por cada pellejo entregado y que en 1888 fue institucionalizada por el gobierno, el lobo marsupial empezó a desparecer de las zonas accesibles y en 1914 se convirtió en una especie rara. En 1938, el gobierno decretó su protección absoluta, pero ya era demasiado tarde: en 1933 fue capturado vivo el último ejemplar conocido de la especie, que murió tres años después en el zoológico de Hobart.

Por sus formas externas y su dentición muy similares a los cánidos, el tilacino constituía uno de los ejemplos más notables de convergencia evolutiva en los mamíferos. Como los cánidos, tenía un hocico largo con unos caninos largos y afilados, unos premolares cizallantes y unos molares trituradores; como ellos, tenía las orejas tiesas y puntiagudas, y la cola larga y recta. Era nocturno y vivía en los parajes montañosos, por donde trepaba por las rocas con notable soltura, siendo capaz de dar enormes saltos. Se alimentaba sobre todo de marsupiales más pequeños y aves.

Familia dasiúridos

Comprende 17 géneros y 58 especies propias de Australia, Tasmania, Nueva Guinea y algunas islas adyacentes. Una de las especies más vistosas es el dasiuro viverrino (*Dasyurus viverrinus*), que hasta fechas recientes era común en la parte meridional de Australia y que hoy lo es únicamente en Tasmania. Como las otras cinco especies del género, este bello animal de pelaje pardo manchado de blanco es principalmente terrestre pero se desplaza por los árboles con gran agilidad. Como ellas, es un ávido depredador de pequeños vertebrados que, sin embargo, no desprecia a los insectos y que a veces también consume vegetales. Ocasionalmente saquea los gallineros y ello le acarrea injustamente la persecución de los granjeros, quienes olvidan que también destruye muchos ratones e insectos plaga. La hembra posee un marsupio bien desarrollado, en el que sus 4 a 6 crías pasan unos cuatro meses.

Más conocido aún que estos «gatos nativos» es el diablo de Tasmania (*Sarcophilus harrisii*), que ocupaba antiguamente gran parte del continente y desapareció de allí a causa de la probable competencia con el dingo (*Canis dingo*). Es un animal rechoncho, con unas formas más bien osunas y una poderosa dentadura que recuerda a la de las hienas. Sólo se encuentra en Tasmania, donde antaño se le consideraba como un gran enemigo del ganado. En realidad, y pese a que su dieta incluye una amplia gama de invertebrados y vertebrados, entre ellos serpientes venenosas, wallabies, uombats y conejos, come más carroña que animales vivos y sólo ocasionalmente ataca a las ovejas.

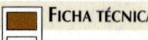

Ficha técnica

Nombre vulgar:
Diablo de Tasmania
Nombre científico:
Sarcophilus harrisii
Clasificación:
Orden marsupiales. Familia dasiúridos
Características:
LCC 52,5-80 cm; P 4,1-11,8 kg; Gm 31 d; Nc 2-4
Distribución:
Tasmania

Ficha técnica

Nombre vulgar:
Gato de York
Nombre científico:
Dasyurus maculatus
Clasificación:
Orden marsupiales. Familia dasiúridos
Características:
LCC 40-76 cm; P 2-3 kg; G 21 d; Nc 4-6
Distribución:
bosques húmedos y densos del E de Australia y de Tasmania

Sarcophilus harrisii.

Dasyurus maculatus.

A esta familia pertenecen también los fascogales, que recuerdan a los tupaias del Sudeste Asiático; los *Antechinus*, de corto período reproductor, cuyos machos mueren en masa después de copular con frecuencia con el máximo posible de hembras, los diminutos ningauis (*Ningaui*), que parecen musarañas y que como ellas se alimentan de insectos, y los dunnarts o ratones marsupiales (*Sminthopsis*). Muchos de ellos están amenazados de extinción en uno u otro grado.

Familia mirmecóbidos

Está formada por una especie, el numbat (*Myrmecobius fasciatus*), que es uno de los pocos marsupiales australianos diurnos.

En su último reducto del SO de Australia, el numbat frecuenta sobre todo el bosque abierto de wandoo (*Eucalyptus wandoo*), en cuyo suelo abundan los troncos caídos, en su mayoría huecos y plagados de termes, que le brindan no sólo alimento sino también cobijo.

El numbat pasa la mayor parte de su tiempo de vigilia buscando alimento, revolviendo y olfateando el suelo y los troncos caídos. Cuando, con su agudísimo olfato, localiza algún termitero bajo los primeros centímetros de suelo, se sienta sobre sus patas y excava rápidamente con sus manos provistas de uñas. Acto seguido, captura estos insectos con su larga lengua, a la que se adhieren también las hormigas depredadoras que acuden en tropel al termitero que ha quedado al descubierto.

Entre enero y marzo la hembra, desprovista de bolsa, pare cuatro crías que se aferran a sus pezones. En julio o agosto las deja en una madriguera, donde las amamanta durante la noche. Los jóvenes se dispersan en diciembre, cuando empieza el verano, pero en octubre ya se alimentan por sí mismos.

Familia peramélidos

Comprende siete géneros y 21 especies de marsupiales que habitan en Australia, Tasmania, Nueva Guinea y algunas islas adyacentes. Reciben el nombre algo inapropiado de bandicuts, inspirado en un gran roedor homónimo de la India. Son de muy diversos tamaños, desde unos 75 mm en los ejemplares más pequeños del género *Microperoryctes*, hasta los 558 mm (excluida la cola) de los mayores especímenes del género *Paroryctes*. El hocico es alargado y puntiagudo, las patas posteriores más desarrolladas que las anteriores y la cola pilosa y no prensil. Son animales terrestres, de regímenes alimentarios variados y fundamentalmente nocturnos.

La tasa reproductiva de los bandicuts es la más alta de los marsupiales, similar a la de los roedores y lagomorfos. Como estos prolíficos placentarios, y al contrario que los canguros y koalas, los peramélidos se han especializado en la estrategia reproductiva denominada r, que consiste en invertir los esfuerzos reproductivos en obtener el mayor número posible de hijos, reduciendo en consecuencia los cuidados de la progenie. Como una contribución más al aumento de su tasa reproductiva, una de las especies de esta familia, el bandicut pardo

Ficha técnica

Nombre vulgar:
Numbat
Nombre científico:
Myrmecobius fasciatus
Clasificación:
Orden marsupiales.
Familia mirmecóbidos
Características:
LCC 17,5-27,5 cm; P 275-450 g; Nc 4
Distribución:
bosque esclerófilo del SO de Australia; extinguido en el S y SE del continente

Ficha técnica

Nombre vulgar:
Bandicut pardo norteño
Nombre científico:
Isoodon macrourus
Clasificación:
Orden marsupiales.
Familia peramélidos
Características:
LCC 25-50 cm; G 12 días; Ncm 3
Distribución:
S de Nueva Guinea y Australia: NE de Australia Occidental, N del Territorio del Norte, E de Queensland y E de Nueva Gales del Sur

Myrmecobius fasciatus.

Isoodon macrourus.

norteño (*Isoodon macrourus*) tiene, con toda probabilidad, el período de gestación más corto de todos los mamíferos. Este animal acentúa por tanto hasta el límite la tendencia general de los marsupiales de acortar al máximo dicho período de gestación en favor del de lactancia. Una tendencia evolutiva que, según varios autores, supondría una gran ventaja sobre la estrategia reproductiva de los placentarios, ya que permite desembarazarse de las crías en épocas de escasez alimentaria o de sequía, para volver a intentarlo luego en condiciones más favorables sin exponerse al enorme derroche energético que supone el aborto. Desgraciadamente, esta ventaja evolutiva no fue suficiente para que algunas especies de peramélidos, como el bandicut del desierto o mularruquirra (*Perameles eremiana*) y el curioso bandicut de pie de cerdo (*Chaeropus ecaudatus*), se extinguieran a principios del siglo xx.

Familia tilacomíidos

Sólo está representada por un género y dos especies, una de ellas recién extinguida. La especie que todavía subsiste en el NO de Australia —y que está seriamente amenazada— es el bilbi (*Macrotis lagotis*), que también recibe el nombre de bandicut conejo por sus largas orejas. El tamaño del bilbi es similar al de este lagomorfo, pero por su hocico puntiagudo y sus patas posteriores largas es más parecido a un gran jerbo. Contrariamente a los jerbos, el bilbi no se desplaza saltando sobre sus patas traseras sino con un galope arrastrado, llevando la llamativa cola marcada de blanco y de negro como una bandera. Como el conejo, es un animal excavador, que vive en profundas galerías de una sola abertura que descienden en una espiral cada vez más amplia hasta uno o dos metros, pero contrariamente a aquél es un carnívoro-insectívoro casi estricto. La otra especie, el bilbi menor (*M. leucura*), vivía en Australia central hasta hace unas pocas décadas.

Familia notoríctidos

Sólo comprende una especie, el topo marsupial australiano (*Notoryctes typhlops*), que vive en los desiertos arenosos con matorral y acacias de gran parte de Australia. Parecido a un topo verdadero por su tamaño, sus formas corporales y la casi inexistencia de ojos y orejas, este curioso marsupial tiene hábitos excavadores como su homólogo placentario, pero construye galerías más cortas, o simplemente se desplaza «nadando» por el suelo arenoso, y sale con mucha más frecuencia al exterior. Del topo también le diferencian superficialmente su cuerpo más alargado y el pelaje extraordinariamente irisado, fino y sedoso, cuyo color varía del casi blanco al rojo dorado intenso, según la proporción de óxido férrico del sutrato.

SUBORDEN DIPROTODONTOS

Nunca tienen más de tres incisivos en cada hemimandíbula superior, y sólo dos en la mandíbula inferior, generalmente

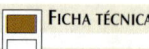

Ficha técnica

Nombre vulgar:
Bilbi
Nombre científico:
Macrotis lagotis
Clasificación:
Orden marsupiales.
Familia tilacomíidos
Características:
LCC 20-55 cm;
P 0,3-1,6 kg;
G 14 d; Nc 1-3
Distribución:
unas pocas colonias aisladas en Australia, en el Territorio del N, Australia Occidental y el SO de Queensland

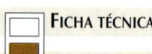

Ficha técnica

Nombre vulgar:
Topo marsupial australiano
Nombre científico:
Notoryctes typhlops
Clasificación:
Orden marsupiales.
Familia notoríctidos
Características:
LCC 9-18 cm;
P 40-70 g; Nc 1
Distribución:
desiertos arenosos de Australia: S del Territorio del Norte, N y centro-este de Australia Occidental, O de Australia del Sur.

Macrotis lagotis.

Notoryctes typhlops.

grandes y dirigidos hacia delante. Todos ellos presentan los dedos separados, es decir, son sindáctilos.

Familia fascolárctidos

El único representante de esta familia es el koala (*Phascolarctos cinereus*), que vive en el este de Australia, confinado a los bosques de eucaliptos, árboles que constituyen su alimento casi único. Es en gran parte nocturno y completamente arbóreo ya que sólo en contadas ocasiones pisa el suelo para caminar hasta otro árbol nutricio o para lamer la tierra o la grava que le ayudan en su proceso digestivo. Entre sus adaptaciones a la vida arbórea destacan las uñas fuertes y afiladas, y los dedos oponibles en todas las extremidades.

De las cerca de 500 especies de eucaliptos australianos, apenas unas 30 forman parte de la dieta del koala y sólo cinco pueden considerarse esenciales. Algunos autores lo han observado comiendo hojas de otras especies vegetales, como muérdagos australianos, kapok y *Tristania*, pero éstas constituirían en todo caso una parte mínima de su dieta.

El adulto ingiere cada día de 300 a 500 g de hojas y cortezas de eucalipto. Esta dieta basada en un alimento tan poco nutritivo y con una concentración elevada de tóxicos le ha obligado a desarrollar distintas adaptaciones, entre ellas un gran poder detoxificador del hígado, un intestino ciego increíblemente largo —2 m o más—, una extremada lentitud de movimientos y una gran necesidad de descanso.

La hembra sólo tiene una cría, a la que dedica grandes cuidados durante más de un año. Tras cinco o seis meses de lactancia e inmovilidad en la bolsa, la cría es destetada durante dos meses, alimentándose de las heces semidigeridas de la madre, pero sigue agarrada al dorso o a los hombros de esta última durante cuatro meses más. A los once meses, comienza a independizarse, pero continúa viviendo cerca de la madre durante unos pocos meses.

Familia vombátidos

Incluye dos géneros y tres especies propias de Australia, Tasmania e islas del estrecho de Bass. Los vombats carecen de cola y tienen el cuerpo muy grueso y las patas muy cortas, con uñas largas. Por sus formas rechonchas y sus pesados movimientos, recuerdan tejones u pequeños osos. Son, además, los más diprotodontos de todos los marsupiales, pues tanto arriba como abajo sólo presentan los dos incisivos centrales, grandes y fuertes, sin otros incisivos ni caninos, de modo que su dentadura es muy similar a la de ratas y ratones.

El vombat común (*Vombatus ursinus*) vive en el sudeste de Australia, en la isla Flinders y en Tasmania. Mide de 70 a 120 cm y está revestido de un espeso y tosco pelaje pardo, a veces casi negro. Su hábitat preferido son los bosques de montaña, especialmente en zonas rocosas donde construye huecos con una sola entrada, a veces ramificados, que cuentan con una cáma-

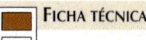

Ficha técnica

Nombre vulgar:
Koala
Nombre científico:
Phascolarctos cinereus
Clasificación:
Orden marsupiales. Familia fascolárctidos
Características:
LCC 60-85 cm; P 4-15 kg; G 35 d; Nc 1
Distribución:
Australia, desde el SE de Queensland hasta el SE de Australia

Ficha técnica

Nombre vulgar:
Vombat sedoso
Nombre científico:
Lasiorhinus latifrons
Clasificación:
Orden marsupiales. Familia vombátidos
Características:
LCC 77-100 cm; P 19-32 kg; G 20-22 d; Nc 1
Distribución:
Australia, desde el SE occidente hasta el SE del S

Phascolarctos cinereus.

Lasiorhinus latifrons.

ra de cría tapizada de vegetación situada a unos 2 a 4 m de la entrada.

El otro género es *Lasiorhinus*, con las especies *L. latifrons* y *L. krefftii*, que se diferencian externamente del vombat común por su nariz peluda y algo más larga, sus orejas más puntiagudas y su pelaje fino y sedoso. Ambas especies viven únicamente en Australia, en zonas bastante áridas donde excavan túneles complejos con varias entradas. El vombat sedoso (*L. latifrons*) ha desaparecido en gran parte de su área de distribución original y el de Kreft (*L. krefftii*), que hoy sólo se encuentra en el este-centro de Queensland, está seriamente amenazado de extinción.

Familia falangéridos

Consta de seis géneros y 20 especies, y se distribuye por Australia, Tasmania, Nueva Guinea y desde las islas Célebes hasta las Salomón. Estos marsupiales fueron denominados por Buffon y Daubenton al observar que los pies posteriores tenían el primer dedo muy grande y oponible, y el segundo y el tercero, cortos y unidos entre sí hasta la última falange. Posteriormente se observó que estos últimos sirven de peines para acicalarse el pelaje. Los falangéridos son animales arborícolas de tamaño mediano que tienen una cola larga y más o menos prensil.

El cuscús manchado (*Spilocuscus maculatus*) ha sido muy perseguido por su bello pelaje, que en los machos suele ser manchado o moteado y en las hembras, liso y uniforme. Este marsupial de cola prensil vive en las selvas pluviales de Australasia. Es nocturno y arborícola, se alimenta de hojas, frutos y flores y ocasionalmente de pequeños animales. Sus movimientos son lentos y pausados, pero las raras veces que pisa el suelo es capaz de saltar con rapidez.

Otros falangéridos de las selvas tropicales de Nueva Guinea son los cuscuses del género *Phalanger*, una de cuyas especies (*P. orientalis*) también vive en las Molucas, las Salomón y las Bismarck, y otra (*P. mimicus*) también en el cabo de York. En el resto de Australia y en Tasmania el nicho de estos últimos lo ocupa el falangero zorro (*Trichosurus vulpecula*).

Familia petáuridos

Comprende seis géneros y 23 especies que habitan en Australia, Tasmania, Nueva Guinea e islas adyacentes. Todos los petáuridos son arbóreos y tienen los dedos adaptados para trepar. En las especies del género *Dactylopsila*, el cuarto dedo de la mano es fino y alargado, con una uña ganchuda, lo que permite a estos opósums extraer insectos de los troncos muertos. En la mayoría de especies de otro género (*Pseudocheirus*), la extremidad más inusual es la cola, cuyo extremo se enrosca en forma de anillo. La especie más estudiada de este género es el *P. peregrinus*, que vive en el este de Australia, en el sur de Australia occidental y en Tasmania. Como las otras especies del género —a excepción de *P. dahlii* que vive en zonas rocosas de sabana y pasa el día en cuevas o grietas—, *P. peregrinus* se

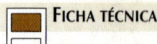

Ficha técnica

Nombre vulgar:
Cuscús manchado
Nombre científico:
Spilocuscus maculatus
Clasificación:
Orden marsupiales. Familia falangéridos
Características:
LCC 34-44 cm; Nc 1-3
Distribución:
pluvisilvas de Nueva Guinea, islas Bismarck, Ceram e islas adyacentes y NE de Australia.

Ficha técnica

Nombre vulgar: :
Gran opósum planeador
Nombre científico:
Petauroides volans
Clasificación:
Orden marsupiales. Familia petáuridos
Características:
LCC 30-48 cm; P 1,2-1,5 kg; G 1-2 m; Nc 1
Distribución:
bosque esclerófilo del E de Australia

Spilocuscus maculatus.

Petauroides volans.

refugia durante el día en un gran nido en forma de cúpula o, más raramente, en un árbol hueco que tapiza con hojas.

Dos géneros de esta familia muestran una gran membrana cutánea en ambos flancos, que emplean como un paracaídas para saltar de un árbol a otro. Uno de estos géneros es *Petaurus*, cuyas cuatro especies, los opósums planeadoes pequeños, recuerdan en gran medida a las ardillas voladoras del género *Glaucomys*. Los opósums planeadores pequeños son extremadamente activos y dan muestras de gran agilidad cuando planean de un árbol a otro. El planeador del azúcar (*Petaurus breviceps*), así llamado por su gran afición al néctar y a la savia, aunque también consume insectos, arácnidos y pequeños vertebrados, es capaz de salvar distancias de 45 m y de saltar en el aire para capturar mariposas nocturnas en pleno vuelo. El récord, no obstante, lo detecta el planeador lanudo (*P. australis*) que es capaz de planear hasta más de 115 m de distancia. Como otras especies del género, este planeador es omnívoro, pero además del néctar y los artrópodos arbóreos, que son sus alimentos preferidos, extrae la corteza de los eucaliptus para nutrirse de su savia azucarada. El otro género dotado de membrana, *Petauroides*, consta de una sola especie, el gran opósum planeador (*P. volans*), que vive en el bosque esclerófilo del E de Australia, donde ejecuta grandes planeos (hasta 78 m), pero nunca con la asombrosa capacidad de maniobra del planeador lanudo.

Muy semejante al planeador del azúcar, aunque desprovisto de la membrana planeadora, es el gimnobelídeo (*Gymnobelideus leadbertei*), un habitante de los bosques esclerófilos densos y húmedos del estado australiano de Victoria que, conocido hasta entonces únicamente por cinco especímenes capturados entre 1867 y 1909, fue redescubierto en 1961.

Familia burrámidos

Comprende cuatro géneros (*Cercartetus*, *Distoechurus*, *Acrobates* y *Burramys*) y siete especies, que habitan en Australia, Tasmania y Nueva Guinea. Son marsupiales pequeños: de 6 a 12 cm de longitud, excluida la cola, de 6,5 a 17,5 cm. Uno de ellos, el delicado y bello opósum planeador pigmeo (*Acrobates pygmaeus*), no sólo posee una membrana planeadora como sus «primos» de mayor tamaño, sino además una cola ensanchada a ambos lados por largos pelos que le confiere una gran estabilidad durante sus ágiles planeos. Otro género, *Cercartetus*, comprende cuatro especies que recuerdan al lirón gris de Europa y que, como éste, hibernan durante los meses fríos.

Familia macropódidos

Está compuesta por 11 géneros y 50 especies, distribuidas por Australia, Tasmania, Nueva Guinea e islas adyacentes. Son los canguros y ualabís. La característica más conocida de los macropódidos es el gran desarrollo de las patas traseras, que utilizan para desplazarse dando potentes saltos. Tan sólo un gé-

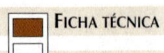

Ficha técnica

Nombre vulgar: : Opósum lirón
Nombre científico: *Cercartetus concinnus*
Clasificación: Orden marsupiales. Familia burrámidos
Características: LCC 7-12 cm; P 15-25 g; Ncm 5
Distribución: bosques, brezales y zonas de matorral de Australia en: SO de Australia Occidental, S de Australia del Sur, O de Victoria, SO de Nueva Gales del Sur.

Ficha técnica

Nombre vulgar: Canguro rojo
Nombre científico: *Macropus rufus*
Clasificación: Orden marsupiales. Familia macropódidos
Características: LCC 85-160 cm; Pmáx. 90 kg; Gm 33 d; Nc 1
Distribución: llanuras herbáceas y sabanas de Australia (excepto extremo N, de la costa E y extremo SO)

Cercartetus concinnus.

Macropus rufus.

nero actual no presenta este rasgo, el de los canguros arborícolas (*Dendrolagus*) de las selvas de Nueva Guinea y Queensland, que tienen ambos pares de patas casi iguales, aunque ello no les impide dar grandes saltos en sentido descendente.

Cuando están parados, los macropódidos terrestres se sostienen erguidos sobre sus enormes pies posteriores y sobre la cola, que es también larga, gruesa y muy robusta. Al tamaño de las extremidades traseras se debe el nombre de la familia, derivado del nombre científico *Macropus*, que significa «pie grande». Cuando estos animales apresuran el paso, progresan mediante saltos, con las manos encogidas, pero si están tranquilos andan a cuatro patas, equilibrándose con la cola o impulsándose con ella.

El canguro gris oriental (*Macropus giganteus*), que fue descubierto por Cook en 1770, es una de las especies más conocidas. Pese a su nombre científico, no es la mayor especie de la familia y tiene un pelaje corto, algo lanoso y de un color gris pardusco, casi blanco en las extremidades, con la cola negruzca hacia la punta. Vive en el este y sur de Australia, y también en Tasmania, en bosques densos y otros terrenos arbolados, donde suele formar grupos estables de 2 a 10 individuos que se alimentan principalmente de hierba y de brotes tiernos. Es un animal muy tímido y, cuando huye, es capaz de dar saltos de 9 m de longitud o incluso más (13,5 era el récord registrado hasta 1991). Cuando entran en celo, los machos entablan tremendas luchas, poniéndose los antagonistas frente a frente y asestándose terribles golpes con ambas patas posteriores a la vez, para lo cual se levantan sobre su robusta cola. Treinta días después de la cópula, la hembra pare una cría única, que permanece en el marsupio durante nueve meses y medio y que, unos 36 días después como media, se separa definitivamente de su madre para crear un nuevo grupo.

De mayor tamaño es el canguro rojo (*Macropus rufus*), que vive en la mayor parte de Australia y cuyo color varía según el sexo: las hembras suelen ser de un gris azulado mientras que los machos tienen un hermoso pelaje pardorrojizo, si bien en algunas regiones estas coloraciones se invierten. Este canguro, cuya longitud corporal puede alcanzar 1,6 m, excluida la cola, que alcanza 1,2 m (los machos, porque las hembras suelen ser más pequeñas), es, de hecho, el mayor marsupial viviente. Algo menos social que el canguro gris, el rojo puede formar sin embargo, en épocas de sequía, enormes agrupaciones que a veces superan los 200 individuos (en 1979, un zoólogo observó una congregación de 1 500 canguros rojos en un punto de alimentación). Contrariamente al gris occidental (*M. fuliginosus*), una especie muy similar al gris oriental, el canguro rojo es un reproductor no estacional que presenta diapausa embrionaria, es decir cuyo embrión no completa su desarrollo sino después de un período de «letargo» o diapausa, que dura hasta que la primera cría está a punto de abandonar el marsupio, muere o es abandonada.

Los ualabis son de menores dimensiones que los canguros y, como estos últimos, son principalmente crepusculares o nocturnos, si bien algunas especies como *Macropus parryi* son

FICHA TÉCNICA

Nombre vulgar:
Ualabi tammar
Nombre científico:
Macropus eugenii
Clasificación:
Orden marsupiales. Familia macropódidos
Características:
LCC 42-53 cm; P 2,6-6 kg; Gm 28,3 d; Nc 1
Distribución:
S y SO de Australia, y varias islas adyacentes

FICHA TÉCNICA

Nombre vulgar:
Ualarú antilopino
Nombre científico:
Macropus antilopinus
Clasificación:
Orden marsupiales. Familia macropódidos
Características:
LCC 75-140 cm; Nc 1
Distribución:
Australia, llanuras herbáceas y sabanas desde el NE hasta Queensland

Macropus eugenii.

Macropus antilopinus.

bastante diurnas, mientras que otras como *M. parma* y *M. rufogriseus* son casi exclusivamente nocturnas. Algunas especies de ualabis, como el de cola anillada (*Petrogale xantopus*) o el ualabi de bridas (*Onichogalea fraenata*), están amenazadas de extinción. Otras, como el ualabi gris (*Macropus greyi*) o el ualabi de medialunas (*Onichogalea lunata*), están muy probablemente extinguidas.

Familia Potóridos

Se compone de cinco géneros y 10 especies. Los potorús (género *Potorous*) son tres especies de pequeños marsupiales que viven en zonas de pastos húmedos. Son nocturnos y algunos construyen nidos de hierba para el descanso diurno o durante la época de cría. Ofrecen un aspecto semejante a ratas saltadoras, pero los que más se parecen a estos roedores son las ratas canguros, como el probablemente extinguido canguros rata del desierto (*Caloprymus campestris*) o los canguros rata de los géneros *Bettongia*, *Hypsiprimnodon* y *Aepyprymnus*. Algunos autores consideran a los potóridos como una subfamilia de los macropódidos, entre otras cosas porque la forma de sus extremidades y su capacidad de salto son similares a las de canguros terrestres y ualabíes.

Familia Tarsipédidos

Está compuesta por una sola especie, el opósum de la miel (*Tarsipes rostratus*), que vive en el suroeste de Australia. Es un marsupial pequeño, cuyo cuerpo mide de 7 a 8,5 cm y de 9 a 10 la cola. Un rasgo característico es su largo morro y la longitud de su lengua. Es arborícola y se alimenta de néctar, polen e insectos. Como muchos macropódidos y potóridos, la hembra muestra diapausa embrionaria, pero a diferencia de ellos tiene dos o tres crías en vez de una sola. ∎

Ficha técnica

Nombre vulgar: Canguro rata rojizo
Nombre científico: *Aepyprymnus rufescens*
Clasificación: Orden marsupiales. Familia potóridos
Características: LCC 38-52 cm; P 1,36-3,6 kg; G 22-24 d; Nc 1
Distribución: Australia

Ficha técnica

Nombre vulgar: Opósum de la miel
Nombre científico: *Tarsipes rostratus*
Clasificación: Orden marsupiales. Familia tarsipépidos
Características: LCC 7-8,5 cm; P 7-12 g; G 21-28; Nc 2-3
Distribución: SO de Australia

ORDEN INSECTÍVOROS

A juzgar por los restos fósiles, los primeros mamíferos placentarios (es decir, no monotremas ni marsupiales) que aparecieron en el mundo eran unos animales de pequeño tamaño, con el hocico largo y afilado y numerosos dientes provistos de agudas puntas. Todavía quedan muchos mamíferos de este tipo, que reciben el nombre de insectívoros, en realidad, los primeros insectívoros en sentido estricto, es decir lipotiflos, no aparecieron hasta el Cretácico superior, pero aun así fueron contemporáneos de los últimos dinosaurios, es decir, comedores de insectos, ya que se alimentan con preferencia de insectos, cuyas duras envolturas parten y perforan con las puntas de sus dientes. Esto no quiere decir que algunos de ellos no consuman otros alimentos, tales como peces, lombrices e incluso sustancias vegetales.

Aepyprymnus rufescens.

Tarsipes rostratus.

A primera vista parece extraño que, mientras que los gigantescos dinosaurios del Mesozoico y los grandes megaterios y mastodontes del Cenozoico —dentro de los mamíferos— se extinguieron en tiempos geológicos, estos pequeños animales hayan subsistido desde tan remotas épocas; pero es que para ello cuentan con defensas de muy diversa índole. Unos están cubiertos de agudas púas que los protegen de toda clase de enemigos, otros pasan desapercibidos viviendo bajo tierra y algunos poseen glándulas que exudan sustancias de olor más o menos repulsivo. Además, casi todos son nocturnos y su exiguo tamaño les permite pasar inadvertidos y escapar de muchos peligros. Aun así, son presas usuales de aves rapaces y de muchos carnívoros.

El orden insectívoros comprende seis familias, 64 géneros y 384 especies.

Familia erinaceidos

Comprende nueve géneros y 20 especies que habitan en África, Europa y Asia. Los miembros más conocidos de esta familia se caracterizan por las púas o espinas que cubren su cuerpo. Algunos géneros no tienen púas sino un pelo basto y duro, y viven en Asia sudoriental y en Insulindia. Ejemplos de erinaceidos sin púas son los gimnuros malayo, de Hainán y chino (respectivamente *Echinosorex gymnurus*, *Neohylomys hainanensis* y *Neotetracus sinensis*). Los erinaceidos europeos son todos espinosos.

En Europa occidental se encuentran dos especies de erizos. La más conocida es el erizo europeo (*Erinaceus europaeus*), que es el insectívoro de mayor tamaño de la península Ibérica. Esta especie se encuentra en casi toda Europa, incluidas Gran Bretaña y las grandes islas mediterráneas. Vive en hábitats tanto boscosos como pratenses o de monte bajo, incluidos jardines y huertos, siempre que exista sotobosque o maleza y agua en abundancia. Es un animal bien conocido por su cuerpo espinoso y su propiedad de enroscarse, convirtiéndose en una bola erizada de púas. Éstas tienen en la base un engrosamiento esférico de tal forma que les permite inclinarse suavemente en lugar de hundirse en la carne del animal. Debajo de la piel, en el borde de la zona espinosa, el erizo tiene una banda muscular muy fuerte y elástica que mediante una simple contracción le permite cerrar a voluntad las orillas de dicha zona, ocultando dentro las patas y el hocico.

El erizo europeo es principalmente nocturno; durante el día descansa bajo montones de hojas o de la vegetación densa, y a veces dentro de madrigueras. Come insectos, moluscos y lombrices, pero también puede consumir algunos vegetales e incluso carroña. Tampoco desdeña los pequeños vertebrados, crías de aves, lagartijas, serpientes, ranas e incluso sapos, contra los que también frota sus espinas, quizás para adquirir mayor inmunidad, pero en este aspecto es mucho menos especializado que el erizo dáurico (*E. amurensis*), que en el desierto de Gobi se alimenta casi exclusivamente de pequeños roedores.

En otoño, cuando empiezan los fríos y escasean los insectos, el erizo europeo busca un agujero escondido y abrigado, en-

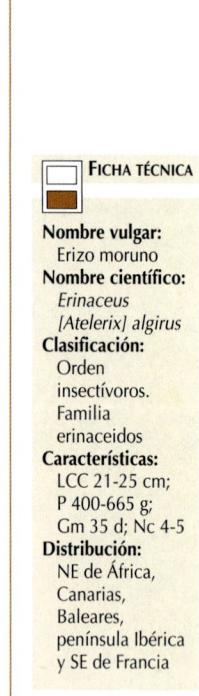

Ficha técnica

Nombre vulgar:
Erizo europeo
Nombre científico:
Erinaceus europaeus
Clasificación:
Orden insectívoros.
Familia erinaceidos
Características:
LCC 23-30 cm;
P 500-1200 g;
Gm 35 d; Nc 4-5
Distribución:
O y C Europa

Ficha técnica

Nombre vulgar:
Erizo moruno
Nombre científico:
Erinaceus [Atelerix] algirus
Clasificación:
Orden insectívoros.
Familia erinaceidos
Características:
LCC 21-25 cm;
P 400-665 g;
Gm 35 d; Nc 4-5
Distribución:
NE de África, Canarias, Baleares, península Ibérica y SE de Francia

Erinaceus europaeus.

Erinaceus algirus.

tre las piedras o bajo las raíces de algún árbol, y allí, queda sumido en un profundo letargo —su temperatura corporal puede descender por debajo de 10 °C y su ritmo cardiaco a menos de 20 latidos/minuto—, que en el norte de España dura hasta marzo o abril. Sin embargo, este sueño invernal no es continuo; en cuanto hace un día templado, aunque sea en pleno invierno, el animal sale y busca algo de comer, antes de volver a su nido y dormirse otra vez.

La época de reproducción se inicia poco después de la invernada y se prolonga hasta finales de verano, con dos máximos de actividad. Tras 32 días de gestación, la hembra tiene de 1 a 7 crías (4 en promedio), con las púas blandas como terciopelo para no dañar la vagina materna, pero que crecen con rapidez y pronto son tan punzantes como las del adulto. Otro erizo que se encuentra en la península Ibérica —además de en el sudeste de Francia, Canarias y el NE de África— aunque sólo en la costa del Mediterráneo, es el erizo moruno (*Erinaceus* «Atelerix» *algirus*). Es el único erizo que vive en Baleares y exteriormente sólo se diferencia del erizo europeo por ser de color más pálido, y por las púas de la frente, que forman una línea recta, en lugar de una «V» con el vértice hacia adelante.

Familia solenodóntidos

Comprende un género y dos especies propias de las Antillas y denominadas almiquís. Una de ellas es propia de Haití y la República Dominicana (*Solenodon paradoxus*) y la otra de Cuba (*S. cubanus*). Los almiquís parecen grandes musarañas de complexión robusta, con un hocico prolongado en trompa flexible, provisto de glándulas de veneno en su interior, y con unas uñas anteriores muy largas y robustas, adaptadas para excavar. Estos insectívoros habitan en bosques y zonas de matorral, son principalmente nocturnos y se alimentan de invertebrados que extraen hozando el suelo, o de los troncos caídos y árboles muertos con la ayuda de sus garras anteriores; también consumen reptiles, frutos, verduras y ocasionalmente pequeñas aves. Ambas especies están amenazadas de extinción debido a la deforestación, a la presión antrópica y a la depredación por perros y gatos. El almiquí de La Española todavía se encuentra en la República Dominicana, pero está prácticamente extinguido en Haití, en tanto que el de Cuba ha sido recientemente descubierto en varias regiones de la isla, si bien continúa siendo una especie rara.

Familia tenrécidos

Está formada por 10 géneros y 23 especies propias de África ecuatorial, Madagascar y las islas Comores. Las tres especies africanas son las denominadas musarañas nutria (géneros *Potamogale* y *Micropotamogale*), una de las cuales, la musaraña nutria gigante (*P. velox*), muestra una sorprendente convergencia evolutiva con los carnívoros que le dan nombre. Como las nutrias, este gran insectívoro vive en torrentes de aguas claras

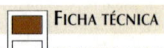

Ficha técnica

Nombre vulgar:
Almiquí de La Española
Nombre científico:
Solenodon paradoxus
Clasificación:
Orden insectívoros. Familia solenodóntidos
Características:
LCC 28-32,5 cm; P aprox. 1 kg; Nc1-3
Distribución:
bosques y zonas de matorral de la R. Dominicana

Ficha técnica

Nombre vulgar:
Musaraña nutria gigante
Nombre científico:
Potamogale velox
Clasificación:
Orden insectívoros. Familia tenrécidos
Características:
LCC 29-35 cm; P 340-397 g; Nc 1-2
Distribución:
zonas de pluvisilva de África central, desde Nigeria hasta el O de Kenia, N de Zambia y centro de Angola

Solenodon paradoxus.

Potamogale velox.

donde se alimenta de cangrejos, peces y anfibios. La musaraña nutria gigante vive en las pluviselvas de África central, y en algunas de estas selvas comparte hábitat con sus parientes más pequeñas, *Micropotamogale lamottei* y *M. ruwenzorii*.

La familia está especialmente diversificada en Madagascar, donde habitan los tenrecs del arroz (*Oryzorictes sp.*), los tenrecs colilargos (*Microgale sp.*), el raro tenrec de pies palmeados (*Limnogale mergulus*), el tenrec listado (*Hemicentetes semispinosus*) y los erizos de Madagascar (*Setifer setosus* y *Echinops telfari*), así llamados por su sorprendente parecido con los erizos verdaderos. El más conocido de los tenrécidos malgaches es, sin embargo, el tenrec común o tenrec propiamente dicho (*Tenrec ecaudatus*), un insectívoro de gran tamaño que figura entre los mamíferos más prolíficos: la hembra, que tiene 24 pezones —también un número máximo—, puede tener en efecto hasta 32 crías, aunque lo más frecuente es que el número de éstas oscile en torno a 15.

Familia crisoclóridos

Está formada por siete géneros y 18 especies que habitan en África, por debajo del ecuador. Reciben el nombre de topos dorados y se asemejan a los topos verdaderos (familia tálpidos) en su aspecto externo y en sus hábitos cavadores. Un ejemplo característico es el topo dorado gigante de Trevelyan (*Chrysospalax trevelyani*), que vive en el E de la provincia de El Cabo (Sudáfrica) y cuyos 23,5 cm de longitud máxima contrastan con los escasos 8,8 cm del topo dorado de Grant (*Eremitalpa granti*), también de África austral.

Familia sorícidos

Se compone de 22 géneros y 289 especies que se encuentran prácticamente en todos los ecosistemas terrestres y presentan una amplia distribución, excepto en Groenlandia, Islandia, las Antillas, América subecuatorial, Australia, Tasmania, Nueva Zelanda y algunas islas del Pacífico. Se las conoce con el nombre de musarañas o musgaños. Su aspecto externo es parecido al de los ratones, pero con el hocico largo y puntiagudo y con una dentición obviamente muy distinta. Aunque sus formas generales apenas han cambiado desde el Eoceno (hace 54 millones de años), las especies actuales presentan muchas especializaciones modernas que impiden considerarlas como mamíferos primitivos.

Las musarañas son principalmente insectívoras y carnívoras, pero algunas comen semillas y quizás otras materias vegetales. Las glándulas salivales de algunas especies segregan un veneno que inmoviliza rápidamente a las presas pequeñas y se han dado casos de mordeduras muy dolorosas en seres humanos. Todas las musarañas tienen los ojos poco desarrollados, pero gozan de un oído y un olfato excelentes, y es posible que, como los murciélagos, utilicen la ecolocación. En algunas especies, casi todos los dientes presentan las puntas de color rojo. Éste es el caso de la musaraña de cola cuadrada

---

Ficha técnica

Nombre vulgar: Erizo de Madagascar chico
Nombre científico: *Echinops telfari*
Clasificación: Orden insectívoros. Familia tenrécidos
Características: LCC 14-18 cm; P 110-250 g; G 42-49 d; Nc 5-7
Distribución: zonas áridas del S y SO de Madagascar

Ficha técnica

Nombre vulgar: Musgaño de Cabrera
Nombre científico: *Neomys anomalus*
Clasificación: Orden insectívoros. Familia sorícidos
Características: LCC 6,6-8,5 cm; P 8,5-19,6 g; G 19-21 d; Ncm 5
Distribución: O y SE de Europa

Echinops telfari.

Neomys anomalus.

(*Sorex araneus*), propia de Europa y Siberia occidental; esta musaraña se alimenta de insectos y lombrices, aunque no desdeña los pequeños vertebrados, que suele consumir en forma de carroña. Una especie parecida, la musaraña de agua (*Neomys fodiens*), hábil nadadora, persigue a los insectos acuáticos, a los crustáceos y moluscos pequeños e incluso a las ranas y los peces mayores que ella. Los dedos de sus pies están guarnecidos de unas franjas de pelos duros, muy compactos, que al nadar desempeñan una función similar a las membranas interdigitales.

Otra musaraña europea, notable por su reducido tamaño —es uno de los dos mamíferos más pequeños del mundo—, es el musgaño enano (*Suncus etruscus*), que no supera los 7,8 cm de largo, incluida la cola. En cuanto a las especies no europeas, una de las más curiosas es la musaraña escudada del Congo (*Scutisorex somereni*), cuyas vértebras tienen incluso prolongaciones ventrales —rasgo único entre los mamíferos—, formando toda la columna vertebral un escudo tan resistente que puede sostener el peso de un hombre.

FAMILIA TÁLPIDOS

Comprende 15 géneros y 32 especies distribuidas por Eurasia y Norteamérica, y está formada por los auténticos topos, los topos musaraña asiáticos (*Uropsilus*) y los desmanes. Todos sus miembros tienen un pelaje apretado, suave y lustroso, los oídos sin pabellón externo y los ojos muy pequeños, a veces escondidos bajo la piel. Pero incluso en los topos, los ojos son funcionales, pese a su gran reducción y a estar completamente cubiertos de piel; y su retina posee los elementos normales, si bien en menos número, lo que les permite advertir la proximidad de la superficie. Los verdaderos topos se reconocen, y sobre todo por sus pies anteriores, que son muy anchos, como palas, armados de cinco uñas enormes y vueltos con la palma hacia fuera. Estos desmesurados pies, movidos por robustísimos músculos pectorales, son instrumentos muy eficaces para excavar la tierra. Los topos, en efecto, son animales eminentemente minadores. Para procurarse su sustento —lombrices de tierra, insectos hipogeos, a veces babosas e incluso pequeños vertebrados a los que atacan con fiereza—, excavan largas y profundas galerías bajo el suelo, saliendo raras veces a la superficie. Además, su hocico cónico y calloso hace la función de una barra para levantar la tierra y su cuerpo cilíndrico y revestido de piel afelpada es el más adecuado para deslizarse por un estrecho túnel.

En la península Ibérica existen dos especies de topos: el topo europeo (*Talpa europaea*), propio también del resto de Europa, excepto Irlanda y parte del área mediterránea; y el topo ciego (*T. caeca*), que también vive en otras zonas del sur de Europa, en Asia Menor y el Cáucaso.

La madriguera del topo ciego consiste en una red de túneles sinuosos, unidos entre sí y que conducen a una cámara central ocupada por el nido, y casi siempre emplazada debajo de una gran piedra, de un zarzal o de un matorral muy denso. El topo europeo construye una vivienda mucho más compleja,

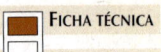

FICHA TÉCNICA

Nombre vulgar:
Musaraña enana
Nombre científico:
Sorex araneus
Clasificación:
Orden insectívoros.
Familia sorícidos
Características:
LCC 6,5-8,4 cm;
P 6-15 g;
G 24-25 d;
Nc 4-7
Distribución:
Europa y O de Siberia hasta el río Yenisei

FICHA TÉCNICA

Nombre vulgar:
Topo europeo
Nombre científico:
Talpa europaea
Clasificación:
Orden insectívoros.
Familia tálpidos
Características:
LCC 12,4-16,2 cm; P 72-120 g;
G 28 d; Nc 3-4
Distribución:
Europa excepto Irlanda y área mediterránea; Rusia asiática

Sorex araneus.

Talpa europaea.

con numerosas galerías que ocupan el interior de un pequeño otero formado por la tierra extraída.

Los túneles de los topos no son meros pasajes, sino trampas, ya que en ellos caen multitud de presas de la fauna hipogea; de este modo, los topos pueden alimentarse simplemente recorriéndolos, lo que hace cada tres o cuatro horas. Estos animales, en efecto, son muy voraces y, según parece, necesitan comer a intervalos ya que suelen morir si pasan doce horas sin tomar alimento.

El topo estrellado (*Condylura cristata*), de América del Norte, recibe este nombre debido a unos apéndices que rodean su nariz, confiriendo al hocico el aspecto de una estrella. En las montañas del centro y norte de la península Ibérica vive la almizclera (*Galemys pyrenaicus*), que presenta una trompa corta y aplastada y es de costumbres acuáticas y muy discretas. Una especie parecida, aunque de mayor tamaño y con la cola comprimida lateralmente, es el desmán de Rusia (*Desmana moschata*) que, muy codiciado por su piel, se ha vuelto muy raro en las cuencas de los ríos Don, Ural y Volga, en las que todavía subsiste. ■

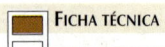

FICHA TÉCNICA

Nombre vulgar: Musaraña elefante gigante
Nombre científico: *Rhynchocyon chrysopygus*
Clasificación: Orden macroscelideos. Familia macroscélidos
Características: LCC 23-31,5 cm; Pm 540 g; Gm 42 d; Nc 1
Distribución: bosques y matorral denso de galería de la costa SE de Kenia

ORDEN MACROSCELIDEOS

Aunque los animales de este orden poseen largos hocicos que facilitan la búsqueda de presas, la semejanza con las auténticas musarañas se reduce a esta peculiaridad. Su clasificación en un grupo taxonómico distinto obedece, en efecto, a una serie de características morfológicas: grandes ojos y largas patas, hocico parecido a una trompa, premolares y molares con altas coronas similares a los de un herbívoro y una cola larga como la de las ratas. Hasta fechas relativamente recientes se les incluía entre los insectívoros —se llegó incluso a clasificarlos como ungulados—, pero hoy se les clasifica en su propio orden, el de los macroscelideos, que comprende una única familia con cuatro géneros y 15 especies.

FICHA TÉCNICA

Nombre vulgar: Musaraña elefante pequeña o rata de trompa
Nombre científico: *Elephantulus sp*
Clasificación: Orden macroscelideos. Familia macroscélidos
Características: LCC 9-14,5 cm; P 25-50 g; G 60 d; Nc 3
Distribución: África

FAMILIA MACROSCÉLIDOS

Cuenta con dos subfamilias bien diferenciadas, ambas limitadas al continente africano: las musarañas elefante gigantes (subfamilia rincocioninos, género *Rhynchocyon*) y las musarañas elefante pequeñas (subfamilia macroscelidinos, géneros *Petrodromus*, *Elephantulus* y *Macroscelides*).

Todas las especies son terrestres. A pesar de la diversidad de hábitats y de la diferencia de tamaño entre especies gigantes y pequeñas, su organización social varía poco: la mayoría de especies viven en solitario o en parejas, excepto algunas del género *Elephantulus*, que forman colonias. Los individuos de las especies del género *Rhynchocyon* viven formando parejas monógamas asociadas de manera laxa en áreas de deambulación contiguas, defendidas de las parejas vecinas. Al igual que sucede en la mayoría de los mamíferos monógamos, ambos

Rhynchocyon chrysopygus.

Elephantulus.

sexos son similares en aspecto y en tamaño. Casi todas las especies procrean durante todo el año, con una gestación de unos 45 días para las formas gigantes y de unos 60 para las pequeñas; en general producen varias camadas al año, que constan de una o dos crías; éstas nacen bien desarrolladas, con un pelaje similar al de los adultos. La rata de trompa berberisca (*Elephantulus roxeti*) y el rincocción variado (*Rhynchocyon cirnei*) pueden parir tres crías por camada. Las de los rincocioninos requieren más cuidados que las de las especies menores, por lo que permanecen en el nido varios días antes de que puedan acompañar a la madre.

Las musarañas elefante pasan muchas de sus horas activas alimentándose de invertebrados; las especies pequeñas comen también materia vegetal, en especial pequeños frutos carnosos y semillas. Las formas gigantes buscan sus presas del mismo modo que los pequeños coatíes o los cerdos, utilizando su hocico en forma de probóscide para hozar entre el mantillo de hojas y las largas uñas de sus manos para excavar el suelo.

Desde hace unos cuantos años, algunos parques zoológicos, sobre todo en Estados Unidos, exhiben la musaraña elefante rufa (*Elephantulus rufescens*), que se reproduce con éxito en cautividad. ■

ORDEN DERMÓPTEROS

Los dermópteros figuran entre los mamíferos más extraños y enigmáticos de nuestra era; la estructura del cráneo y, en general, del esqueleto, la dentadura, la forma de las manos y de los pies, y la presencia de un gran patagio son buena prueba de ello.

Mientras que Linneo los situó entre los prosimios, orden en el que permanecieron durante mucho tiempo, Cuvier consideraba oportuno clasificarlos entre los murciélagos. Más tarde, de los quirópteros pasaron a los carnívoros y luego a los marsupiales y a los insectívoros. Por último, se creyó conveniente crear un orden distinto, llamado inicialmente galeopitécidos. En la actualidad se reconoce que los colugos son los posibles restos de una antigua rama colateral de mamíferos especializados y, debido a su apariencia y hábitos peculiares, se han situado en un orden separado, el de los dermópteros, es decir, animales de alas cutáneas. Éste está formado por una única familia que incluye un género y dos especies.

FAMILIA CINOCEFÁLIDOS

Las dos especies de esta familia son el colugo filipino (*Cynocephalus volans*), propio de Filipinas, y el colugo malayo (*C. variegatus*), que vive en el sur de Thailandia y de Indochina, península Malaya, Sumatra, Java, Borneo e islas adyacentes. Se caracterizan por la presencia de una membrana plana o patagio, que se extiende desde el cuello hasta las puntas de los dedos de manos y pies, prolongándose

FICHA TÉCNICA

Nombre vulgar:
Colugo malayo
Nombre científico:
Cynocephalus variegatus
Clasificación:
Orden dermópteros. Familia cinocefálidos
Características:
LCC 34-42 cm; P 1-1,7 kg; Gm 60 d; Nc 1
Distribución:
S Thailandia y Indochina, península Malaya, Sumatra, Java, Borneo

Cynocephalus variegatus.

hasta el extremo de la cola. Ningún otro mamífero planeador posee una membrana tan extensa; en los opósums planeadores y las ardillas voladoras, en efecto, el patagio sólo se extiende entre las patas. Los colugos son capaces de ejecutar vuelos planeados controlados de 100 m o más, con la membrana haciendo de paracaídas (durante un planeo de 136 m entre dos árboles, un colugo sólo perdió 12 metros de altura). Estos planeos constituyen una notable adaptación a la selva tropical, donde los árboles alcanzan considerables alturas y gran parte del alimento se encuentra en las copas de los árboles.

El colugo filipino es más pequeño que el malayo y parece más primitivo, con unos incisivos y caninos menos especializados. Ambos colugos tienen los ojos grandes, como corresponde a animales nocturnos, y su visión estereoscópica les procura la necesaria percepción tridimensional para calcular unos aterrizajes precisos.

Durante el día descansan en oquedades de los árboles, colgados bajo una rama, o bien junto al tronco de un árbol, con el patagio extendido como una capa.

La dieta de los colugos consiste principalmente en hojas, brotes y flores, y tal vez en frutos blandos. Al alimentarse sitúan un manojo de hojas a su alcance con la ayuda de su pata anterior, y después las arrancan con su robusta lengua y los incisivos inferiores.

Tras unos 60 días de gestación, en cada parto nace una sola cría, en un estadio atrasado de desarrollo, como el de un marsupial; hasta el destete, la cría se agarra a los pezones y el vientre de su madre —a menos que ésta la deje momentáneamente en un nido arbóreo—, y es transportada por ella incluso cuando planea.

Como muchas otras especies de las selvas del Sudeste Asiático, los colugos se hallan en peligro de extinción debido a las pérdidas de hábitat como consecuencia de la tala de árboles o de la implantación de la agricultura. ∎

FICHA TÉCNICA

Nombre vulgar:
Murciélago constructor de tiendas
Nombre científico:
Uroderma bilobatum
Clasificación:
Orden quirópteros. Familia filostómidos
Características:
LCC 5,4-7,4 cm; P 13-21 g; Nc 1
Distribución:
Desde el S de México hasta Bolivia, Trinidad y SE de Brasil

ORDEN QUIRÓPTEROS

Cerca de la cuarta parte de las especies de mamíferos pertenece a este orden, es decir son murciélagos.

Los quirópteros son los únicos mamíferos que vuelan realmente —de hecho son, junto con las aves, los únicos vertebrados capaces de ejecutar un vuelo sostenido— y, cuando lo hacen mueven las patas al mismo tiempo que las alas, como si nadaran por el aire. Las falanges de los cuatro dedos de la mano que siguen al pulgar están muy prolongadas; entre ellas, los miembros posteriores y la cola sostienen una tenue membrana dérmica, denominada patagio, que forma el ala. Además de este carácter, que los distingue de los demás mamíferos, presentan otros muy notables, como son: la dirección de vuelta hacia atrás y hacia afuera, como resultado de la rotación de la articulación de las patas para sostener la membrana alar; la presencia en el lado interno del talón de una apófi-

Uroderma bilobatum.

sis cartilaginosa, o espolón, que sostiene la parte interfemoral de la misma membrana; el aplastamiento de las costillas y el gran desarrollo de la cintura escapular; y la situación de las mamas, situadas en el pecho como en los primates.

Otro carácter distintivo son las orejas, de formas y dimensiones muy distintas según las especies, que constituyen un elemento muy importante para la detección de sonidos, mediante los cuales estos animales se orientan y localizan a sus presas. La mayoría de especies no se orientan por la vista sino que emiten ultrasonidos, de diferentes frecuencias según las especies. El eco de estos ultrasonidos es detectado por su oído, muy perfeccionado, lo que les permite localizar cualquier objeto que entre en su campo auditivo.

Todos los murciélagos tienen costumbres nocturnas. Pasan el día descansando, colgados de un soporte con las garras de los pies y envueltos en sus membranas. En los países templados, las especies no migradoras pasan los meses fríos retiradas en cuevas o en otros lugares escondidos, donde entran en una hibernación más o menos profunda (en algunas especies, la temperatura corporal desciende incluso por debajo de 0 °C), cuya duración varía según las especies. Terminada la hibernación —o tras una gestación bastante larga que sigue inmediatamente a la cópula en las especies tropicales—, las hembras paren, casi siempre una cría y casi nunca más de dos. La cría nace bastante crecida, pero ciega y sin pelo; en muchas especies, la madre la recoge en una especie de bolsa que forma plegando a medias las alas y el uropatagio (región del patagio que une las dos extremidades posteriores), y en seguida el pequeño trepa por el vientre materno hasta el pecho, donde se agarra con las manos y los pies.

Clasificación

Los quirópteros se dividen en dos subórdenes que se distinguen por su morfología y su estrategia biológica: megaquirópteros y microquirópteros.

SUBORDEN MEGAQUIRÓPTEROS

Los megaquirópteros suelen ser quirópteros de grandes dimensiones —aunque algunos no superan los 25 cm de envergadura—, frugívoros, con el cuerpo recubierto de abundante pelo y los ojos bien desarrollados, y son de distribución tropical y ecuatorial.

FAMILIA PTEROPÓDIDOS

Comprende 42 géneros y 173 especies. También se les llama zorros voladores, porque suelen tener la cabeza muy parecida a la de un pequeño zorro. Otro rasgo que distingue externamente a la mayoría de especies de esta familia es la existencia de uña en el dedo índice, además de en el pulgar, cosa que jamás se observa en los microquirópteros.

Son excepciones a esta regla los géneros *Dobsonia*, *Eonycteris*, *Notopteris* y *Neopteryx*, que suman 14 especies en total.

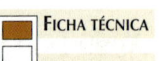

FICHA TÉCNICA

Nombre vulgar: Zorro volador de Madagascar
Nombre científico: *Pteropus rufus*
Clasificación: Orden quirópteros. Familia pteropódidos
Características: LCC 17-40,6 cm; Nc 1
Distribución: Madagascar

FICHA TÉCNICA

Nombre vulgar: Zorro volador del este de Australia
Nombre científico: *Pteropus poliocephalus*
Clasificación: Orden quirópteros. Familia pteropódidos
Características: LCC 17-40,6 cm; Nc 1
Distribución: Australia: SE de Qeensland, Nueva Gales del Sur y Victoria

Pteropus rufus.

Pteropus poliocephalus.

Los megaquirópteros son propios de las regiones etiópica, oriental y australiana, y abundan sobre todo en los países cálidos, donde a veces forman grandes bandadas. Son de vuelo lento aunque poderoso, y son capaces de recorrer hasta 30 km para encontrar comida, como es el caso de *Eidolon helvum*, un gran migrador que vive en Arabia, África subsahariana y Madagascar. El género *Pteropus* incluye a las especies de mayor tamaño, como el zorro volador australiano (*Pteropus poliocephalus*) y sobre todo *P. vampyrus* de Indochina, Malasia, Indonesia y Filipinas que, con sus 1,70 m de envergadura, es el mayor murciélago que existe.

Las especies pertenecientes a la subfamilia *Pteropodinae*, que son la mayoría, necesitan comer frutos durante todo el año y son por tanto estrictamente tropicales.

Entre los muchos murciélagos frugívoros existentes en África Ecuatorial, destaca el cabeza de martillo (*Hypsignathus monstrosus*), notable por el enorme hocico del macho, rasgo que, junto con la enorme laringe y los grandes sacos vocales, contribuye a producir una voz ronca y poderosa. El abultado morro, truncado anteriormente y provisto de repliegues cutáneos, le confiere al macho de esta especie un aspecto extraño y espantoso que contrasta extrañamente con el hocico suavemente zorruno de la hembra. Esta especie es uno de los pocos mamíferos que se aparea en leks o arenas de cortejo.

SUBORDEN MICROQUIRÓPTEROS

Los microquirópteros son de tamaño pequeño o mediano y han sufrido una fuerte disminución del sentido de la vista, mientras que mediante la ecolocalización han perfeccionado el sentido del oído, con el que detectan a sus presas y se orientan en la oscuridad. Se tratarán las familias más destacadas o curiosas de las 17 en las que se divide este suborden.

Familia megadermátidos

Comprende cuatro géneros y cinco especies que se distribuyen por África, sur de Asia, Indonesia y Australia. El miembro australiano de esta familia, el falso vampiro australiano (*Megaderma gigas*), es el murciélago de mayor tamaño después de algunos zorros voladores y del filostómido *Vampyrum spectrum*. Otra especie notable es el murciélago de alas amarillas (*Lavia frons*) que se caracteriza por tener el patagio, las orejas y un gran pliegue nasal de color amarillo anaranjado. Este murciélago habita en zonas de sabana arbolada de África tropical y con frecuencia se mantiene activo durante el día. Contrariamente a otras especies de la familia, no consume pequeños vertebrados sino únicamente insectos; para capturarlos, los acecha desde una rama, se abalanza en vuelo sobre ellos y vuelve a la misma rama como un papamoscas nocturno. Como probable consecuencia de la falta de insectos cuando las acacias no están en flor, esta especie es monógama y territorial, lo que permite a la hembra concentrar toda su energía en la cría del joven.

Ficha técnica

Nombre vulgar:
Murciélago de alas amarillas
Nombre científico:
Lavia frons
Clasificación:
Orden quirópteros.
Familia megadermátidos
Características:
LCC 5,8-8 cm;
P 28-36 g;
Gm 90 d; Nc 1
Distribución:
sabanas y bosques de galería de África tropical

Lavia frons.

Familia rinolófidos

Está compuesta por un solo género que incluye 69 especies distribuidas por todo el Viejo Mundo, la mayoría en África y Asia tropicales. Representada por unas pocas especies paleárticas, esta familia es notable por la presencia de unos apéndices cutáneos que rodean las ventanas de la nariz y se extienden casi hasta la boca. El grupo de apéndices se divide en tres partes: una anterior y horizontal, en forma de «U», que recibe el nombre de herradura; otra central, vertical y dispuesta longitudinalmente en el centro de la anterior, que se denomina silla, por su parecido con una montura vista de perfil; y una tercera, llamada hoja, colocada detrás de las anteriores en posición vertical. La herradura es la parte principal de estas excrecencias, de ahí que a los rinolófidos se les conozca por murciélagos de herradura o herraduras.

El herradura grande (*Rhinolophus ferrumequinum*) es una de las cinco especies que viven en Europa. Su cuerpo mide unos 65 mm de longitud y su pelaje es de un color entre gris y café con leche. En las ciudades es bastante común en parques forestales umbrosos y no tanto en jardines urbanos y cementerios. En la época de actividad utiliza construcciones tales como bodegas, desvanes y túneles, así como cuevas, donde descansa durante el día y también se reproduce. Inverna en lugares similares, que pueden ser los mismos de la época de actividad o estar alejados de ellos 50 km como máximo. A diferencia del herradura pequeño que inverna en solitario, el grande es gregario durante la invernada y, pese a que su temperatura corporal puede descender hasta 8 °C (frente a los 40 °C de los períodos de actividad), no pasa todo el invierno aletargado. Efectivamente, no sólo se despierta con frecuencia, sino que puede volar dentro de la caverna, cambia de sitio para descansar e incluso a veces cambia de refugio.

El alimento del gran herradura se compone esencialmente de mariposas nocturnas y varias especies de coleópteros, que el murciélago atrapa al vuelo y lleva a su escondrijo, donde devora a su presa colgado por las patas traseras y la cabeza hacia abajo. En primavera, la hembra de esta especie pare una cría, que nace ya con los apéndices de la nariz bien formados.

Otras especies europeas del mismo género son el herradura mediano (*R. mehelyi*), el euriale (*R. euryale*), el herradura pequeño (*R. hipposideros*) y el de Blasi (*R. blasii*).

Familia hiposidéridos

Esta familia comprende nueve géneros y 63 especies que habitan en las regiones tropicales y subtropicales de África, Asia, Nueva Guinea, las Salomón y Australia. Pertenecen a esta familia los murciélagos de nariz de hoja (*Hipposideros*), una de cuyas especies (*H. commersoni* de África tropical y Madagascar) es notable por sus grandes dimensiones (1,10 m de envergadura la subespecie gigas).

La mayoría de los hiposidéridos presentan curiosas excrecencias nasales, que pueden tener forma de flor (*Anthops or-*

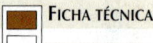

Ficha técnica

Nombre vulgar: Murciélago de herradura de Swinny
Nombre científico: *Rhinolophus swynnyi*
Clasificación: Orden quirópteros. Familia rinolófidos
Características: LCC 3,5-11 cm; Gm 50 d; Nc 1
Distribución: desde el S de la R.D. del Congo y Tanzania hasta Sudáfrica

Ficha técnica

Nombre vulgar: Murciélago de tridente de Tate
Nombre científico: *Aselliscus tricuspidatus*
Clasificación: Orden quirópteros. Familia hiposidéridos
Características: LCC 3,8-4,5 cm; P 3,5-4.0 g; Nc 1
Distribución: Nueva Guinea e islas desde las Molucas hasta las Nuevas Hébridas

Rhinolophus swynnyi.

Asellicus tricuspidatus.

natus), de herradura pero con la hoja o parte superior horadada y no en forma de lanza como los rinolófidos (*Rhinonycteris*) e incluso en forma de tridente (*Triaenops, Cloeotis, Aselliscus, Asellia*).

Familia filostómidos

Consta de 48 géneros y 148 especies que viven en las regiones tropicales y subtropicales de América. Tienen un apéndice nasal más o menos parecido a una hoja de árbol o al hierro de una lanza y las orejas provistas de una especie de lengüeta que sale junto al orificio del oído, denominada trago.

A esta familia pertenece el famoso vampiro (*Desmodus rotundus*) del que tantas fábulas se cuentan. Pese a su terrorífico nombre, es un murciélago pequeño, de unos 7 a 9 cm de longitud y unos 30 cm de envergadura alar. Este quiróptero tiene un área de distribución muy extensa, llegando desde el norte de México hasta Chile, Argentina y Uruguay, así como las islas Margarita y Trinidad. La sangre constituye el único alimento de este animal, pero no la obtiene chupando, sino lamiendo. Al examinar la boca de un vampiro, se observa que únicamente posee dos incisivos superiores, muy grandes, en forma de hoz y afilados como navajas de afeitar, y que sus incisivos inferiores son también grandes y cortantes. Este conjunto funciona, al cruzarse, como una cizalla. Durante la noche, los vampiros acuden a los ranchos y, posándose sobre el ganado caballar o vacuno, comienzan por cortar con estos dientes afilados un trocito redondo de piel; la sangre brota en seguida de los vasos capilares y el murciélago, aplicando la lengua, lame hasta saciarse. El dolor que la mordedura produce es tan ligero y desaparece tan pronto, que el animal mordido rara vez se despierta. Al llegar el día, se le encuentra sangrando, pero la pequeña herida no tendría consecuencias si no fuese porque algunos vampiros transmiten la rabia o porque acuden a ella las moscas y los tábanos, que pueden ocasionar infecciones de funestos resultados. Si los vampiros tropiezan con un hombre dormido, le muerden en las orejas o en los dedos, y es posible que al día siguiente éste sienta cierta molestia producida por la hemorragia que sigue al ataque del quiróptero. La mordedura no suele tener consecuencias, a menos que el vampiro esté infectado por la rabia. Otras dos especies de filostómidos, el vampiro aliblanco (*Diaemus youngi*) y el de patas peludas (*Diphylla ecaudata*), son también hematófagas, pero suelen nutrirse de sangre de aves, incluidas las de corral.

Otras especies de hábitos alimentarios curiosos son *Trachops cirrhosus*, que se alimenta sobre todo de ranas, a las que distingue específicamente escuchando y analizando sus reclamos para evitar las especies venenosas; los murciélagos de los géneros *Glossophaga, Anoura Leptonycteris* y *Lonchophylla*, que se alimentan de polen y néctar con su retráctil lengua, y algunas de cuyas especies son indispensables para la polinización de varias plantas; los de los géneros *Carollia, Ariteus, Artibeus* y *Stenoderma*, que se alimentan casi exclusi-

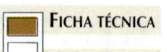

Ficha técnica

Nombre vulgar:
Vampiro común
Nombre científico:
Desmodus rotundus
Clasificación:
Orden quirópteros.
Familia filostómidos
Características:
LCC 7-9 cm;
P 15-50 g;
G 215-214 d;
Nc 1
Distribución:
desde el N de México hasta el extremo S de América

Ficha técnica

Nombre vulgar:
Murciélago de nariz de lanza
Nombre científico:
Phyllostomus hastatus
Clasificación:
Orden quirópteros.
Familia filostómidos
Características:
LCC 10-13 cm;
P 50-100 g; Nc 1
Distribución:
desde Honduras hasta Trinidad, Paraguay y SE de Brasil

Desmodus rotundus.

Phyllostomus hastatus.

vamente de frutos. Otros filostómidos curiosos son el murciélago de cara arrugada (*Centurio senex*), cuyo achatado rostro, lampiño y cubierto de excrecencias cutáneas, queda totalmente recubierto durante el día por un abultado pliegue cutáneo que este grotesco quiróptero lleva en el mentón; los numerosos géneros cuya nariz se prolonga hacia arriba en una gran lanza (*Lonchorhina*, *Macrophyllum*, *Mimon*, *Phyllostomus*); y el murciélago blanco (*Ectophylla alba*) de Centroamérica que, además de por la blancura de su pelaje, es notable por la habilidad con que construye «tiendas» para refugiarse durante el día con las grandes hojas de la selva.

Familia vespertiliónidos

Incluye 42 géneros y 355 especies que se distribuyen por todas las regiones templadas y tropicales del planeta. Todos los miembros de esta familia, excepto *Myotis vivesi* y quizás otras dos especies de este género que se alimentan de peces, son insectívoros casi estrictos; suelen capturar los insectos en vuelo, utilizando el uropatagio como una bolsa o red para manipular las presas de mayor tamaño. La mayoría de los vespertiliónidos se refugian en cuevas, pero algunos lo hacen en viejos pozos, grietas rocosas, edificios, árboles huecos, grandes flores tropicales, nidos de aves abandonadas, huecos de árboles o incluso bajo la corteza suelta de los árboles. Algunas especies son solitarias, otras duermen en parejas o pequeños grupos y otras, en fin, son coloniales. Estas últimas suelen volver a los mismos dormideros año tras año y las hembras de muchas de ellas forman colonias de maternidad separadas de los machos para cuidar a sus crías.

Una de las especies más conspicuas de esta diversificada familia es el murciélago pintado de la India y el SE asiático (*Kerivoula picta*), cuyo bello pelaje anaranjado contrasta con las alas manchadas de rojo y negro, como las de una mariposa. El nóctulo grande (*Nyctalus noctula*), que vive en gran parte de Eurasia y algunas regiones de África, posee también una coloración muy elegante, pero lo más característico de esta especie es su vuelo alto, recto y rápido, intercalado de picados y planeos, y su voz claramente audible, a base de trinos estridentes y prolongados y de chillidos en *staccato*.

Otro género bien representado en Europa es *Myotis*, que comprende nada menos que 97 especies. Una de ellas, el murciélago ratonero grande (*Myotis myotis*), es una de las mayores especies de Europa, con más de 40 cm de envergadura. Estos murciélagos suelen vivir lejos de las grandes poblaciones, aunque a menudo frecuentan parques forestales umbrosos, ríos que atraviesan las ciudades y, en raras ocasiones, jardines urbanos. Para dormir eligen cuevas escondidas, de preferencia las que se encuentran en sitios bajos y bien descubiertos, sobre todo junto a los ríos o cerca del mar; también se refugian y crían en desvanes y construcciones subterráneas rurales, suburbanas y en ocasiones urbanas. Allí se reúnen a centenares e incluso a millares, compartiendo a veces su morada con murciélagos de herradura y otras especies.

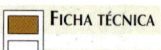

Ficha técnica

Nombre vulgar: Murciélago común
Nombre científico: *Pipistrellus pipistrellus*
Clasificación: Orden quirópteros. Familia vespertiliónidos
Características: LCC 3,3-5,2 cm; P 3-8 g; Gm 50 d; Nc 2
Distribución: Europa, NE de África y SO de Asia

Ficha técnica

Nombre vulgar: Murciélago ratonero grande
Nombre científico: *Myotis myotis*
Clasificación: Orden quirópteros. Familia vespertiliónidos
Características: LCC 6,6-8,2 cm; P 18-45 g; G 50-70 d; Nc 1
Distribución: C y S de Europa, SO de Asia

Pipistrellus pipistrellus.

Myotis myotis.

Pertenecen también al mismo género: el murciélago de Natterer (*Myotis nattereri*), fácilmente reconocible por la franja externa del uropatagio, recubierta de pelos rígidos y curvos, y el murciélago ribereño (*M. daubentonii*), que, como indica su nombre, vive en biotopos próximos a ríos y otros cursos fluviales, incluidos los estanques de los parques urbanos.

Otro género muy diferenciado (77 especies) es *Pipistrellus*, al que pertenece el murciélago común (*P. pipistrellus*), que es el más pequeño de los murciélagos europeos y también el más abundante y difundido en este continente. Esta especie, de vuelo rápido, aunque desigual y sinuoso, tiene una marcada preferencia por el medio urbano y está en clara expansión debido al incremento de las ciudades y de la potente iluminación nocturna. Es especialmente abundante en jardines urbanos y calles provistas de arbolado, cría e inverna en grietas de edificios y puentes, ocasionalmente en huecos de árboles. Es crepuscular y nocturno y es fácil observarlo al atardecer o a la luz de las farolas mientras se alimenta de mosquitos y pequeñas mariposas nocturnas.

El murciélago de borde claro (*Pipistrellus kuhlii*), así llamado por un borde pálido que presenta su membrana interfemoral de color negruzco, también vive en la península Ibérica, así como en otros países del sur de Europa, del SO de Asia y del N de África. Otra especie de distribución paleártica que vive en la península Ibérica y en Baleares es el murciélago de montaña (*P. savii*), así llamado porque coloniza zonas de montaña de gran altitud (hasta 2 600 m en los Alpes), pero que también se encuentra a nivel del mar.

Los vespertiliónidos más curiosos son quizás los orejudos (*Plecotus*), los mamíferos que, en proporción a su tamaño, tienen las orejas más grandes. Para un cuerpo de 4,5 cm como media poseen, en efecto, unas orejas de más de 3 cm, que es como si un buey las tuviese de un par de metros. La especie más difundida es el orejudo septentrional (*P. auritus*), que se encuentra en gran parte de Eurasia. Este murciélago vive en zonas boscosas y frecuenta también alamedas y jardines de pequeñas poblaciones, donde se refugia en árboles huecos, invernaderos y desvanes. Una especie muy similar, el orejudo meridional (*P. austriacus*), vuela con frecuencia por los jardines urbanos de las ciudades mediterráneas de la península Ibérica y, más antropófila que el orejudo septentrional, descansa y cría en campanarios y otros edificios altos. Otra especie, en fin (*P. teneriffae*), es endémica de las Canarias. Las seis especies del género *Plecotus* son completamente nocturnas, tienen un vuelo lento y pausado y son capaces de cernerse como los colibrís cuando capturan insectos al vuelo.

FAMILIA MOLÓSIDOS

Se compone de 16 géneros y 86 especies que habitan en las regiones cálidas de casi todo el planeta. Carecen de apéndices nasales, la cola es larga y libre y el hocico suele ser grueso

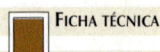

FICHA TÉCNICA

Nombre vulgar:
Murciélago rabudo de Australia
Nombre científico:
Tadarida australis
Clasificación:
Orden quirópteros.
Familia molósidos
Características:
LCC 8,5-10 cm;
P 25-40 g;
Gm 80 d; Nc 1
Distribución:
Australia, desde el S de Queensland y Victoria hasta Australia Occidental

Tadarida australis.

y achatado como el de un bulldog, especialmente en el género *Molossus*, que significa perro de presa. El único representante europeo es el murciélago rabudo (*Tadarida taeniotis*), que es bastante abundante en los parques y jardines urbanos o suburbanos. Las especies más curiosas de la familia son los murciélagos de collarín (*Cheiromeles torquatus, C. parvidens*), que viven en Malasia, Indonesia y Filipinas. Estos murciélagos, en efecto, son prácticamente lampiños, a excepción de unos pocos pelos finos y cortos y de un collarín de cerdas, y también presentan en cada costado un gran pliegue cutáneo que forma una bolsa bastante profunda en la que pliegan las membranas alares cuando se desplazan a cuatro patas. Las mamas están situadas cerca de las aberturas de las bolsas, lo que dio lugar a la errónea creencia de que la hembra utiliza estas bolsas para transportar a sus crías. ∎

ORDEN ESCANDENTES

En un principio clasificadas dentro del orden insectívoros, las tupayas se incluyeron durante un tiempo junto con los primates, pero los estudios recientes las diferencian de ambos órdenes y, en la actualidad, se las considera como únicos miembros del orden escandentes. Las tupayas se diferenciaron de las otras líneas evolutivas de mamíferos en fechas muy tempranas, como mínimo a principios del Cenozoico y posiblemente en el Cretácico, hace más de 65 millones de años.

El orden escandentes se compone de una sola familia, los tupaíidos, con seis géneros y 16 especies.

Los rasgos comunes a primates y tupayas, tales como mayor desarrollo de la caja craneal, existencia de escroto, arterias carótida y subclavia soprendentemente parecidas a las de los humanos, se interpretan hoy como debidos a una simple convergencia evolutiva.

FAMILIA TUPAÍIDOS

Las tupayas son mamíferos parecidos a las ardillas, que viven en las selvas tropicales del sur y sudeste de Asia. Ninguno de los seis géneros cubre enteramente el territorio geográfico del orden, pero el género *Tupaia*, que cuenta con once especies, es, sin duda, el más difundido.

El mayor número de especies se encuentra en Borneo, donde habitan diez de las dieciséis reconocidas. El gran tamaño de la isla, y por consiguiente la amplia gama de hábitats disponibles, facilitó esta concentración, aunque es posible que Borneo fuese el centro desde el cual comenzó la radiación adaptativa de las modernas tupayas.

Las tupayas son pequeños mamíferos de cuerpo alargado y cola larga, cubierta por pelos espesos, salvo en la tupaya de cola plumosa (*Ptilocercus lowii*) que, a excepción del mechón terminal, tiene la cola lisa. El pelaje es denso y suave. Todos los dedos de manos y pies tienen garras. Las orejas pre-

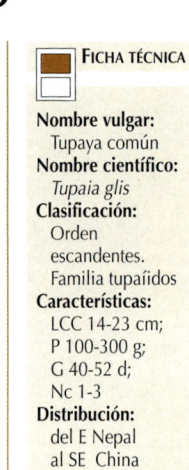

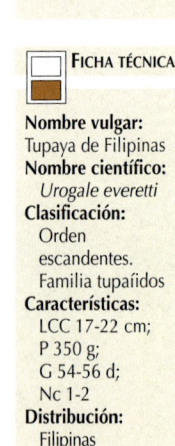

FICHA TÉCNICA

Nombre vulgar:
Tupaya común
Nombre científico:
Tupaia glis
Clasificación:
Orden escandentes.
Familia tupaíidos
Características:
LCC 14-23 cm;
P 100-300 g;
G 40-52 d;
Nc 1-3
Distribución:
del E Nepal al SE China

FICHA TÉCNICA

Nombre vulgar:
Tupaya de Filipinas
Nombre científico:
Urogale everetti
Clasificación:
Orden escandentes.
Familia tupaíidos
Características:
LCC 17-22 cm;
P 350 g;
G 54-56 d;
Nc 1-2
Distribución:
Filipinas

Tupaia glis.

Urogale everetti.

sentan un pliegue membranoso externo, de un tamaño que varía de una especie a otra y que suele estar revestido de pelo. En *P. lowii*, este pliegue es desnudo y de mayor tamaño que en las otras tupayas, probablemente porque esta especie nocturna depende más del oído para capturar a sus insectos presa y evitar ser depredada. El hocico puede ser corto o alargado. Excepto en la tupaya de cola plumosa, los ojos de las tupayas suelen estar situados lateralmente, son grandes con respecto al tamaño del cuerpo y permiten una buena visión.

Al igual que las ardillas europeas, la mayoría de las tupayas pasan más tiempo buscando su alimento en el suelo que en los árboles. Atraviesan el bosque moviendo la cola de un modo espasmódico y se nutren de pequeños animales, en especial artrópodos, y de frutos, semillas y otras materias vegetales. Salvo las especies más arborícolas, como la tupaya pigmea (*Tupaia minor*) o las del género *Dendrogale*, todas ellas pasan largo tiempo hurgando en los lechos de hojarasca con el hocico y las manos. Las tupayas de mayor tamaño, como la de Filipinas (*Urogale everetti*) y la de cola plumosa, una de las pocas tupayas nocturnas, capturan y devoran vertebrados tales como pequeños roedores, lagartos y salamanquesas.

En varias tupayas se ha observado que los cuidados que los progenitores dan a sus crías son extremadamente rudimentarios, un comportamiento insólito entre los mamíferos placentarios. En tres especies como mínimo se ha comprobado que la madre pare a sus crías en un nido aparte, que visitará para amamantarlas sólo una vez cada dos días. Las visitas duran unos diez minutos y, durante este breve período de tiempo, la hembra suministra a cada cría unos 10 g de leche, que han de bastarle para las cuarenta y ocho horas siguientes. ■

ORDEN PRIMATES

Cuando Linneo, publicó la décima edición de su *Systema Naturae* (1758), dentro de la clasificación de los mamíferos reunió al hombre, los monos y los murciélagos en un solo orden, al que dio el nombre de Primates, queriendo significar que éstos eran los primeros seres de la escala zoológica. Esta amalgama no fue muy del agrado de los científicos de la época y, así, otros autores se apresuraron a descomponer dicho orden en tres, constituyendo con los murciélagos el de los quirópteros, con los monos el de los cuadrumanos y con la especie humana el de los bimanos. En contra de esta opinión, Geoffroy Saint-Hilaire demostró en 1842 que, si bien era preciso separar a los quirópteros de los monos, no había razón para colocar al hombre aparte. Hoy se sabe que los primates aparecieron tardíamente en la escala evolutiva —el primer fósil de primate conocido tiene «apenas» 70 millones de años de antigüedad—, probablemente a partir de un tronco común con los insectívoros, y que los primeros simios antropomorfos aparecieron hace unos 30 millones de años. Los primates son mamíferos poco especializados a nivel morfológico, por lo

FICHA TÉCNICA

Nombre vulgar: Tamarino emperador
Nombre científico: *Saguinus imperator*
Clasificación: Orden primates. Familia calitríquidos
Características: LCC 23-25,5 cm; P 450 g; Gm 140 d; Nc 2
Distribución: pluvisilva no inundable del extremo occidental de Brasil y zonas limítrofes de Perú.

Saguinus imperator.

que no resulta fácil dar una definición clara de este grupo de animales. En todos los primates actuales, excepto el hombre, los primeros dedos de los pies son oponibles, y por lo general lo son también los pulgares de las manos, como resultado de la adaptación a la vida arbórea. Cuando caminan o corren, suelen ser plantígrados y la mayoría de especies tienen uñas planas como los seres humanos. Pero la característica más notable de los primates es su tendencia al desarrollo de los hemisferios cerebrales, tendencia que llega a su máximo en el género *Homo*. El cráneo de los primates, salvo unas unas pocas excepciones, es de gran tamaño y se acerca a la forma globular; las mandíbulas son relativamente cortas, el rostro aplanado y, excepto en algunos lémures, con un nariz corta que denota el papel secundario del olfato frente a otros sentidos como la vista, el tacto y el oído. Los ojos suelen estar dirigidos más hacia el frente que a los lados, lo que facilita la visión esteoroscópica y permite una visión tridimensional. El desarrollo de la retina permite una definición más precisa de los objetos, al verlos en línea directa con el eje óptico.

Otras características están más relacionadas con la conducta. Son ejemplos de ello la reducción de la tasa de reproducción combinada con la prolongación de los cuidados maternos a las crías; la existencia, en las hembras de muchos primates, de un ciclo menstrual en lugar del ciclo estral o de «entrar en calor»; la inexistencia, en los machos de numerosas especies, de un período específico de sexualiad más pronunciada y la capacidad, por tanto, de reproducirse durante todo el año.

El orden primates se divide en dos subórdenes, 13 familias, 53 géneros y 182 especies como mínimo —la taxonomía de muchas especies no está del todo clara—, entre las que se incluye el hombre. A excepción de este último, que se ha establecido en prácticamente todos los puntos habitables del globo, los primates son propios de los climas tropicales y subtropicales y se distribuyen por todas las regiones zoogeográficas, menos en la Neártica y la Australiana. Las especies más septentrionales viven en China y Japón, y las más meridionales en el extremo sur de África.

SUBORDEN ESTREPSIRRINOS

Es el grupo que comprende los primates con rinario, es decir, aquellos que presentan un hocico húmedo y sin pelo, como el de un perro. Antes eran conocidos como prosimios.

FAMILIA LEMÚRIDOS

Está formada por 5 géneros y 12 especies. Los lemúridos son los primates con una fisonomía menos simiesca. Ello se debe precisamente a la presencia de rinario y a sus ojos divergentes. Tienen también una cola larga y tupida, son de tamaño pequeño o mediano y algunas especies presentan dimorfismo sexual en cuanto a la coloración del pelaje.

Los lemúridos son exclusivos de Madagascar y de las islas Comores. Junto con las otras tres familias de estrepsirrinos de

---

FICHA TÉCNICA

Nombre vulgar:
Lémur pardo de frente rojiza
Nombre científico:
Eulemur fulvus rufus
Clasificación:
Orden primates. Familia lemúridos
Características:
LCC 40-50 cm; P 2,15-2,5 kg;
Distribución:
bosques primarios y caducifolios por encima de 400 m de Madagascar

---

FICHA TÉCNICA

Nombre vulgar:
Lémur de cola anillada
Nombre científico:
Lemur catta
Clasificación:
Orden primates. Familia lemúridos
Características:
LCC 38,5-45,5 cm; P 2,3-3,5 kg; G 136 d; Nc 1
Distribución:
S de Madagascar

Eulemur fulvus rufus.

Lemur catta.

estas islas, son los probables descendientes de un antiguo primate que habría llegado allí hace unos 50 millones de años, flotando a la deriva en leños o ramas desde los deltas fluviales de África oriental. La ausencia de otros primates y la gran diversidad de ambientes y climas de la isla propició una radiación evolutiva que llegó a su punto máximo hace unos cinco milenios, cuando los estrepsirrinos malgaches sumaron más de 40 especies. Una de las mayores era el indríido *Megaladapis grandidieri*, que tenía el tamaño de un gorila hembra y colgaba de las ramas de los árboles como un koala gigantesco.

La especie más conocida de esa familia es el lémur de cola anillada (*Lemur catta*). Mucho más terrestres que otros lémures, vive en grupos promiscuos y a la vez jerárquicos en los que las hembras dominan a los machos. Durante sus disputas, éstos untan su apéndice caudal con la secreción olorosa de sus muñecas y lo dirigen hacia los machos rivales, acercándose a ellos para hacerlos huir por la intensidad del olor si la advertencia visual no es suficiente.

Otra especie de lemúrido notable por su pelaje es el lémur negro (*Eulemur macaco*), prosimio que se caracteriza por su acusado dimorfismo sexual. Como las demás especies del género, el lémur negro no posee glándulas de olor en las muñecas y carece por tanto de la posibilidad de entablar luchas olorosas. Posee en cambio unas potentes glándulas perianales que utiliza para marcar su territorio y reforzar la unión de la manada.

La dieta de los lemúridos suele ser bastante omnívora y se compone sobre todo de insectos y de frutos. La excepción la constituyen los lémures mansos (género *Hapalemur*), que se alimentan únicamente de brotes de bambú. Uno de ellos, el de nariz ancha (*H. simus*), fue descubierto y descrito hace aproximadamente un siglo, pero desapareció pocos años después. En 1972 se descubrió una pequeña población en el bosque pluvial de Ranomafana, en la costa este. En 1987, una nueva y exitosa búsqueda de este lémur se saldó con el descubrimiento de una nueva especie: el lémur manso dorado (*H. aureus*), que se alimenta exclusivamente de ciertos brotes de bambú cuya concentración en cianuros bastaría para matar a un hombre en pocos minutos. Como muchos otros lemúridos, está seriamente amenazado de extinción por la destrucción del hábitat y la persecución cinegética.

FAMILIA QUEIROGALEIDOS

Se compone de cuatro géneros y siete especies de distribución exclusivamente malgache. Son animales muy pequeños, con ojos muy grandes y los primeros premolares caniniformes. Se conocen con los nombres de lémures enanos y lémures ratón. Todos ellos son nocturnos, arborícolas y hasta cierto punto omnívoros: son, en efecto, insectívoros además de fitófagos, aunque una de las siete especies, el lémur enano de frente ahorquillada (*Phaner fucifer*), se nutre casi exclusivamente de resina. Todos ellos tienen también dos o tres crías en lugar de la cría única típica de casi todos los primates.

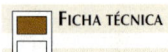

FICHA TÉCNICA

Nombre vulgar:
Lémur pardo
Nombre científico:
Eulemur [Petterus] fulvus
Clasificación:
Orden primates.
Familia lemúridos
Características:
LCC 40-50 cm;
P 2,15-2,5 kg;
G 117 d; Nc 1
Distribución:
bosques primarios por encima de 400 m en Madagascar y la isla de Mayotte (Comores)

FICHA TÉCNICA

Nombre vulgar:
Lémur enano de orejas peludas
Nombre científico:
Allocebus trichotis
Clasificación:
Orden primates.
Familia queirogaleidos
Características:
LCC 15,2 cm;
Nc 1
Distribución:
pluvisilva primaria de llanura en zona reducida en NE de Madagascar, amenazado de extinción

Eulemur fulvus.

Allocebus trichotis.

Cuatro de estas especies muestran la particularidad, única en todo el orden, de entrar en letargo durante la estación seca y subsistir únicamente con las reservas de grasa que acumularon en la cola durante la estación húmeda; son los lémures enanos propiamente dichos (*Cheirogaleus major* y *C. medius*) y los lémures ratón (*Microcebus murinus* y *M. rufus*).

Familia indríidos

La componen 3 géneros y 5 especies propias de Madagascar, todas ellas amenazadas de extinción. Los indríidos tienen el hocico más corto que los lemúridos, lo que les da un aspecto más simiesco. Su pelaje es espeso y sedoso, y sus pies, con cuatro dedos unidos en la base por una membrana y un quinto dedo oponible, funcionan como manoplas que les permiten agarrarse con firmeza cuando saltan de una rama vertical a otra.

La especie más conocida, el indri (*Indri indri*), es el mayor de los estrepsirrinos actuales. Vive en las selvas pluviales, ecosistemas que en Madagascar están particularmente amenazados. Diurno y arbóreo, se desplaza a grandes saltos entre los troncos y las ramas verticales, y se alimenta de hojas, flores y frutos que, pese a su tamaño y corpulencia, consigue arrancar de las ramas más finas. En tierra adopta una posición erguida y también avanza a saltos, con los brazos levantados por encima de los hombros y el cuerpo inclinado hacia atrás. Es monógamo y defiende el territorio familiar con unos aullidos sonoros y modulados que pueden oírse a 2 km. Tras unos 60 días de gestación, la hembra pare una cría única y la lleva a cuestas durante 4 a 7 meses, período durante el cual el macho la acompaña y la defiende contra los intrusos. Por sus vocalizaciones casi humanas, su pequeña cola y su gran tamaño, los malgaches consideran al indri como el ancestro del hombre y lo tratan con gran respeto; por desgracia, esta veneración no le impide sufrir las consecuencias de una deforestación acelerada.

Por la gran elegancia de su pelaje chocolate con vainilla, por lo accesible de su hábitat —bosques caducifolios del sur y el oeste— y por su extraña costumbre de tomar el sol con los brazos extendidos, el sifaka de Verreaux (*Propithecus verreauxi*) es, después del indri, el miembro más conocido de la familia. Las otras especies, los sifakas diademado y de Tattersal (*P. diadema* y *P. tattersalli*) y el avahí (*Avahi laniger*), que es el único indríido nocturno, habitan en las pluviselvas del este y el norte de la isla y han sido poco estudiadas.

Familia daubentoníidos

Comprende una sola especie, el aye-aye (*Daubentonia madagascariensis*), que tanto por su apariencia como por sus costumbres es el primate más extraño que existe. Sólo se le encuentra en algunas selvas del norte de Madagascar, y está seriamente amenazado de extinción. Es nocturno y durante el día se oculta en un nido muy elaborado, cuya construcción exige más de 24 horas. Al anochecer abandona el nido y se desplaza con gran agilidad por las ramas de los árboles para ir

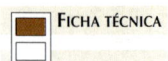

Ficha técnica

Nombre vulgar:
Indri
Nombre científico:
Indri indri
Clasificación:
Orden primates.
Familia indríidos
Características:
LCC 60 cm;
Pm 6,5 kg;
G 137 d; Nc 1
Distribución:
bosque húmedo de montaña del NE de Madagascar

Ficha técnica

Nombre vulgar:
Aye-aye
Nombre científico:
Daubentonia madagascariensis
Clasificación:
Orden primates.
Familia daubentoníidos
Características:
LCC 36-44 cm;
Pm 2,57-2,8 kg;
Nc 1
Distribución:
selvas y manglares de las costas E y NO de Madagascar

Indri indri.

Daubentonia madagascariensis.

en busca de alimentos. A veces se queda colgado de las ramas, utilizando sus afiladas uñas como ganchos, y otras realiza incursiones por el suelo del bosque donde su andadura es muy desgarbada porque el animal se ve obligado a levantar los dedos para que las uñas no toquen el suelo. Dos de estos dedos, los corazones de cada mano, son más largos y descarnados que los otros y el aye-aye los utiliza para extraer larvas de insectos que viven en la madera. Con sus grandes orejas escucha el ruido que producen las larvas y, una vez las localiza, agujerea la corteza del tronco con sus potentes incisivos y las extrae con su dedo corazón. El extraño dedo del aye-aye también le sirve para asearse, para rascarse o peinarse, y para extraer la pulpa de los cocos después de perforarlos con sus incisivos de filo biselado. Las extrañas adaptaciones morfológicas y costumbres del aye-aye se explicarían por la ocupación de los nichos ecológicos correspondientes a ardillas y pájaros carpinteros, animales ausentes de la fauna de Madagascar.

Familia lorísidos

Se compone de cuatro géneros y cinco especies. Los lorídisos son arbóreos y nocturnos, tienen los ojos enormes y brillantes, las orejas pequeñas, los miembros posteriores casi iguales a los anteriores y la cola corta o inexistente.

El poto de Bosman (*Perodicticus potto*) vive en la franja de selva tropical que se extiende desde Guinea hasta el centro del Congo y el oeste de Kenia. Es muy lento y se alimenta de frutos y, en menor medida, de resinas, insectos y ocasionalmente pequeños vertebrados.

Otro lorísido africano es el anguantibo o poto dorado (*Arctocebus calabarensis*), que se parece al poto de Bosman, pero sin cola ni las protuberancias vertebrales que le sirven a este último para formar un escudo de defensa contra los depredadores. Es también un animal de movimientos lentos y reposados, que no vacila en alimentarse de artrópodos venenosos o protegidos por pelos urticantes.

En Asia, esta familia se halla representada por los loris. El loris esbelto (*Loris tardigradus*), es propio de los bosques del sur de India y Sri Lanka.

También se desplaza con movimientos lentos y muy calculados y, a diferencia del anguantibo, casi nunca descansa colgado de las ramas. El loris lento (*Nycticebus coucang*), que es mucho más corpulento, viven en el SE asiático, Sumatra, Java, Borneo y las islas Sulu. En el norte de Indochina le sustituye el loris pigmeo (*N. pygmaeus*), que es muy similar pero menor.

Familia galagónidos

Consta de cuatro géneros y nueve especies, los denominados gálagos que se distribuyen por el continente africano, desde el sur del Sahara hasta el cabo de Buena Esperanza. Los gálagos se caracterizan por sus enormes ojos, sus grandes orejas membranosas, su larga y tupida cola y por tener las patas posteriores más largas que las anteriores. Todos ellos son nocturnos y

---

FICHA TÉCNICA

Nombre vulgar:
Loris esbelto
Nombre científico:
Loris tardigradus
Clasificación:
Orden primates.
Familia lorísidos
Características:
LCC 18-26 cm;
P 85-348 g;
G 166-169; Nc 1
Distribución:
bosques montanos, húmedos y semicaducifolios de S de la India y Sri Lanka

---

FICHA TÉCNICA

Nombre vulgar:
Gálago gigante o de cola gruesa
Nombre científico:
Otolemur crassicaudatus
Clasificación:
Orden primates.
Familia galagónidos
Características:
LCC 25,5-40 cm;
P 1,12-1,75 kg;
G 133 d; Nc 2
Distribución:
desde la R.D. del Congo y SO de Kenia hasta Angola y E de Sudáfrica

Loris tardigradus.

Otolemur crassicaudatus.

pasan el día dormidos, hechos un ovillo y con las orejas plegadas y encogidas, en un hueco de árbol o en un nido que construyen ellos mismos. De noche, en cambio, son muy activos y ágiles; saltan entre el ramaje en busca de su alimento, consistente en frutos, insectos que detectan con la ayuda de los intrincados pliegues de sus orejas, y sobre todo resinas. Todas las especies, en efecto, se nutren principal o parcialmente de la goma o resina que destilan distintas especies de árboles africanos, de ahí que comúnmente reciban el nombre de «animales de la goma». Un comportamiento específico de varios gálagos, y que suelen mostrar los machos dominantes, consiste en untarse manos y pies con orina, de tal forma que el olor se extiende por todo el espacio tridimenisonal por el que se desplazan.

SUBORDEN HAPLORRINOS

Es el grupo que comprende a los primates sin rinario. Entre ellos se encuentran los denominados simios y el hombre. Algunos presentan hocico, pero el tegumento que rodea la nariz es siempre igual al del resto de la cara.

FAMILIA TARSÍIDOS

Comprende un género y cuatro especies. Este pequeño grupo de primates se clasificó durante mucho tiempo entre los estrepsirrinos. Sin embargo, los tarsíidos difieren de estos últimos por no tener rinario desnudo y por haber perdido muchos caracteres primitivos. Sólo se conoce un género (*Tarsius*), cuyas especies no superan los 16 cm de longitud corporal. Las cuatro especies del género se distribuyen por Indonesia y Filipinas, siendo la primera que se conoció el tarsero espectral (*Tarsius spectrum*).

El tarsero espectral vive en Célebes y en las islas adyacentes Sanghir, Peleny y Selajany. Las otras especies son el tarsero occidental (*T. bancanus*), de Borneo, sur de Sumatra y algunas islas adyacentes, (*T. pumilus*) que vive en el centro de Célebes, y el tarsero de Filipinas (*T. syrichta*).

Los tarseros son fundamentalmente insectívoros y carnívoros. Capturan toda clase de artrópodos, incluidos los escorpiones, y su dieta, muy variable, incluye también lagartos y murciélagos. El tarsero occidental es capaz de matar aves de mayor tamaño que él, e incluso consume a veces serpientes venenosas. Para capturar a sus presas, los tarseros saltan sobre ellas, de preferencia cuando están en el suelo, las sujetan con las manos y las matan o inmovilizan a dentelladas. Luego las transportan en la boca hasta una rama, donde las devoran, empezando por la cabeza.

Las crías de los tarseros nacen en un estado de desarrollo bastante avanzado, cubiertas de pelo y con los ojos abiertos, y son capaces de dar pequeños saltos sobre una superficie plana. Sin embargo, no son capaces de saltar de rama hasta un mes de edad; hasta entonces suelen agarrarse al vientre de la madre que, en ocasiones, transporta a su cría única con la boca.

FICHA TÉCNICA

Nombre vulgar:
Tarsero de Filipinas
Nombre científico:
Tarsius syrichta
Clasificación:
Orden primates.
Familia tarsíidos
Características:
LCC 11,8-14 cm;
Pm 117-134 g;
G 180 d; Nc 1
Distribución:
Filipinas

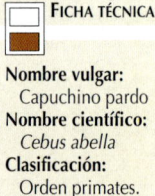

FICHA TÉCNICA

Nombre vulgar:
Capuchino pardo
Nombre científico:
Cebus abella
Clasificación:
Orden primates.
Familia cébidos
Características:
LCC 35-49 cm;
P 1,37-4,8 kg;
Distribución:
N y C de Sudamérica

Tarsius syrichta.

Cebus abella.

Familia cébidos

Está compuesta por 12 géneros y 45 especies que viven en América Central y del Sur. Los cébidos tienen 36 dientes, uñas iguales en todos los dedos y el primer dedo del pie muy desarrollado y oponible. La cola suele ser larga y en algunos géneros prensil.

Capuchinos y monos ardilla. Los géneros *Cebus* y *Saimiri* (monos capuchinos y ruros ardilla) son los menos especializados de la familia. El nombre común del primer género alude a la similitud del pelaje de una de sus especies con el hábito de los monjes capuchinos. La habilidad manual, la cola semiprensil y la inteligencia de estos monos son adaptaciones evolutivas para buscar insectos escondidos, frutos dispersos y nueces duras. La especie más conocida es el capuchino de cara blanca (*Cebus capucinus*). Vive en América Central, en el oeste de Colombia y en Ecuador, donde forma grupos numerosos, intolerantes con otros grupos, que defienden territorios en gran parte exclusivos. Este comportamiento contrasta con el del capuchino pardo (*C. abella*), una especie muy difundida por los bosques húmedos de Sudamérica tropical cuyos grupos no antagónicos solapan ampliamente sus áreas de deambulación.

Los monos ardilla o saimirís sólo tienen cola prensil cuando son muy jóvenes. Durante la estación de cría, los machos adquieren peso para parecer mayores y entablan feroces luchas para acceder al rango de jerarquía más alto, el más codiciado por las hembras. El mono ardilla común (*Saimiri sciureus*) vive en la Amazonia oriental y es todavía bastante abundante. Una especie similar, *S. oerstedii*, vive en Panamá y Costa Rica y está seriamente amenazada por la deforestación. Otra especie, *S. vanzolinii*, vive únicamente en la confluencia del río Japura con el Amazonas (CO de Brasil) y es muy vulnerable por lo exiguo de su distribución. Todos los saimirís son extremadamente sociales, más que ningún otro platirrino, pudiendo formar grupos muy numerosos en las selvas inalteradas por el hombre.

Sahuíes, sakís y uacarís. Los sahuíes (*Callicebus*) son primates diurnos, frugívoros y monógamos que tienen el pelaje denso y sedoso, el rostro chato y la cola larga y poblada. Viven en selvas densas húmedas, a menudo cerca del agua, desplazándose por las ramas de los árboles con movimientos muy lentos y crípticos. Aunque son muy arborícolas, la especie *C. molloch* se encuentra a menudo en el sotobosque ribereño. Aunque la mayoría de autores sólo reconocen tres especies, otros consideran hasta 13 y atribuyen este gran nivel de especiación al aislamiento en pequeños refugios dispersos que sufrió el género durante la gran sequía del Pleistoceno. Algunos individuos de estas especies exhiben vivos colores rojos o dorados, y todos ellos muestran un hermoso pelaje, lo que les valió a estos primates su nombre genérico, que significa monos bonitos.

Ficha técnica

Nombre vulgar:
Capuchino de cara blanca
Nombre científico:
Cebus capucinus
Clasificación:
Orden primates.
Familia cébidos
Características:
LCC 33-45 cm;
Pm 2,67-4 kg;
Nc 1
Distribución:
de Belize y Honduras al O Colombia y Ecuador

Ficha técnica

Nombre vulgar:
Mono ardilla o saimirí de Oersted
Nombre científico:
Saimiri oerstedii
Clasificación:
Orden primates.
Familia cébidos
Características:
LCC 27 cm;
P 600-950 g;
G 152-172 d
Distribución:
costa pacífica de Costa Rica y Panamá

Ficha técnica

Nombre vulgar:
Mono de noche cuelligris norteño
Nombre científico:
Aotus trivirgatus
Clasificación:
Orden primates.
Familia cébidos
Características:
LCC 30-42 cm;
Pm 920-950 g;
G 150-153 d;
Nc 1
Distribución:
S de Venezuela y NC de Brasil

Cebus capucinus.

Saimiri oerstedii.

Aotus trivirgatus.

Como los sahuíes, los sakís tienen un pelaje espeso y largo, aunque más tosco y enmarañado, y una cola larga, poblada y no prensil. Algunas especies, como el sakí de barba roja (*Pithecia monachus*) y sobre todo el macho del sakí de barba blanca (*P. pithecia*, una especie dicromática, caso raro entre los platirrinos) y el sakí ecuatorial (*P. aequatorialis*) tienen una conspicua máscara facial. Los sakís viven en las selvas pluviales sudamericanas, son muy arborícolas y son capaces de desplazarse a gran velocidad entre los árboles y de descender boca arriba por troncos verticales. Se alimentan de frutos, miel, hojas, pequeñas aves y mamíferos, incluidos murciélagos, que capturan en huecos de árboles y desgarran y desuellan antes de comérselos.

Otros componentes de este grupo son los sakís barbudos (*Chiropotes*), primates que como su nombre indica ostentan una barba negra y poblada, además de dos mechones de pelo, abultados y cortados en flequillo, en lo alto de la cabeza. Si a estos rasgos faciales se suma una cara negra como el azabache, se comprende fácilmente el nombre específico de satanás que recibe uno de los dos miembros de este género.

Más extraños aún que los sakís barbudos, e igualmente habitantes de las varzeas e igapós (selvas amazónicas inundadas), son los uacarís. Una de las dos especies, el uacarí calvo (*Cacajao calvus*), tiene en efecto toda la cara lampiña y de color rosa oscuro o escarlata, pero su extraña fealdad no impide que sea muy apreciado como mascota por varias etnias amazónicas.

Monos de noche. Las diez especies del género *Aotus* son los únicos haplorrinos que tienen un patrón de actividad exclusivamente nocturno. Aunque carecen del *tapetum lucidum* que permite a los estrepsirrinos más nocturnos una buena visión en la oscuridad, tienen los ojos muy grandes, mayores en proporción con el cuerpo que los de cualquier otro haplorrino. La estructura social de estos primates se basa en la monogamia, estructura que sólo se encuentra en el 3 por ciento de los mamíferos y en el 14 por ciento de las especies de primates. Además de monógamos, estos monos son muy «feministas» ya que los machos se ocupan casi en exclusiva de transportar a la cría durante sus dos primeros meses de vida. Aunque los monos de noche son especialmente tolerantes con la actividad humana, su hábitat forestal está desapareciendo rápidamente en muchas regiones, circunstancia que se ve agravada por la caza excesiva para el consumo de su carne o para el tráfico de mascotas y la investigación biomédica.

Monos araña y monos lanudos. Los miembros de este grupo que cuenta con tres géneros son los platirrinos de mayor tamaño. Todos ellos presentan, en su larga cola prensil, una zona de piel desnuda y callosa con numerosos surcos muy finos distribuidos de un modo similar a las marcas digitales, rasgo único que les permite agarrarse a las ramas por la cola con extraordinaria firmeza. Las hembras de estos primates tienen un clítoris alargado que utilizan para distribuir olor por el espacio que recorren. La dieta consiste en frutos de

---

FICHA TÉCNICA

Nombre vulgar:
Mono lanudo común
Nombre científico:
Lagothrix lagotricha
Clasificación:
Orden primates.
Familia cébidos
Características:
LCC 46-65 cm;
P 3,5-10 kg;
G 225 d; Nc 1
Distribución:
Selvas del Amazonas, desde Colombia hasta el C de Brasil, E de Ecuador y E de Perú

FICHA TÉCNICA

Nombre vulgar:
Mono aullador caraya
Nombre científico:
Alouatta caraya
Clasificación:
Orden primates.
Familia cébidos
Características:
LCC 42-55 cm;
P 3,8-8,3 kg;
G 180-194 d;
Nc 1
Distribución:
S de Brasil, Paraguay, E de Bolivia y N de Argentina

Lagothrix lagotricha.

Alouatta caraya.

gran contenido energético, es decir de un tipo de alimento muy disperso y difícil de encontrar, lo que obliga a estos monos que poseen un gran cerebro a recorrer grandes distancias, en grandes áreas de deambulación.

Los monos arañas (*Ateles*) tienen el pelo largo e hirsuto, extremidades esbeltas y el pulgar muy atrofiado o ausente. Las cuatro especies de este género que se distribuye por toda América tropical (excepto las Antillas) utilizan sus manos en forma de garfio para colgarse de las ramas mientras se alimentan y para balancerse de un árbol a otro.

Los monos lanudos (*Lagothrix*) tienen un pelaje corto y denso, y un pulgar corto y no oponible. Las dos especies del género tienen un cráneo redondeado, huesos nasales cortos y arcos superciliares robustos que les confieren una extraña semejanza con los seres humanos. Las crías son a menudo utilizadas como mascotas pero, como la mayoría de los primates, se vuelven agresivas y peligrosas al tornarse adultas. Pese a ello, los monos lanudos son perseguidos por esta razón, y también por su apreciada carne. Debido a esta presión cinegética, el mono lanudo común (*L. lagotricha*) se ha convertido en especie vulnerable.

Más amenazado aún está el murikí (*Brachyteles arachnoides*), única especie de su género que, pese a ser el mayor primate americano, es uno de los menos conocidos. Como los monos lanudos, el murikí tiene la cabeza redondeada y un pelaje denso, pero sus brazos esbeltos son similares a los de los monos arañas. Esta especie se encuentra únicamente en los bosques primarios e inalterados por el hombre de la pluvisilva atlántica de Brasil, es decir en uno de los ecosistemas más amenazados del mundo.

Monos aulladores o aluatas. Los monos del género Alouatta se caracteriza por tener el hioides o hueso de la garganta conformado como una caja de resonancia, lo que les permite dar unos bramidos que, cuando los profieren a coro, se oyen a gran distancia (y de ahí su nombre común). Todos los monos aulladores tienen la cola prensil y unos pulgares diminutos. Son sexualmente dimórficos, y los machos son siempre mayores que las hembras. Son los únicos platirrinos que se alimentan de hojas maduras, un alimento muy disponible y fácil de encontrar pero muy poco energético. Contrariamente a los monos araña, descansan gran parte del día, tienen el cerebro pequeño (50 g frente a los 1 000 a 4 000 de los primeros) y unas áreas de deambulación poco extensas. Las seis especies del género se distribuyen por América tropical, desde el sur de México hasta el norte de Argentina.

FAMILIA CALITRÍQUIDOS

La forman cinco géneros y 21 especies que viven en América Central y del Sur. Son los titíes y tamarinos. Difieren de los cébidos por tener los dedos armados de garras, salvo el primero del pie, que es muy pequeño y lleva una uña

---

FICHA TÉCNICA

Nombre vulgar: Tití enano
Nombre científico: *Callithrix pygmaea*
Clasificación: Orden primates. Familia calitríquidos
Características: LCC 15 cm; P 99-160 g; Gm 140 d; Nc 2
Distribución: selva amazónica en O de Brasil, SE de Colombia, E de Ecuador y E de Perú

FICHA TÉCNICA

Nombre vulgar: Tití león dorado
Nombre científico: *Leontopithecus rosalia*
Clasificación: Orden primates. Familia calitríquidos
Características: LCC 20-3,6 cm; P 361-710 g; Gm 128 d; Nc 2
Distribución: selva atlántica en algunas zonas del estado de Río de Janeiro (Brasil), amenazado de extinción

Callithrix pygmaea.

Leontopithecus rosalia.

plana. Excepto uno de los géneros, todos los demás poseen sólo 32 dientes, faltándoles la última muela de cada serie. Son muy pequeños y con frecuencia exhiben una vistosa coloración. Su cola no suele ser prensil, tienen una vista muy aguzada, un buen oído y un buen olfato. Son muy vocales, viven en pequeños grupos semipromiscuos y se alimentan de frutos, insectos y exudados vegetales, tales como resinas, savias y látex. Los títís obtienen estos exudados con la ayuda de sus grandes incisivos inferiores, mientras que los títís león, que no los consumen, utilizan sus largos dedos para buscar insectos bajo la corteza, en los huecos de los árboles y entre la vegetación. Todos ellos trepan por los árboles clavando las garras en la corteza. Muchas especies están amenazadas de extinción debido a la destrucción de su hábitat.

El tití común (*Callithrix jacchus*), especie del este de Brasil que en Europa se utiliza como mascota desde hace más de dos siglos, se reconoce por su cola a franjas blancuzcas y oscuras, y por los grandes mechones blancos que adornan sus orejas. Más al oeste, en las selvas de la alta Amazonia, vive el tití enano (*C. pygmaea*) que, con sus 15 cm de longitud corporal máxima, es el más pequeño de los primates americanos. A otro género pertenecen los títís león (*Leontopithecus rosalia*, *L. chrysomelas* y *L. chrysopygus* y el recién descubierto *L. caissara* no es el único primate descubierto recientemente en Brasil. Desde 1990 se han hallado otros diez nuevos monos en este país que, con sus 79 especies descubiertas hasta la fecha, es el que más primates tiene en el mundo), así llamados por la abundante melena que muestran alrededor de su cuello y que, por ser endémicos de pequeñas zonas de la pluvisilva atlántica brasileña, están seriamente amenazados de extinción.

Los tamarinos del género *Saguinus* habitan en bosques perennes de crecimiento secundario y en bosques caducifolios de Sudamérica tropical. El tamarino de Goeldi (*Callimico goeldii*) vive en las pluvisilvas del sur de Colombia, este de Ecuador y Perú, oeste de Brasil y norte de Bolivia en espesuras de bambúes y en matorrales de bosques no fluviales. Está considerado como especie vulnerable, del mismo modo que el tamarino de cara desnuda (*Saguinus leucopus*) del norte de Colombia.

FAMILIA CERCOPITÉCIDOS

Se compone de ocho géneros y 47 especies de primates repartidas por África y Asia. Como otros catarrinos, los cercopitécidos tienen siempre 32 dientes, con sólo dos premolares en cada serie, y además presentan debajo de la base de la cola, en ambos glúteos, un par de callosidades desnudas, más o menos extensas (callosidades isquiáticas). Su cola nunca es prensil y, a diferencia de los colóbidos, tienen molares con cúspides bajas, comen principalmente frutos y tienen bolsas en las mejillas donde acumulan alimentos durante breves períodos.

FICHA TÉCNICA

Nombre vulgar: Tamarino de cabeza algodonosa
Nombre científico: *Saguinus oedipus*
Clasificación: Orden primates. Familia calitríquidos
Características: LCC 20,6-24,3 cm; Pm 411-430 g; G 140 d; Nc 2
Distribución: selva húmeda, bosque seco y monte bajo de lianas en NO de Colombia y zonas limítrofes de Panamá

FICHA TÉCNICA

Nombre vulgar: Cercopiteco mona
Nombre científico: *Cercopithecus mona*
Clasificación: Orden primates. Familia cercopitécidos
Características: LCC 37,5-63,1 cm; P 3-6 kg; G 5-6 m; Nc 1
Distribución: manglares y selvas ribereñas hasta 2 000 m de altitud desde Ghana hasta el SO de Camerún

Saguinus oedipus.

Cercopithecus mona.

Cercopitecos y afines. El género que da nombre a la familia es el de los cercopitecos propiamente dichos (*Cercopithecus*), monos africanos de formas esbeltas y con callosidades isquiáticas pequeñas, que suelen mostrar grandes patillas a los lados de la cara y tiene la cola muy larga. Son arborícolas y la mayoría son frugívoros que contribuyen a dispersar las semillas que ingieren. Su estructura social es matrifocal, es decir que se organiza en torno a un núcleo de hembras que viven en su grupo natal, que defienden su territorio y se acicalan mutuamente. Muchas especies se asocian con otras, tales como colobos y mangabeyes, así como con otros cercopitecos, formando grupos mixtos que, según parece, aumentarían la eficiencia alimentaria de cada especie y su capacidad de detectar los depredadores. El número de especies de este género está muy debatido, entre otras cosas porque su evolución ha sido muy reciente.

En el golfo de Guinea viven algunas de las especies más vistosas: el cercopiteco de nariz blanca (*C. nictitans*), de pelaje negro salpicado de blanco, con una mancha blanca sobre la nariz; el cercopiteco bigotudo (*C. cephus*), cuya cara azul, encuadrada por hermosas patillas amarillas, lleva sobre la boca una mancha blanca con forma de bigote; y el cercopiteco de orejas rojas (*C. erythrotis*), de Nigeria, Camerún y la isla de Bioko. Algunas especies presentan una gran barba blanca, como el cercopiteco diana (*Cercopithecus diana*), propio de Sierra Leona, Liberia y Ghana, y el de L'Hoest (*C. lhoesti*) de Zaire, Ruanda, Uganda y Burundi; o bien una larga perilla blanca como el cercopiteco de Brazza (*C. neglectus*), que además luce una diadema de color amarillo oro.

El cercopiteco de Brazza tiene un área de distribución muy extensa, pero no tanto como el cercopiteco verde (*C. aethiops*), tristemente famoso por ser, con gran probabilidad, el vector inicial de los virus del SIDA. El área de este primate, que algunos zoólogos califican hoy en el género *Clorocebus* y que otros subdividen en tres especies, se extiende por casi toda el África subsahariana, a excepción de las pluvisilvas y desiertos.

Otros cercopitecos que pertenecen a géneros distintos son el cercopiteco de Allen (*Allenopithecus nigroviridis*) que vive en las selvas pantanosas del este del Congo y Angola y del oeste de la República Democrática del Congo; el talapoin (*Miopithecus talapoin*), que habita en pluvisilvas, bosques de galería, selvas pantanosas y manglares, desde el sur de Camerún hasta Angola, y que es el catarrino más pequeño que existe; y finalmente el mono patas (*Erytrocebus patas*), cuyas largas extremidades están adaptadas a la carrera y que vive en África tropical, desde Senegal hasta Etiopía, Kenia y Tanzania.

Mangabeyes y macacos. Algunos autores clasifican a los mangabeyes, macacos, papiones y mandriles en una subfamilia distinta de la primera (que es la de los cercopitecinos), la de los cinocefalinos o monos de cabeza de perro, entre otras razones porque presentan un hocico largo y de perfil cuadrado.

FICHA TÉCNICA

Nombre vulgar:
Mono patas
Nombre científico:
Erytrocebus patas
Clasificación:
Orden primates.
Familia cercopitécidos
Características:
LCCm 62 cm;
Pm 7 kg;
Distribución:
África tropical, desde Senegal a Etiopía; Kenia y Tanzania

FICHA TÉCNICA

Nombre vulgar:
Macaco león
Nombre científico:
Macaca silenus
Clasificación:
Orden primates.
Familia cercopitécidos
Características:
LCCm 30 cm;
Pm 6,5 kg;
G 162-186 d;
Nc 1
Distribución:
SO India

Erytrocebus patas.

Macaca silenus.

Los mangabeyes (género *Cercocebus*) son simios de tamaño mediano, todos ellos de distribución africana y con la cola más larga que el cuerpo. Las seis especies hoy reconocidas son exclusivamente forestales, pero una de ellas, la del río Tana en Kenia (*C. galerita*), vive en bosques de acacia secos y abiertos.

A diferencia de otros cercopitécidos, 14 de las 15 especies de macacos viven en Asia y la única africana ni siquiera pertenece a la fauna etiópica (vive en el N de África y es, por tanto, paleártica). Por lo demás, los macacos tienen formas más robustas, callosidades isquiáticas de mayor tamaño y un pelaje menos vistoso que los cercopitecos y mangabeyes; aunque son también arborícolas, con frecuencia bajan a tierra, si es que no son principalmente terrestres.

Una de las especies todavía comunes es el macaco coronado (*Macaca radiata*), propio de la mitad sur de India, cuyo pelo verdoso forma una especie de caperuza en la cabeza. Este macaco tiene la cola larga, lo mismo que el macaco cangrejero (*M. fascicularis*) del Sudeste Asiático, Indonesia y Filipinas, cuyo nombre alude a su tendencia a alimentarse de cangrejos y otros invertebrados marinos durante el reflujo de la marea. Otros macacos, en cambio, tienen la cola muy corta, como el de cola de cerdo (*M. nemestrina*), que vive en todo el Sudeste Asiático, incluidos Borneo y Sumatra pero que, pese a su utilidad como animal doméstico —se le adiestra para buscar cocos—, está desapareciendo en gran parte de su área original. Todavía es más corta la cola en el macaco japonés (*M. fuscata*), cuya área de distribución llega en la isla de Hondo u Honshiu hasta los 41° de latitud norte y es, por tanto, el más septentrional de todos los primates.

Otros macacos destacables son el macaco león (*M. silenus*), especie gravemente amenazada de extinción que sólo se encuentra en los montes Nilgiri, en la India, y el macaco rhesus (*M. mulatta*), que es bien conocido por el papel que ha desempeñado en la investigación médica sobre grupos sanguíneos. Esta última especie está difundida por casi toda Asia tropical; es tan adaptable y antropófila que en India y Nepal, donde se le considera animal sagrado, se ha adaptado totalmente a la vida urbana.

El único representante africano es el macaco de Berbería (*M. sylvanus*), que sólo se encuentra en estado salvaje en los bosques de cedro y de roble del Atlas y de las cordilleras vecinas, en Marruecos y el norte de Argelia. La pequeña población que subsiste en el peñón de Gibraltar se mantiene artificialmente. Aunque la tala masiva del bosque ha convertido a la especie en vulnerable, estos monos desprovistos de cola todavía forman grupos numerosos que se desplazan por los árboles y por el suelo en busca de bellotas, cortezas, piñones, hojas, invertebrados y anfibios.

La isla de Célebes cuenta también con cuatro especies de macacos de cola rudimentaria, que tienen un pelaje muy oscuro como rasgo común. Una de ellas lleva el nombre de macaco negro crestado (*M. nigra*) por el color oscuro de todo su

FICHA TÉCNICA

Nombre vulgar:
Macaco de Berbería
Nombre científico:
Macaca sylvanus
Clasificación:
Orden primates. Familia cercopitécidos
Características:
LCCm 45-60 cm; P 10,2-17 kg; Nc 1
Distribución:
Cordillera del Atlas; introducido en Gibraltar

FICHA TÉCNICA

Nombre vulgar:
Macaco japonés
Nombre científico:
Macaca fuscata
Clasificación:
Orden primates. Familia cercopitécidos
Características:
LCC 47,2-60,7 cm; P 8,3-18 kg; Gm 5-6m ; Nc 1
Distribución:
bosques hasta 1 500 m, en las islas japonesas Honshu, Shikoku, Kyushu y Yakushima

Macaca sylvanus.

Macaca fuscata.

pelaje y por su cara negra, lustrosa y alargada, coronada por un enhiesto y pronunciado tupé.

Gelada, papiones y mandriles. El gelada (*Theropithecus gelada*) vive únicamente en las montañas de Etiopía, entre 1 400 y 4 400 m de altitud. Es de color pardo muy oscuro, con un espacio triangular de piel desnuda y encarnada en medio del pecho, y el macho adulto ostenta una capa de pelos largos y densos. Este último es mayor que la hembra y alcanza los 74 cm, más la cola, de 40 cm. Tiene una estructura social compleja, a base de «bandas» estables de 30 a 350 individuos formadas por varios harenes y varios grupos «sólo machos». En zonas favorables, estas bandas forman agrupaciones temporales todavía mayores que pueden contar hasta con 670 animales. El gelada se alimenta de hojas, raíces y semillas de hierbas y es, por tanto, el único primate que pace realmente.

De los papiones, el más destacable es quizás el papión sagrado o hamadríade (*Papio hamadryas*), que habita en los países que rodean el mar Rojo —aunque ya no en Egipto— y que era venerado por los antiguos egipcios como animal consagrado al dios Toth. El hamadríade habita en sabanas y semidesiertos, a veces a gran altitud (hasta 2 600 m). Tiene una estructura social compleja a cuatro niveles, distinta de cualquier otro mamífero. Los niveles son los siguientes: harén o unidad básica, clan formado por 2 a 4 harenes y machos solteros, banda formada por varios clanes, tropa formada por varias bandas que comparten una misma pared de acantilado para dormir.

En África ecuatorial, oriental y austral, desde Senegal hasta Etiopía por el este y hasta Sudáfrica por el sur, vive el papión cinocéfalo (*P. cynocephalus*), un simio de hábitos terrestres cuya forma más norteña se denomina papión anubis en honor del dios egipcio que lleva el mismo nombre. El color del pelaje de esta especie varía geográficamente, desde el ocre del papión amarillo, propio de las llanuras de África oriental y subecuatorial hasta el gris oscuro del papión negro o chacma del sur de África, pasando por la raza del altiplano de África oriental, el papión anubis, que abunda en los parques nacionales de Kenia y Tanzania, de color verdoso aceitunado.

La tercera especie de este género que muchos autores consideran uniespecífico —las tres especies serían, según ellos, simples subespecies de *P. hamadryas*— es el papión de Guinea (*P. papio*), que habita en la sabana arbolada y el bosque de galería del oeste de África, desde Senegal hasta Sierra Leona.

El mandril y el dril son propios de las pluvisilvas densas del golfo de Guinea y se caracterizan por su cola muy corta y enhiesta, y por tener profundas hendiduras oblicuas a cada lado de los huesos nasales. En el macho adulto del mandril común (*Mandrillus sphinx*), la piel es de color púrpura en dichas hendiduras y azul en las pequeñas crestas, mientras que el tramo central de la nariz es de un vivo color escarlata; la hembra y los jóvenes tienen las crestas menos pronunciadas y su hocico es de un color azul más apagado. Estas tonalidades que no presenta ningún otro mamífero contrastan con las del dril (*M. leucophaeus*), que

---

FICHA TÉCNICA

Nombre vulgar:
Papión sagrado o hamadríade
Nombre científico:
Papio hamadryas
Clasificación:
Orden primates. Familia cercopitécidos
Características:
LCC 61-76,2 cm; Pm 12-21,3 kg; G 6 m; Nc 1
Distribución:
zonas semidesérticas y sabanas arboladas hasta 2 600 m en E de Etiopía, N de Somalia y SO de la península Arábiga

Papio hamadryas.

tiene la cara negra, con apenas dos acanaladuras a cada lado de la nariz. Tanto el mandril como el dril tienen las nalgas de color lila pálido y púrpura rojizo, coloraciones que se tornan más brillantes cuando el animal se excita. Ambas especies son estrictamente selváticas y son víctimas de la acelerada deforestación; el mandril es una especie vulnerable y el dril, de distribución más limitada, está gravemente amenazado.

FAMILIA COLÓBIDOS

Esta familia, que muchos autores consideran como una subfamilia de los cercopitécidos, se compone de nueve géneros y 37 especies. El estómago de los colóbidos está dividido en varios compartimentos y contiene colonias bacterianas que permite digerir la celulosa de las hojas, frutos verdes y semillas que constituyen el alimento casi exclusivo de estos animales. Los molares tienen unas cúspides altas y puntiagudas, adaptadas para romper hojas, y no hay bolsas en los carrillos.

Muchas especies viven en Asia tropical y se conocen con el nombre de langures. De formas gráciles, con extremidades y cola largas, suelen tener el pelo de la parte superior de la cabeza levantado en forma de copete o tupé, como en el langur mitrado (*Presbytis melalophos*) del sudoeste de Sumatra o en el langur castaño (*P. rubicunda*) de Borneo.

Más crestados aún son los langures del género *Trachypithecus*, cuyas nueve especies se distribuyen por el Sudeste Asiático. Algunos de estos langures tienen pelajes muy llamativos pero ninguno de ellos muestra una coloración tan marcadamente contrastada como los langures douc (*Pygathrix nemaeus* y *P. nigripes*) que viven en el centro y sur de Indochina.

Muchos langures están en peligro de extinción o, como mínimo, son vulnerables; incluso lo es el langur hanuman o común (*Semnopithecus entellus*), el mono sagrado de la India, Nepal, Sri Lanka y Bangladesh, aunque a los que viajan a estos países no se lo parezca en absoluto.

El násico o mono narigudo (*Nasalis larvatus*) de la isla de Borneo se parece a los langures, pero se diferencia de ellos y de todos los demás primates por la enorme nariz colgante del macho (en la hembra es más pequeña y ligeramente respingona).

Otros monos de nariz extraordinaria son los rinopitecos (*Rhinopithecus*) sólo que éstos la tienen respingona en ambos sexos. Las cuatro especies de este género se distribuyen por el sur-centro de China y el norte de Vietnam, y son muy perseguidas por su pelaje pretendidamente medicinal. En zonas inalteradas, estos monos forman bandas muy numerosas, de hasta 100 individuos o más, formadas por muchas unidades, que constan de un macho dominante, 3 a 5 hembras y jóvenes. Una de esas bandas llegó a contar, según se informa, nada menos que 600 individuos, pero esto sólo pudo ocurrir en el pasado, porque hoy los rinopitecos, excepto *R. roxellana*, que «sólo» es vulnerable, están gravemente amenazados de extinción.

FICHA TÉCNICA

Nombre vulgar:
Mandril
Nombre científico:
Mandrillus sphinx
Clasificación:
Orden primates.
Familia cercopitécidos
Características:
LCC 56-81 cm;
Pm 11,5-26,9 kg;
G 168-176 d;
Nc 1
Distribución:
pluvisilvas, bosques costeros y de galería de Camerún al S del río Sanaga, Guinea Ecuatorial, Gabón y Congo

Falta texto?

FICHA TÉCNICA

Nombre vulgar:
Násico, mono narigudo
Nombre científico:
Nasalis larvatus
Clasificación:
Orden primates.
Familia colóbidos
Características:
LCC 61-76 cm;
Pm 10-21,2 kg;
Gm 166 d; Nc 1
Distribución:
manglares y selvas húmedas de Borneo hasta 250 m de altitud

Mandrillus sphinx.

Nasalis larvatus.

En África, esta familia está representada por los colobos, que son monos de pelo largo y sedoso. Como los monos araña de América, los colobos carecen de pulgares en las manos. En Guinea ecuatorial, Bioko y Camerún vive un colobo de significativo nombre específico (*Colobus satanas*), que es completamente negro. Pero hay otras especies, como el colobo blanco y negro de Angola (*C. angolesis*) y el guereza (*C. guereza*) de África ecuatorial, que presentan a lo largo de los costados una franja de largos pelos, blancos como la nieve, que ondean como un manto cuando el animal salta de una rama a otra.

Los colobos rojos o herrumbrosos y el colobo oliváceo pertenecen al género *Procolobus* —aunque algunos taxónomos utilizan un nombre genérico distinto para los colobos rojos—, y algunas especies endémicas, como el colobo rojo de Zanzíbar (*P. kirkii*) y el de los montes Uzungwa de Tanzania (*P. gordonorum*), están amenazadas de extinción.

Familia hilobátidos

Esta familia comprende a los gibones y al siamang. Son primates sin cola y con callosidades isquiáticas muy pequeñas, notables por la desmesurada longitud de sus brazos, cuyos dedos en forma de ganchos están magníficamente adaptados para la braquiación, un modo de locomoción que consiste en balancearse de rama en rama. Esta adaptación les permite moverse con una formidable agilidad y rapidez por las copas de los árboles, sin valerse más que de las manos, pasando de rama en rama con pasmosa destreza o lanzándose de un árbol a otro a través de distancias de seis a ocho metros. Todos lo gibones emiten vocalizaciones muy complejas y la mayoría cantan a dúo para consolidar la pareja. En efecto, a diferencia de los homínidos, los hilobátidos son estrictamente monógamos y sus parejas se mantienen de por vida. Sólo existe un género, *Hylobates* (palabra de origen griego que significa «paseante del bosque»), con nueve especies. Todas ellas son menos inteligentes que los homínidos, ya que no aprueban el test de reconocerse en el espejo.

Los hilobátidos se distribuyen por la India, China, Birmania e Indochina, península de Malaca, Sumatra, Java y Borneo. Viven únicamente en selvas vírgenes e inalteradas, tanto en pluvisilvas perennes como en bosques monzónicos caducifolios, y se alimentan sobre todo de frutos maduros.

El gibón más conocido es el común o de manos blancas (*Hylobates lar*), cuyo pelaje varía de coloración según las poblaciones pero nunca según el sexo. En Thailandia es negro u ocre claro, con el borde de la cara, manos y pies blancos; en la península de Malaca varía de castaño oscuro a ocre y en Sumatra, de castaño a rojizo u ocre.

Otras especies relativamente difundidas son el gibón negro y el huloc. En el gibón negro (*H. concolor*), que vive en Laos, Vietnam y sur de China, el pelaje del macho es negro y el de la hembra de color de ante. El gibón huloc (*Hylobates hoolok*), que se encuentra en Assam, Birmania (Myanma) y Bangladesh, presenta una ancha banda blanca sobre la frente que

---

Ficha técnica

Nombre vulgar:
Gibón común o de manos blancas
Nombre científico:
Hylobates lar
Clasificación:
Orden primates. Familia hilobátidos
Características:
LCC 42-58,5 cm; P 4,4-7 kg; Gm 7; Nc 1
Distribución:
Birmania, S de China, Thailandia, Laos península malaya y Sumatra

---

Ficha técnica

Nombre vulgar:
Gibón huloc
Nombre científico:
Hylobates hoolok
Clasificación:
Orden primates. Familia hilobátidos
Características:
LCCm 48,3 cm; Pm 6,1-6,9 kg; Gm 7,5 m; Nc 1
Distribución:
Assam (NE de India), Bangladesh, Birmania y zonas limítrofes de Yunnan (China)

Hylobates lar.

Hylobates hoolok.

resalta sobre el resto del pelaje, negro en el macho y pardo en la hembra.

El siamang (*H. syndactylus*) es más corpulento que los gibones y su pelaje es de color negro. Vive en la península de Malaca y en Sumatra y su vocalización difiere de la de otras especies del género: mientras el macho emite su profundo reclamo con el gran saco gular que recuerda al de los monos aulladores, la hembra contesta con una serie de ladridos.

También esta familia cuenta con especies vulnerables y amenazadas de extinción (respectivamente tres y dos).

FAMILIA HOMÍNIDOS

Está compuesta por cuatro géneros y cinco especies. En esta familia se incluyen los orangutanes, que sólo se encuentran en el norte de Sumatra y en Borneo; los chimpancés y los gorilas, que sólo viven en África; y el hombre, que es cosmopolita. El orangután forma la subfamilia ponginos, y los chimpancés, el gorila y el hombre constituyen la subfamilia homininos.

Algunos autores consideran que el hombre (*Homo sapiens*) es el único representante de los homínidos, mientras que los géneros *Pongo*, *Gorilla* y *Pan* formarían la familia póngidos. Pero, en la actualidad, la mayoría de los análisis cladísticos apoyan la inclusión de los cuatro géneros en la misma familia (o, si acaso, la inclusión de únicamente *Pongo* en la familia póngidos).

Los feneticistas y los taxonomistas dudan de esta clasificación, argumentando que también han de tenerse en cuenta los drásticos cambios de naturaleza ecológica y cultural que se han producido en la evolución de la línea homínidos, en especial en la del género *Homo*. No obstante, si la filogenia debe reflejarse fielmente en la clasificación, entonces la familia homínidos debe albergar a los humanos, a los simios africanos y (eventualmente) a los orangutanes.

Orangutanes. Las pruebas genéticas recientes sugieren que existen dos especies de orangutanes que divergieron hace 1,5 millones de años: el orangután de Borneo (*Pongo pygmaeus*) y el orangután de Sumatra (*P. abelii*), de constitución más fina y con el pelo más largo que el anterior.

Los orangutanes son más arborícolas y solitarios que los otros homínidos. Aunque los machos viajan más por tierra que las hembras, todos ellos viven en árboles y utilizan sus manos y pies con pulgares oponibles para trepar pausadamente y suspenderse de las ramas mientras se alimentan. El desarrollo de estos primates es uno de los más prolongados del mundo animal. Aunque ya son sexualmente maduros, los machos subadultos no desarrollan las acumulaciones de grasa de las mejillas que caracterizan al adulto hasta los 15 a 19 años de edad. Las hembras no son fértiles hasta los 12 a 15 y después de su primera cría tienen que esperar 7 u 8 para tener una segunda. Esta baja tasa reproductora impide que las po-

---

FICHA TÉCNICA

Nombre vulgar:
Orangután de Borneo
Nombre científico:
Pongo pygmaeus
Clasificación:
Orden primates.
Familia homínidos
Características:
LCCm 78-97 cm;
Pm 37-77,5 kg;
G 233-265 d;
Nc 1
Distribución:
Borneo

Pongo pygmaeus.

blaciones se recuperen fácilmente de la acelerada destrucción de hábitats que ha provocado un gravísimo declive de ambas especies durante las dos últimas décadas.

Los orangutanes habitan en las grandes selvas de llanura y en los bosques de montaña, incluidas las selvas de suelo pantanoso. Las principales poblaciones actuales —prácticamente las únicas— se hallan en zonas muy protegidas, como el parque nacional de Gunung Leuser, en Sumatra, los parques nacionales de Tandjung Puting y Kutai, y las reservas de Gunung Palung, Bukit Raja y Lanjak Entimau, en Borneo. Buscan siempre los sitios más apartados y salvajes, si es posible la selva virgen o selva primaria, donde viven en solitario o en pequeños grupos, constituidos por macho y hembra, cuando ésta se halla en período receptivo, o por la madre y tres o cuatro crías nacidas a lo largo de otros tantos años. Son hábiles trepadores, pero cuando no les amenaza ningún peligro se mueven muy despacio, pasando de rama en rama con circunspección, sin saltar ni brincar como suelen hacer otros monos.

Los orangutanes figuran entre los monos más diurnos: se acuestan muy temprano y se levantan cuando ya se han disipado las últimas brumas de la mañana. Su cama consiste en un nido de un metro de diámetro, que construyen con ramas mal entrelazadas en un árbol, a una altura de 6 a 15 m. Se alimentan sobre todo de diversas hojas y frutas, entre ellos el durián, un fruto cultivado de gusto exquisito a pesar del fuerte olor que despide. La elevada inteligencia de los orangutanes está probablemente relacionada con su extraordinaria habilidad para encontrar frutos maduros en selvas donde éstos suelen escasear.

Chimpancés. Existen dos especies del género *Pan*: el chimpancé común (*P. troglodytes*) y el bonobo (*P. paniscus*), que también recibe el inapropiado nombre de chimpancé pigmeo.

El bonobo es también más vegetariano que el chimpancé común y se alimenta sobre todo de frutos, hojas y semillas, aunque a veces consume invertebrados y pequeños vertebrados. Ambas especies son muy perseguidas por su carne, por su valor como mascota y (el chimpancé común) para la investigación biomédica; ambas están consideradas como vulnerables.

De los cuatro grandes simios que existen en la actualidad, éstos son los más próximos al hombre, y comparten con él el 98,4 por ciento de su ADN, es decir, más que muchas especies animales pertenecientes a un mismo género. Ambos poseen unas capacidades sensoriales similares a las humanas y su cerebro revela una elevada inteligencia. Con un entrenamiento adecuado, los chimpancés cautivos pueden aprender y emplear correctamente signos manuales que designan conceptos, objetos o verbos y formar con ellos oraciones simples. Otra faceta interesante del chimpancé común es la habilidad para fabricar y usar instrumentos, habilidad que se transmite de una generación a otra y que delimita tradiciones culturales

FICHA TÉCNICA

Nombre vulgar:
Chimpancé común
Nombre científico:
Pan troglodytes
Clasificación:
Orden primates. Familia homínidos
Características:
LCC 73,7-95,9 cm; P 32-60 kg; G 220-230 d; Nc 1
Distribución:
selvas húmedas y sabanas mixtas O y C África

FICHA TÉCNICA

Nombre vulgar:
Bonobo
Nombre científico:
Pan paniscus
Clasificación:
Orden primates. Familia homínidos
Características:
LCC 70-83 cm; Pm 31-39 kg; G 220-230 d; Nc 1
Distribución:
selvas húmedas de llanura del C de la R.D. del Congo

Pan troglodytes.

Pan paniscus.

distintas según las poblaciones. Ejemplos de estas tradiciones, que no se limitan por cierto al uso de herramientas, son el uso de martillos y yunques de piedra para partir nueces en África occidental; la utilización de palos para pescar termes en Tanzania; el uso medicinal de plantas en Uganda; y la caza cooperativa de colobos rojos en Costa de Marfil.

El chimpancé común es territorial y las relaciones intercomunitarias recuerdan a las que mantienen las tribus humanas enemigas. Los límites son patrullados con frecuencia y los intrusos son atacados sin piedad, a veces hasta la muerte. Ello no impide que los miembros de un grupo efectúen incursiones en las «tribus» vecinas, y expulsen o maten a sus componentes para conquistar su territorio y obtener potenciales compañeros sexuales. La agresividad, la crueldad y la habilidad estratégica de los chimpancés sólo es superada por los hombres y, semejanza adicional, el chimpancé es la única especie animal cuyos machos pactan alianzas temporales para matar sistemáticamente a los machos de otros grupos. Las relaciones en el interior del grupo también recuerdan a nuestra especie por su gran flexibilidad y su elevada dosis de maquiavelismo. Y, del mismo modo que en las sociedades humanas, la obsesión por acceder a la cúpula del poder no siempre empaña la tendencia entrañable a formar vínculos de amistad, que a veces pueden ser muy duraderos.

Por lo demás, el chimpancé es bastante promiscuo, pero ello no le impide formalizar «noviazgos» temporales durante los cuales la pareja evita la proximidad de otros miembros del grupo. El período de celo de las hembras es relativamente corto y ello explica las agresivas reacciones de los machos que tienen que competir por ellas.

A nivel social, el bonobo se diferencia del chimpancé común por su ginocentria, es decir, porque en sus sociedades dominan las hembras en lugar de los machos y porque en ellas no se observa nunca el infanticidio o la matanza sistemática de los machos de otras tribus, ni las violaciones o los raptos de hembras.

Las hembras bonobo se muestran ocho veces más receptivas que las de los chimpancés y no es raro que utilicen el sexo para mitigar las tensiones dentro de la comunidad o cuando se producen encuentros con otros grupos.

Entre los bonobos muchos emplean la estimulación sexual para otros fines que el meramente erótico; la utilizan para tranquilizar a las crías, para resolver conflictos entre adultos del mismo sexo, como moneda de cambio para obtener comida —la prostitución, como puede verse, no es un invento humano—, y como enfoque general de la organización comunitaria.

Gorila. Del gorila (*Gorilla gorilla*) existen tres subespecies bien diferenciadas: el gorila de llanura occidental (*G. gorilla gorilla*, a la que pertenece el célebre Copito de Nieve), el de llanura oriental (*G. gorilla graueri*), y el de montaña (*G. gorilla beringei*).

Las enormes dimensiones de los machos de gorila y sus impresionantes paradas de intimidación dieron pie a que,

---

FICHA TÉCNICA

Nombre vulgar: Gorila de montaña
Nombre científico: *Gorilla gorilla beringei*
Clasificación: Orden primates. Familia homínidos
Características: Pm 97,7-159,2 kg; Gm 257 d; Nc 1
Distribución: Altitudes superiores a 1 600 m en Ruanda, Uganda y R.D. del Congo

Gorilla gorilla beringei.

durante mucho tiempo, el hombre viera al gran simio como una criatura infernal, mitad hombre mitad bestia. Hoy, sin embargo, y gracias a los estudios pioneros de G. Schaller, J. Sabaté Pi y posteriormente D. Fossey, sabemos que es un gigante tranquilo, extraordinariamente solícito con sus crías y reacio a entablar luchas con los grupos vecinos.

Los gorilas viven en grupos familiares o harenes cuyas dimensiones varían según la zona geográfica. Así, los grupos del gorila de llanura oriental, que pueden superar los treinta individuos, son mayores que los del gorila de montaña y éstos, a su vez, superan a los de la subespecie de llanura occidental. Los grupos de gorilas tienen una estructura fuertemente jerárquica y son, por tanto, muy estables. Al frente del harén suele haber un macho dominante, fácilmente reconocible por su tamaño enorme y su dorso plateado. Algunos grupos de gorilas particularmente grandes pueden contar con dos o incluso cuatro «espaldas plateadas» además del jefe. El macho dominante no es un déspota cruel sino todo lo contrario: gran protector del grupo, le da cohesión, se preocupa de su bienestar y lo defiende con fiereza contra los machos rivales solitarios. Las hembras con crías no se alejan nunca de su presencia. Los machos subadultos y las hembras sin prole se mantienen más alejados, pero nunca fuera de su área de influencia. Las crías más pequeñas permanecen siempre bajo la tutela del gran macho, cuya protección es esencial, ya que una cuarta parte de la mortalidad de las crías se debe al infanticidio que perpetran los machos rivales para acelerar el celo de las madres.

El crecimiento de las crías de gorila es dos veces más rápido que el de los bebés humanos y va acompañado de un aprendizaje en el que tiene una gran importancia el juego. Cuando los machos se convierten en adultos, tienden a abandonar el grupo y se dedican a viajar en solitario, a veces durante años, hasta que adquieren hembras de otros grupos y forman el suyo propio. La formación de un nuevo grupo no es difícil ya que las hembras, cuando llegan a la pubertad, abandonan el grupo natal para unirse a otras manadas. Por consiguiente, las hembras adultas del grupo familiar carecen de todo parentesco y prácticamente no establecen vínculos entre ellas. Al contrario que en otros primates, son los vínculos que se establecen entre cada hembra y el macho dominante los que mantienen la cohesión del grupo.

El gorila es menos arborícola que los chimpancés, sobre todo los grandes machos, que muy raras veces suben a los árboles. A diferencia del omnívoro chimpancé común, que tiene gran debilidad por la carne, el chimpancé común, en efecto, no sólo se alimenta de frutos y otras materias vegetales, sino también de insectos, huevos, jóvenes artiodáctilos y otros primates. el gorila se nutre principalmente de frutos y yemas. La subespecie de montaña, que vive en los antiguos cráteres de grandes volcanes extintos y está gravemente amenazada, consume sobre todo brotes y hojas de bambú. ∎

FICHA TÉCNICA

Nombre vulgar:
Gorila de llanura occidental
Nombre científico:
Gorilla gorilla gorilla
Clasificación:
Orden primates. Familia homínidos
Características:
LCCm 1,5-1,7 cm; Pm 71,5-169,5 kg; Gm 257 d; Nc 1
Distribución:
Nigeria, Camerún, Congo, Guinea Ecuatorial, Gabón

Gorilla gorilla gorilla.

Gorilla gorilla gorilla albino.

ORDEN DESDENTADOS

Exclusivos del Nuevo Mundo, los desdentados tienen el cuerpo cubierto de un pelaje espeso, o bien de una armadura o caparazón de escudetes óseos unidos en varias piezas articuladas, y las extremidades provistas de fortísimas garras, adaptadas para trepar en algunas especies y en otras para cavar. Pese al nombre del orden, tan sólo los osos hormigueros carecen de dientes, aunque, eso sí, todos los desdentados carecen de incisivos y caninos.

FAMILIA MEGALONÍQUIDOS

Está formada por dos especies del género *Choloepus*, denominados perezosos bidáctilos: *Choloepus didactylus*, que vive en Colombia, Venezuela, las Guayanas, Ecuador, Perú y Brasil, y *C. hoffmanni*, distribuido desde Nicaragua hasta Perú y el centro de Brasil. Fisiológicamente restringidos a un hábitat ecuatorial de temperaturas muy constantes, estos animales presentan temperaturas corporales más bajas y variables que cualquier otro mamífero en plena actividad; éstas oscilan entre 24 y 33 °C, según la variación de la temperatura ambiente. Por lo demás, los megaloníquidos son bastante similares a los perezosos tridáctilos, de los que se diferencian externamente por el número de dedos y la menor longitud de sus extremidades anteriores.

FAMILIA BRADIPÓDIDOS

Se compone de tres especies del género *Bradypus*, los denominados perezosos tridáctilos. Son animales de hocico romo, espeso pelaje, cola rudimentaria y largos miembros con garras ganchudas, que pueblan las selvas tropicales de América y pasan su vida en los árboles, de cuyas ramas más altas se suspenden con el dorso hacia el suelo. El aí o perezoso tridáctilo común (*Bradypus tridactylus*) vive en el sur de Venezuela, las Guayanas y el norte de Brasil. Las otras especies son *B. variegatus*, que se encuentra desde Honduras hasta el norte de Argentina, y *B. torquatus*, que habita en las selvas de la costa este de Brasil. Al igual que los perezosos bidáctilos, los tridáctilos son mamíferos muy lentos cuyo pelaje críptico, a menudo coloreado por las algas que crecen en él.

El pelaje de *Bradypus* también sirve de hábitat para una mariposa que ingiere sus secreciones grasas y que, según una interpretación bastante antropomórfica, contribuiría a la cripsis del animal., se confunde con el ramaje de los árboles de los que sólo descienden una o dos veces por semana para orinar o defecar. Contrariamente a los bidáctilos, sin embargo, los *Bradypus* no cambian de árbol durante períodos muy largos y su dieta, mucho más especializada que la de aquéllos, está compuesta casi exclusivamente por hojas tiernas, tallos y brotes de *Cecropia*. La falta de movilidad de los perezosos tridáctilos queda com-

---

FICHA TÉCNICA

Nombre vulgar:
 Perezoso bidáctilo
Nombre científico:
 Choloepus didactylus
Clasificación:
 Familia megaloníquidos
Características:
 LCC 54-74 cm;
 P 4-8,5 kg; Nc 1
Distribución:
 de Colombia y a N de Brasil

FICHA TÉCNICA

Nombre vulgar:
 Perezoso bidáctilo
Nombre científico:
 C. hoffmanni
Clasificación:
 Familia megaloníquidos
Características:
 LCC 54-74 cm;
 P 4-8,5 kg;
 G 11 m; Nc 1
Distribución:
 de Nicaragua al C de Brasil

FICHA TÉCNICA

Nombre vulgar:
 Aí o perezoso tridáctilo común
Nombre científico:
 Bradypus tridactylus
Clasificación:
 Familia bradipódidos
Características:
 LCC 41-70 cm;
 P 2-5 kg;
 G 5-6 m; Nc 1
Distribución:
 Venezuela, Guayanas y Brasil

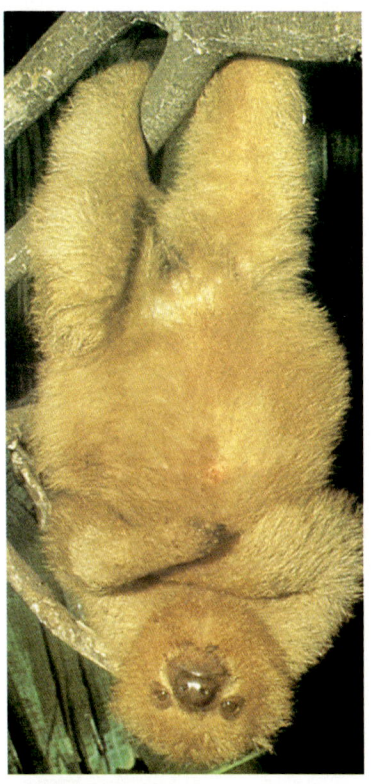

Choloepus didactylus.

Choloepus hoffmanni.

Bradypus tridactylus.

pensada en cierto modo por la capacidad de girar la cabeza hasta 270 grados.

Familia mirmecofágidos

Está formada por tres géneros y cuatro especies repartidos por Centroamérica y Sudamérica. Tienen el cuerpo cubierto de pelo, las patas provistas de formidables garras y la cola es muy larga y a veces prensil. El prolongado hocico carece de dientes como resultado de la adaptación a la dieta, consistente en hormigas, termitas y otros insectos terrestres, que recogen con la lengua. Ésta es muy larga (hasta 61 cm en la especie gigante), estrecha y redonda y, cuando el animal se alimenta, se impregna de una sustancia viscosa segregada por sus glándulas salivales.

El oso hormiguero gigante (*Myrmecophaga tridactyla*) es del tamaño de un perro de caza, tiene las orejas muy pequeñas y la cabeza muy alargada, con el hocico muy alargado y tubular. Las patas anteriores están armadas de garras enormes y la cola es larga y está muy poblada. Los adultos de esta especie son exclusivamente terrestres y andan apoyándose sobre los nudillos, con las garras dobladas hacia dentro para que no les estorben en la marcha; estas últimas las utilizan para cavar en los hormigueros y termiteros, sirviéndose de la lengua para recoger huevos, larvas e insectos adultos.

El oso hormiguero de seda (*Cyclopes didactylus*) se encuentra desde el sur de México hasta Bolivia y Brasil. Habita en bosques tropicales, es activo sólo de noche y estrictamente arborícola. Las otras dos especies, que no son tan arborícolas como la anterior, se denominan tamandúas; son *Tamandua mexicana* y *Tamandua tetradactyla*, cuyas áreas respectivas se extienden desde México hasta el NO de Venezuela y el NO de Perú, y desde Venezuela y Trinidad hasta el N de Argentina y el S de Brasil.

Familia dasipódidos

Consta de ocho géneros y 20 especies que se distribuyen desde el sur de Estados Unidos hasta el estrecho de Magallanes. Se les conoce como armadillos o tatúes. Son los menos desdentados de este orden, ya que poseen numerosos dientes: de hecho, uno de ellos, el armadillo gigante, tiene nada menos que cien dientes, si bien éstos son pequeños y vestigiales. El carácter distintivo de estos animales es su armadura de escudetes óseos, generalmente unidos en dos grandes escudos, uno que cubre los hombros y otro que envuelve la grupa, separados por una serie de bandas transversales articuladas, cuyo número, según las especies, varía de 3 a 13: un escudo frontal protege la cabeza, mientras que la envoltura de la cola (parcialmente ausente en el género *Cabassous*) está formada por bandas flexibles.

Una de las especies más comunes y difundidas es el toche o tatú negro (*Dasypus novemcinctus*), cuya distribución se extiende desde el S de EE UU hasta Perú y el N de Argentina y

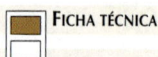

Ficha técnica

Nombre vulgar:
Oso hormiguero gigante
Nombre científico:
Myrmecophaga tridactyla
Clasificación:
Orden desdentados. Familia mirmecofágidos
Características:
LCC 100-120 cm; P 18-39 kg; Gm 190 d; Nc1
Distribución:
desde Belize hasta el N de Argentina

Ficha técnica

Nombre vulgar:
Pichi
Nombre científico:
Zaedyus pichiy
Clasificación:
Orden Desdentados. Familia dasipódidos
Características:
LCC 26-33,5 cm; P 1-2 kg; G 60 d; Nc 2
Distribución:
C y S de Argentina, estepa patagónica y zonas andinas de Chile

Myrmecophaga tridactyla.

Zaedyus pichiy.

que es muy utilizado en estudios médicos sobre la lepra, el tifus, los trasplantes de órganos y los defectos de nacimiento.

Casi todos los armadillos pueden encogerse al modo de los erizos, volviéndose así invulnerables bajo su duro caparazón. Algunas especies, como el armadillo de tres bandas y el mataco (*Tolypeutes tricinctus* y *T. matacus*), llegan incluso a convertirse en una esfera completa, por lo que también reciben el nombre de «tatús bola». Algunos de estos animales tienen el caparazón revestido de pelos bastante largos, como ocurre con dos de las especies argentinas: el peludo (*Chaetophractus villosus*) y el pichi (*Zaedyus pichiy*). Este último rara vez supera los 30 cm de longitud, excluida la cola, y sin embargo no es el menor de los armadillos; el récord lo ostenta el pichiciego rosado (*Chlamyphorus truncatus*), que no supera los 15 cm de longitud corporal y que, por añadidura, es el único mamífero del mundo (junto con su congénere *C. retusus*) que muestra ángulos y aristas en su estructura externa. En el extremo opuesto está el armadillo gigante (*Priodontes maximus*), propio de gran parte de Sudamérica, que alcanza un metro de longitud corporal, más la cola, que mide unos 50 cm.

Los armadillos son excelentes excavadores. Cuando detectan el olor de una presa subterránea, hunden su hocico en el suelo y excavan frenéticamente hasta dar con ella; por lo demás, y aunque pueden defenderse con sus garras o correr a una velocidad apreciable, su reacción más usual ante el peligro es excavar el suelo blando a toda pirsa para ocultarse del depredador. ■

ORDEN FOLIDOTOS

Los folidotos o «pangolines» tienen todo el cuerpo cubierto de escamas córneas imbricadas, como las de ciertas antiguas lorigas, lo que les confiere cierto aspecto de enormes lagartos. Estas escamas son puntiagudas y cubren al animal desde la frente hasta la punta de la larga cola, dejando libre únicamente una parte de la cabeza y el vientre. Como los hormigueros del Nuevo Mundo, estos singulares mamíferos carecen de dientes y poseen una lengua delgada, extensible y pegajosa; así mismo, presentan largas y encorvadas uñas, que doblan hacia abajo cuando andan. Todas estas semejanzas indican una similitud de costumbres y, en efecto, es así, ya que los pangolines se alimentan de termes y hormigas, ocupando el mismo nicho ecológico que los hormigueros en las regiones etiópica y oriental.

Familia mánidos

Comprende siete especies del género *Manis*, distribuidas por Asia y África. Como los erizos, los pangolines se enroscan sobre sí mismos para defenderse, erizando las afiladas puntas de sus escamas. Una de las especies africanas, el pangolín gigante (*Manis gigantea*) de África tropical, logra librarse de esta manera incluso de los ataques del leopardo. Tanto esta espe-

> **Ficha técnica**
>
> **Nombre vulgar:**
> Pangolín arbóreo africano o atadillo
> **Nombre científico:**
> *Manis tricuspis*
> **Clasificación:**
> Orden folidotos. Familia mánidos
> **Características:**
> LCC 30-88 cm; P 4,5-33 kg; Nc 1
> **Distribución:**
> desde Senegal a O de Kenia y a Zambia

Manis tricuspis.

cie como el pangolín de la India (*Manis crassicaudata*) son terrestres y viven en madrigueras, de las que sólo salen de noche. Por el contrario, el atadillo (*Manis tricuspis*) de África ecuatorial es claramente arborícola y tiene la cola prensil.

El pangolín chino (*Manis pentadactyla*) es similar al de la India, aunque de tamaño algo mayor, y se encuentra en Nepal, Sikkim, Birmania, norte de Thailandia, Indochina, sur de China y Taiwan. Justo al sur de esta amplia área le sustituye el pangolín de Java (*M. javanica*), cuya área de distribución llega por el sur hasta esta isla y por el este hasta Borneo y Palawan.

Como muchos animales de aspecto poco usual, los pangolines son objeto de mil creencias absurdas. Así, en algunas zonas de Sudáfrica se cree que al quemar un pangolín vivo dentro de un corral de ganado se aumenta la fecundidad de las vacas, y que una sortija hecha de escamas de pangolín es el más eficaz remedio contra el mal de ojo. Otra leyenda que podría no ser tal es la tendencia que se atribuye a estos animales a tomar baños de hormigas; aunque este curioso comportamiento no ha sido demostrado en los folidotos, es muy posible que estos mamíferos se «hormigueen», como hacen muchas aves paseriformes, para combatir los ectoparásitos que les atormentan. ■

ORDEN LAGOMORFOS

Este orden está compuesto por dos familias, ocotónidos y lepóridos, que comprenden doce géneros y 69 especies repartidas por casi todo el mundo, excepto el extremo sur de Sudamérica, las Antillas, Madagascar y la mayoría de islas del Sudeste Asiático.

Anteriormente a los lagomorfos se les consideraba roedores «duplicidentados», así denominados por tener doble número de incisivos superiores que los «otros» roedores (o roedores verdaderos), presentando detrás de los dos grandes incisivos otros dos más pequeños. Al orden lagomorfos pertenecen los pikas, las liebres y los conejos.

Familia ocotónidos

Comprende 21 especies del género *Ochotona*, que habitan en Eurasia y el oeste de Norteamérica. Se conocen con el nombre de «pikas» que les dan los tungús y son parecidos a los conejos, pero tienen las orejas muy cortas y carecen de cola. Aunque hay algunas especies forestales, esteparias o incluso desérticas, la mayoría de los pikas viven entre las rocas, son activos a todas horas, especialmente al alba y al atardecer, y, según parece, no hibernan a pesar de la rudeza del clima de las regiones que habitan.

Casi todas las especies son propias del Paleártico oriental —Siberia, Mongolia, China, Afganistán, etc.— y/o las zonas limítrofes del Himalaya, pero dos de ellas, *Ochotona collaris* y *O. princeps*, pertenecen a la fauna neártica (Alaska y NO de Canadá, y SO de Canadá, respectivamente). Todas ellas se ali-

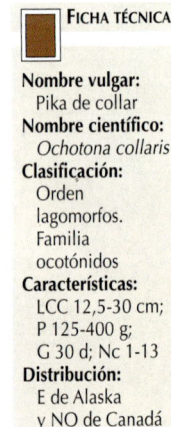

Ficha técnica

Nombre vulgar:
Pika de collar
Nombre científico:
Ochotona collaris
Clasificación:
Orden
lagomorfos.
Familia
ocotónidos
Características:
LCC 12,5-30 cm;
P 125-400 g;
G 30 d; Nc 1-13
Distribución:
E de Alaska
y NO de Canadá

Ochotona collaris.

mentan de varios tipos de materias vegetales y la mayoría de poblaciones construyen pajares o heniles con la hierba y las hojas de árboles y arbustos que recogen en verano y otoño para tener alimento durante el invierno.

Familia lepóridos

La forman 11 géneros y 47 especies y su distribución coincide con la del orden, si bien algunos lepóridos han sido introducidos en el sur de Sudamérica, Australia, Nueva Zelanda, Java y numerosas islas oceánicas. Son los típicos conejos y liebres.

La mayoría de especies de este género viven en zonas abiertas y herbosas, donde se nutren de plantas herbáceas y, si éstas no están disponibles, de brotes, ramitas y cortezas de especies vegetales de mayor porte. A diferencia de otros lagomorfos, las liebres no excavan ni se ocultan en madrigueras, sino que dependen de su gran capacidad en la carrera para escapar; tan sólo los jóvenes de *L. timidus* utilizan a veces madrigueras para este propósito. En la península Ibérica existen como mínimo dos especies de liebres: la liebre europea (*Lepus europaeus*), cuya distribución abarca casi todo el Paleártico al sur de la zona de taiga y que en la península Ibérica sólo se encuentra en el norte, y la liebre de El Cabo (*Lepus capensis*), que vive en gran parte de la península Ibérica, en el sudeste de Europa, en Asia desde Oriente Próximo hasta el oeste de China y en todas las zonas no forestales de África. Hace unos años se consideraba que la población de *L. europaeus* del noroeste de España y las poblaciones de *L. capensis* del resto de la península pertenecían a dos especies endémicas, respectivamente *L. castroviejoi* y *L. granatensis*, pero hoy suele considerarse a éstas como meras subespecies.

El conejo común del Viejo Mundo o conejo doméstico (*Oryctolagus cuniculus*) se distingue de las liebres no sólo por su menor tamaño, sino también por su etología, ya que vive en madrigueras subterráneas que él mismo excava. Es un animal muy fecundo, pero, aparte del hombre, tiene numerosos depredadores entre los carnívoros y aves de presa; de lo contrario, llegaría a constituir serias plagas, como de hecho ocurrió en Australia y Nueva Zelanda, donde la destrucción masiva de la vegetación causada por los conejos no sólo afectó a la ganadería ovina sino que también provocó la extinción o el enrarecimiento de varias especies de marsupiales australianos.

En América se aplica el nombre de conejos a unas liebres pequeñas y de orejas cortas que no excavan, aunque algunas veces utilizan madrigueras de otros animales. Estos lagomorfos pertenecen al género *Sylvilagus* y, pese a su nombre genérico, no todas las 13 especies viven en los bosques, aunque, eso sí, todas ellas dependen de la vegetación para ocultarse. A excepción de *Sylvilagus floridanus* de Norteamérica, Centroamérica, Colombia y Venezuela, que se encuentra tanto en tierras de labor, praderas y desiertos como bosques boreales, selvas pluviales y bosques templados de latifolias, todas estas especies son muy específicas en cuanto a hábitat. Así, por ejemplo, *S. bachmani* del O de EE UU sólo vive en zonas de

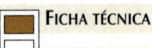

Ficha técnica

Nombre vulgar:
Conejo común
Nombre científico:
Oryctolagus cuniculus
Clasificación:
Orden lagomorfos.
Familia lepóridos
Características:
LCC 35-45 cm;
P 1,35-2,25 kg;
G 28-33 d;
Ncm 5,5
Distribución:
cosmopolita (originariamente S Francia, península Ibérica y NO África)

Ficha técnica

Nombre vulgar:
Liebre ártica
Nombre científico:
Lepus arcticus
Clasificación:
Orden lagomorfos.
Familia lepóridos
Características:
LCC 40-70 cm;
P 1,35-7 kg;
G 50 d; Nc 5-6
Distribución:
zonas de tundra de Canadá y Groenlandia

Oryctolagus cuniculus.

Lepus arcticus.

matorral denso, *S. audubonii* del O de EE UU y norte de México es propia del desierto y *S. aquaticus* del sur-centro de EE UU vive en marjales y tierras bajas cerca del agua. ■

ORDEN ROEDORES

Con sus 29 familias, 426 géneros y 1 814 especies, el de los roedores tiene más miembros que cualquier otro orden de mamíferos, pero ello no impide que estos animales que presentan una multitud de formas sean notablemente uniformes en sus rasgos estructurales. Todos los roedores, en efecto, tienen cuatro incisivos, dos abajo y dos arriba, y carecen de caninos y premolares anteriores, lo que deja un espacio entre incisivos y molares. Los incisivos crecen continuamente durante toda la vida, sustituyendo la porción de diente que se desgasta al cortar materiales duros, es decir al roer. Además de estos y otros caracteres dentales, los roedores tienen otros rasgos anatómicos en común, como un cerebro y una placenta no especializados, y una articulación del codo que permite al antebrazo moverse libremente. Por lo demás, tienen los dedos provistos de uñas o garras, en su cráneo están reunidas las cavidades temporal y orbitarial, y sus muelas no presentan puntas perforantes o cortantes, sino una corona formada por pliegues de esmalte o con cúspides romas.

Clasificación

Aunque muchos autores todavía subdividen a los roedores actuales en tres subórdenes (esciuromorfos, miomorfos e histricomorfos), empieza a imponerse la idea de que estos mamíferos habrían de clasificarse únicamente en los dos subórdenes esciurognatos e histricognatos. Comoquiera que la distribución de las distintas familias en esos dos subórdenes de nuevo cuño no está del todo clara, en esta obra hemos preferido atenernos a la clasificación más «clásica» en tres subórdenes.

SUBORDEN ESCIUROMORFOS

FAMILIA APLODÓNTIDOS

Consta de una única especie, el castor de montaña (*Aplodontia rufa*), que vive en el sudoeste de Canadá y el extremo oeste de Estados Unidos. Es un roedor de cuerpo rechoncho (de 30 a 46 cm), patas cortas con cinco dedos y cola reducida (de 10 a 25 mm). Construye galerías cerca de la superficie y habita en bosques húmedos de montaña.

FAMILIA ESCIÚRIDOS

Comprende 50 géneros y 260 especies distribuidas por todo el mundo, excepto por la región australiana, Madagascar, sur de Sudamérica y ciertas regiones desérticas. Todas ellas se reconocen por tener la cola peluda, a menudo muy poblada,

FICHA TÉCNICA

Nombre vulgar:
Ardilla común euroasiática
Nombre científico:
Sciurus vulgaris
Clasificación:
Orden roedores.
Familia esciúridos
Características:
LCC 19,5-24,7 cm; P 203-385 g; G 38 d; Nc 5-7
Distribución:
Europa y N de Asia

FICHA TÉCNICA

Nombre vulgar:
Ardilla de Carolina
Nombre científico:
Sciurus carolinensis
Clasificación:
Orden roedores.
Familia esciúridos
Características:
LCC 20-31,5 cm; P 200-1.000 g; G 44 d; Nc 3
Distribución:
SO de Canadá, E de EE UU; introducida en otros países

Sciurus vulgaris.

Sciurus carolinensis.

los ojos bastante grandes y al menos un premolar, tanto arriba como abajo.

Los miembros más conocidos de esta familia son las ardillas arborícolas del género *Sciurus*, cuyas 28 especies pasan gran parte de su vida en los árboles, recorriendo sus ramas con gran agilidad. Todas ellas son americanas, a excepción de dos especies euroasiáticas, *S. anomalus* del Cáucaso, Asia Menor, Siria, Palestina e Irán, y la ardilla común euroasiática (*Sciurus vulgaris*). Las ardillas arborícolas se alimentan principalmente de nueces y otras semillas: frutos, yemas y brotes de pimpollos, las bellotas, los piñones y las nueces son su alimento preferido, y para abrirlas suelen emplear una técnica especial, haciendo palanca con sus incisivos. Por lo demás, también consumen a veces setas, insectos, huevos e incluso pollos de aves. Estas ardillas suelen vivir en solitario, excepto durante la época reproductora, cuando los machos se congregan en el territorio de una hembra en celo y luchan por el derecho a aparearse con ella. Las hembras suelen tener dos camadas al año y las crías, que nacen desnudas y ciegas, permanecen unas seis semanas en el nido construido por la hembra.

Sciurus no es el único género de esta familia con una mayoría de representantes en el Nuevo Mundo. Varios géneros muy diversificados, como *Eutamias* (chipmunks o ardillas listadas), y *Spermophilus* (susliks o ardillas terrestres), cuentan con una mayoría de especies americanas y una minoría de asiáticas. Otros incluso, como Tamias, *Ammospermophilus* (ardillas antílope), Microsciurus (ardillas enanas neotropicales), *Tamiasciurus* (chikarees o ardillas rojas norteamericanas), son exclusivamente americanos.

Las marmotas son roedores de formas pesadas y cola más bien corta. De las varias especies euroasiáticas, la que tiene una distribución más occidental es la marmota europea (*Marmota marmota*) de los Alpes, Cárpatos y Tatra, que ha sido introducida en los Pirineos. Este roedor vive en pastizales de montaña, generalmente por encima de los 1 000 m de altitud y en torno a zonas rocosas o de acumulación de grandes piedras. Más herbívoro que otros esciúridos, se alimenta casi exclusivamente de la vegetación herbácea de los prados donde habita y muy ocasionalmente de pequeños invertebrados. Es hibernante y su grado de hibernación depende de la temperatura: por debajo de 12 °C, la letargia es completa, siendo todavía más profunda entre 10 y 5 °C. Durante su hibernación, que dura varios meses y que no siempre es continua, disminuyen el ritmo cardíaco y la respiración, mientras el animal va consumiendo sus reservas de grasa. Las otras especies del género, incluidas las seis norteamericanas (*M. broweri, M. monax, M. flaviventris, M. caligata, M. olympus* y *M. vancouveriensis*), también son hibernantes, pero el «woodchuk» (*M. monax*) puede tener una hibernación muy corta o incluso nula en el sur de su área de distribución, en el este de Estados Unidos.

El perrillo de las praderas de cola negra (*Cynomys ludovicianus*) vive en las grandes llanuras del oeste de EE UU, extremo sur de Canadá y extremo norte de México. Este roedor excava en el suelo galerías muy profundas y vive en colonias o «ciu-

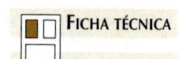

FICHA TÉCNICA

Nombre vulgar:
Marmota europea
Nombre científico:
Marmota marmota
Clasificación:
Orden roedores.
Familia esciúridos
Características:
LCC 49,5-57,7 cm; P 7-8 kg; G 33-34 d; Nc 2-3
Distribución:
Alpes, Cárpatos y montes Tatra

FICHA TÉCNICA

Nombre vulgar:
Perrillo de las praderas de cola negra
Nombre científico:
Cynomys ludovicianus
Clasificación:
Orden roedores.
Familia esciúridos
Características:
LCC 28-33 cm; P 0,7-1,4 kg; G 34-37; Nc 2-10
Distribución:
Grandes Llanuras norteamericanas, desde Montana y Saskatchewan hasta N de México

Marmota marmota.

Cynomys ludovicianus.

Cynomys ludovicianus.

121

dades» de estructura compleja, agrupaciones de varias «coteries» formadas por un macho adulto y tres o cuatro hembras adultas emparentadas entre sí con sus jóvenes y crías, que a veces cuentan con miles de individuos. En el oeste de Texas existió hace años una «ciudad» de perrillos de las praderas de esta especie que, cubría 64 00 km^2 y contenía 400 millones de individuos. Menos complejos en su estructura social son el perrillo de las praderas de Utah (*C. parvidens*) y el mexicano (*C. mexicanus*), del nordeste de México, que están considerados como especies vulnerables.

Familia geómidos

La familia geómidos se compone de seis géneros y 37 especies repartidas por el Nuevo Mundo, desde Canadá hasta el Darién. Reciben el nombre de ardillas con abazones y se caracterizan por la presencia de dos bolsas externas que se extienden desde la región facial hasta los hombros, y que utilizan para transportar los alimentos. Los geómidos están muy adaptados a la vida subterránea, no hibernan, son asociales y agresivos con sus coespecíficos y se alimentan sobre todo de partes enterradas de plantas que transportan con sus abazones hasta las cámaras de almacenamiento de sus madrigueras.

Típicos componentes de esta familia son los «pocket gophers» (géneros *Thomomys* y *Geomys*) o ardillas con abazones de Canadá y Estados Unidos —*Thomomys bottae* también se encuentra en la mitad norte de México— y los taltuzas (*Orthogeomys*) de México y América central.

Familia heteromíidos

La forman seis géneros y 60 especies que viven en gran parte del continente americano. Se les denomina ratas y ratones canguro, debido al desarrollo de sus extremidades posteriores y a la manera de desplazarse dando saltos. Los ratones canguros (*Microdipodops megacephalus* y *M. pallidus*) habitan en el oeste de Estados Unidos, mientras que las 21 especies de ratas canguro (*Dipodomys*) y las 9 especies de ratones canguro sedosos (*Perognathus*) se distribuyen por gran parte de Estados Unidos y la mitad norte de México. Más sureños son los ratones canguro espinosos de los géneros *Heteromys* y *Liomys*, que se distribuyen por México, América Central y el norte de Sudamérica.

Familia castóridos

Los castores muestran cierto parecido con las marmotas, pero son todavía mayores y se distinguen de ellas por su cola plana, ovalada y escamosa, y por sus pies posteriores palmeados, adaptados para la natación. La familia comprende un solo género con dos especies: el castor europeo (*Castor fiber*) y el castor americano (*Castor canadensis*). El primero, que antiguamente se distribuía por las zonas boscosas del Paleártico, excepto la cuenca mediterránea y Japón, desapareció de gran

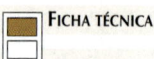

Ficha técnica

Nombre vulgar:
Rata canguro
Nombre científico:
Dipodomys ingens
Clasificación:
Orden roedores.
Familia heteromíidos
Características:
LCC 10-20 cm;
P 35-180;
G 29-36 d;
Nc 1-6
Distribución:
OC de California (EE UU)

Ficha técnica

Nombre vulgar:
Castor americano
Nombre científico:
Castor canadensis
Clasificación:
Orden roedores.
Familia castóridos
Características:
LCC 60-80 cm;
P 12-25 kg;
G 100-110 d;
Nc 2-4
Distribución:
Alaska, Canadá, EE UU y N de México

Dipodomys ingens.

Castor canadensis.

parte de su área a lo largo del siglo XX, si bien los programas de reintroducción en numerosos lugares donde vivía originariamente se han saldado con un cierto éxito. El segundo pertenece a la fauna de Canadá y Estados Unidos (y extremo norte de México), países en cuyo desarrollo contribuyó más que ningún otro animal debido a la importancia económica que adquirió el comercio de sus pieles.

Los castores, en efecto, son semiacuáticos y prefieren los torrentes y pequeños lagos rodeados de árboles, a cuya orilla construyen sus viviendas con ramas, raíces y barro, estructuras que recubren cuidadosamaente con palos. Cuando la edificación se efectúa a orillas de un torrente, los castores interrumpen la corriente con un dique para formar un embalse que la rodee por completo.

FAMILIA ANOMALÚRIDOS

Esta familia comprende tres géneros y siete especies que pueblan los bosques tropicales y subtropicales del centro y oeste de África. Los anomalúridos son roedores parecidos a las ardillas voladoras que tienen en la parte inferior de la cola dos hileras de escamas córneas muy puntiagudas que les ayudan a trepar por la áspera corteza de los árboles y a no resbalar cuando aterrizan sobre los troncos. Los tres géneros que comprende esta familia son *Idiurus, Zenkerella* y *Anomalurus*.

FAMILIA PEDÉTIDOS

La familia pedétidos está compuesta únicamente por la liebre saltadora (*Pedetes capensis*), que alcanza 43 cm de longitud, sin contar la cola, que mide de 37 a 47 cm. Es un animal saltador, que tiene las patas anteriores cortas y las posteriores muy largas. Es principalmente nocturno y vive en las zonas abiertas y secas de África, desde el sur de la República Democrática del Congo y el sur de Kenia hasta Sudáfrica. De alimentación totalmente vegetariana, excava madrigueras muy profundas con varias salidas.

SUBORDEN MIOMORFOS

Con el nombre de miomorfos, que significa «en forma de ratón», se designa un grupo de familias de roedores que tienen la tibia y el peroné soldados por sus extremos.

FAMILIA MÚRIDOS

Comprende 267 géneros y 1 138 especies repartidas por casi todo el mundo, excepto algunas islas árticas, Nueva Zelanda, las Antillas, muchas islas oceánicas y la Antártida. Los múridos suelen tener las orejas grandes y desnudas, y la cola larga, pelada y escamosa, y carecen de premolares; varias especies constituyen plagas endémicas en campos y ciudades.

Ratones. En Europa y Asia paleártica están muy difundidos los ratones de campo (género *Apodemus*), dos de cuyas especies

---

FICHA TÉCNICA

Nombre vulgar:
Ardilla voladora de cola escamosa
Nombre científico:
Anomalurus peli
Clasificación:
Orden roedores.
Familia anomalúridos
Características:
LCC 21-43 cm;
Pm 0,4-1 kg;
Nc 2-3
Distribución:
de Sierra Leona a Ghana

FICHA TÉCNICA

Nombre vulgar:
Liebre saltadora
Nombre científico:
Pedetes capensis
Clasificación:
Orden roedores.
Familia pedétidos
Características:
LCC 35-43 cm;
P 3-4 kg;
G 78-82 d; Nc 1
Distribución:
del S R.D. del Congo y S Kenia a Sudáfrica

FICHA TÉCNICA

Nombre vulgar:
Ratón de campo
Nombre científico:
Apodemus sylvaticus
Clasificación:
Orden roedores.
Familia múridos
Características:
LCC 9-11 cm;
P 19-33 g;
G 23-26 d;
Ncm 5
Distribución:
Europa, Asia C y sudoccidental, NO África

Anomalurus peli.

Pedetes capensis.

Apodemus sylvaticus.

(*A. flavicollis* y *A. sylvaticus*) son comunes en la península Ibérica. En África se encuentran especies con el pelaje listado, como el ratón moruno (*Lemniscomys barbarus*) de la mitad norte de África, o el ratón rayado (*Rhabdomys pumilio*) de África oriental y austral.

Sin embargo, el género más universalmente conocido es *Mus*, con 40 especies reconocidas como mínimo, dos de las cuales, el ratón común (*M. musculus*) y el ratón mediterráneo occidental (*M. spretus*), son propias de la fauna ibérica. El ratón común es una especie cosmopolita, que vive únicamente en o cerca de las poblaciones humanas, o en zonas abiertas y cultivadas que dispongan de abundante agua. La especie mediterránea, en cambio, no entra en las viviendas, aunque sí en parques y grandes jardines. En la naturaleza ocupa de preferencia biotopos áridos, en zonas de pluviosidad inferior a los 1 000 mm/m^2. Ambas especies son muy fecundas. La especie casera es la más perjudicial, pues no sólo saquea los graneros, sino que devora el queso, la manteca y todo tipo de confituras y alimentos.

Ratas. El género *Rattus*, uno de los más diversificados entre los mamíferos, comprende algunas especies tan endémicas como la rata de Mindoro (*R. gala*) en Filipinas o la de la isla Rennell (*R. rennelli*) en las Salomón, y también los dos mamíferos que más enfermedades han transmitido a la humanidad: la rata común o gris (*R. norvegicus*) y la rata campestre o negra (*R. rattus*). Estas dos últimas son actualmente especies cosmopolitas, si bien su área original se limitaba probablemente a la región malaya (la negra) y al norte de China (la gris), desde donde acompañaron a los hombres a todo el resto del planeta.

La rata negra era en otro tiempo el único representante de su género en las ciudades europeas —a ella, o mejor dicho a las pulgas que albergaba, se debieron las grandes epidemias de peste de la Edad Media—, pero la rata común, llegada más tardíamente de Asia, la expulsó de las zonas más antrópicas, relegándola a los espacios más abiertos tales como parques forestales, orillas de ríos, lagos, estanques, playas y puertos y, sobre todo, a las zonas rurales. Más ágil que la común, la rata negra cría en árboles o en otros sitios altos, tales como palomares y buhardillas de edificios, a los que no suele acceder su congénere más fuerte; aun así, la competencia con la rata común es tan intensa que, en muchas regiones de Europa y de Norteamérica, la rata negra ha llegado a convertirse en una especie rara.

Topillos, jerbillos y otras especies. Los topillos o arvícolas recuerdan en cierto modo a los topos por sus costumbres excavadoras, sus formas rechonchas y sus orejas y cola cortas. Se conocen numerosas especies de topillos, repartidas en once géneros distribuidos por Europa, Asia y América del Norte. En Europa occidental viven ocho especies del hiperdiversificado género *Microtus* (67 especies), entre ellas el topillo común de la península Ibérica (*M. duodecimcostatus*),

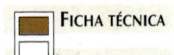

FICHA TÉCNICA

Nombre vulgar:
Rata común o gris
Nombre científico:
Rattus norvegicus
Clasificación:
Orden roedores.
Familia múridos
Características:
LCC 17,2-26,2 cm; P 180-415 g; G 21-26 d; Ncm 8-9
Distribución:
cosmopolita

FICHA TÉCNICA

Nombre vulgar:
Topillo de lomo rojo
Nombre científico:
Clethrionomys glareolus
Clasificación:
Orden roedores.
Familia múridos
Características:
LCC 9,1-11,2 cm; P 19,5-30 g; G 19-22 d; Ncm 4
Distribución:
Europa, Asia Menor y Asia central

Rattus norvegicus.

Clethrionomys glareolus.

el nival (*M. nivalis*) y el de Baviera (*M. bavaricus*), este último exclusivo de esta región; la rata de agua (*Arvicola sapidus*) de Francia, España y Portugal, que es de carne comestible y que, como indica su nombre, habita en ecosistemas acuáticos con abundante vegetación herbácea en las orillas; y el topillo de lomo rojo (*Clethrionomys glareolus*), que ocupa gran parte del Paleártico occidental. En la península Ibérica, esta última especie habita sobre todo en los bosques de montaña (Pirineos, cordillera Cantábrica, norte del Sistema Ibérico, etc.), pero en Cataluña también penetra en ambientes mediterráneos húmedos.

Los jerbillos, unos múridos saltadores que recuerdan a los jerbos (familia dipódidos) y de los que existen varios órdenes, son propios de la fauna africana. Uno de los más atípicos, por sus formas rechonchas y su cola en forma de mano de mortero, es el bubieda (*Pachyuromys duprasi*), que vive en los arenales del Sahara argelino. Contrariamente a *Pachyuromys*, que es uniespecífico, el género *Gerbillus*, o de los jerbillos pigmeos norteños, contiene 38 especies como mínimo (la lista no es definitiva), que se reparten por el Sahara y otras zonas desérticas de África y Arabia.

Otros miembros bien conocidos de la familia múridos son el hámster común (*Cricetus cricetus*) del Paleártico noroccidental, roedor antaño famoso por los daños que ocasionaba en las cosechas de Europa central y que hoy es una especie más bien rara; el hámster dorado (*Mesocricetus auratus*), que, si bien se encuentra al estado salvaje únicamente en la región de Alepo, es muy conocido y apreciado como animal de compañía; y el lémming de Escandinavia (*Lemmus lemmus*), especie bien conocida por sus fluctuaciones de población que alcanzan densidades máximas a intervalos regulares. Estos aumentos de población obligan a los lémmings a efectuar desplazamientos masivos cuando se agotan los recursos alimentarios en el lugar de origen, desplazamientos que a menudo se saldan con la muerte de muchos individuos, al no conseguir éstos encontrar un nuevo hábitat adaptado a sus necesidades ecológicas. En ocasiones, estos movimientos llevan a los lémmings de Escandinavia a grandes distancias de su punto de origen, haciéndoles entrar en las grandes ciudades o cruzar brazos de mar en busca de pastos fértiles, circunstancias ambas que provocan mortalidades repentinas y masivas.

Familia glíridos

Se compone de nueve géneros y veinte especies, los denominados lirones. La especie más pequeña es el muscardino o lirón enano (*Muscardinus avellanarius*), roedor de color canela que habita en los bosques de gran parte de Europa, hasta Francia, Sicilia y Corfú por el sur. El lirón gris (*Glis glis*), cuyo largo y profundo sueño invernal ha dado origen a la expresión «dormir como un lirón», ocupa aproximadamente la misma

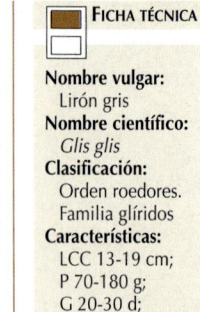

Ficha técnica

Nombre vulgar:
Lirón gris
Nombre científico:
Glis glis
Clasificación:
Orden roedores.
Familia glíridos
Características:
LCC 13-19 cm;
P 70-180 g;
G 20-30 d;
Nc 2-10
Distribución:
desde la península Ibérica hasta el Volga y el N de Irán

Ficha técnica

Nombre vulgar:
Lirón careto
Nombre científico:
Eliomys quercinus
Clasificación:
Orden roedores.
Familia glíridos
Características:
LCC 10-17,5 cm;
P 45-120 g;
G 22-28 d;
Nc 2-8
Distribución:
Europa incluidas islas del Mediterráneo O, N de África y península Arábiga

Glis glis.

Eliomys quercinus.

zona, pero llega hasta el norte de la península Ibérica. Como otros glíridos, el lirón gris acumula reservas de grasa para pasar el invierno, de modo que a finales de otoño presenta una figura muy redondeada.

El lirón careto (*Eliomys quercinus*), propio del sur y centro de Europa, norte de África y sudoeste de Asia, no siempre es tan arborícola como las especies anteriores; según el tipo de hábitat, algunas poblaciones son muy arborícolas, mientras que otras son completamente terrestres. En la península Ibérica, el lirón careto es común en los encinares y en los bosques de pinos o de hayas, pero también puede serlo en lugares típicamente mediterráneos en los que haya algo de bosque y márgenes de piedra. En la isla de Formentera (Baleares) habita una subespecie de grandes dimensiones, emblemática de la isla y muy común en ella.

Familia selevíníidos

La familia está formada únicamente por el lirón del desierto (*Selevinia betpakdalaensis*), propio de los desiertos situados al oeste y al norte del lago Baljash en Kazajstán. Este roedor mide 7,5 a 9,5 cm de longitud corporal, más la cola, de 6 a 8 cm. Es de hábitos excavadores, se alimenta únicamente de insectos, arañas y otros invertebrados y, aunque es muy activo a temperaturas moderadas, entra en un profundo letargo tan pronto como la temperatura desciende por debajo de 5 °C. Es una especie rara (aunque de momento no vulnerable) y muy endémica, como se desprende de su reducida área de distribución.

Familia zapódidos

Está compuesta por cuatro géneros y 17 especies que se distribuyen desde Europa central hasta China, y por extensas áreas de Canadá y Estados Unidos. Los zapódidos son roedores de pequeño tamaño, con las extremidades posteriores modificadas para el salto, especialmente los géneros *Zapus*, *Eozapus* y *Napaeozapus*, que reciben por ello el nombre de ratones saltadores. Las especies del género *Sicista* están mucho menos adaptadas para el salto y, dado que la mayoría viven en los bosques norteños de Eurasia, reciben el nombre de ratones de los abedules.

Familia dipódidos

Consta de once géneros y 32 especies repartidas por las zonas áridas del sur de la región Paleártica. Son los jerbos, caracterizados por tener las extremidades anteriores cortísimas y las posteriores muy largas, con los huesos metatarsianos soldados en una larga caña y con sólo tres dedos funcionales. Los más conocidos son el jerbo de Egipto (*Jaculus jaculus*) y el jerbo berberisco (*J. orientalis*), distribuidos ambos por todo el norte de África y parte del Próximo Oriente. Como los otros jerbos, son animales nocturnos, que pasan el día en galerías abiertas

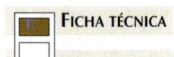

Ficha técnica

Nombre vulgar: Ratón de los abedules común
Nombre científico: *Sicista betulina*
Clasificación: Orden roedores. Familia zapódidos
Características: LCC 5-9 cm; P 6-14 g; G 20 d; Nc 3-11
Distribución: bosques boreales desde Noruega y Austria hasta SE de Siberia

Ficha técnica

Nombre vulgar: Jerbo de Egipto
Nombre científico: *Jaculus jaculus*
Clasificación: Orden roedores. Familia dipódidos
Características: LCC 9,5-13 cm; Pm 55 g; G 25 d; Nc 3-4
Distribución: desiertos y semidesiertos desde Mauritania y Marruecos hasta el SO de Irán y Somalia

Sicista betulina.

Jaculus jaculus.

en la arena y que efectúan grandes saltos —a veces de 3 m o más— para escapar de los depredadores, utilizando la cola como balancín. Incluso cuando se desplazan lentamente, los jerbos suelen hacerlo únicamente con las patas posteriores, en una característica marcha bípeda.

SUBORDEN HISTRICOMORFOS

Familia histrícidos

Se compone de tres géneros y once especies que habitan en algunas zonas del sur de Europa, en todo el sur de Asia, incluidas muchas islas de Indonesia, y en toda África. Son los puerco espines del Viejo Mundo.

La especie más conocida es el puerco espín común (*Hystrix cristata*), que se encuentra en el norte de África y en Italia, donde posiblemente fue introducido por los romanos. Especies del mismo género viven en otras regiones africanas y en el sur de Asia. Todas ellas son bastante similares en su aspecto exterior: son roedores de gran tamaño (42 a 66,5 cm de longitud corporal), con el cuerpo densamente cubierto de púas aplanadas y hondamente acanaladas que, en algunas especies, alcanzan 35 cm de longitud. La cola, bastante corta, está cubierta de unas cerdas córneas, gruesas y huecas que cuando chocan entre sí producen un sonido como de carraca. En sus correrías nocturnas, estos animales hacen sonar este singular instrumento y lanzan sordos gruñidos para asustar a los demás animales y evitar enfrentamientos.

En los bosques del oeste, centro y este de África vive el ateruro africano (*Atherurus africanus*), que tiene púas más cortas que el puerco espín común y una cola bastante larga, escamosa en la base y adornada en la punta con un denso mechón de cerdas córneas. Una especie similar a esta última (*A. macrourus*) vive en el sudeste de Asia. Más cortas aún son las púas del puerco espín de cola larga (*Trichys fasciculata*), que es la especie más primitiva de la familia y que vive en Malaysia peninsular, Borneo y Sumatra.

Familia eretizónidos

Son los puerco espines del Nuevo Mundo, de los que se han descrito cuatro géneros y diez especies. Los eretizónidos tienen las púas imbricadas una a una en la piel, y no agrupadas en conjuntos de cuatro o seis como en la familia anterior. Además, todos ellos son arborícolas o, como mínimo, trepan a menudo a los árboles, algo que no suelen hacer los histrícidos, a excepción del muy arbóreo puerco espín de cola larga.

La mayoría de eretizónidos, como los coendús (*Coendou prehensilis*, *C. bicolor*) y las siete especies del género *Sphiggurus* de América tropical, poseen una larga cola prensil que les sirve para andar por entre el ramaje. El ursón (*Erethizon dorsatum*) de Canadá, Estados Unidos y norte de México tiene en cambio una cola corta, gruesa y no prensil que es poco útil para trepar, pero que constituye una excelente arma defensiva.

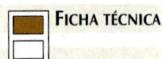

Ficha técnica

Nombre vulgar:
Puerco espín indio
Nombre científico:
Hystrix indica
Clasificación:
Orden roedores. Familia histrícidos
Características:
LCC 45,4-73,5 cm; P 8 kg; Gm 100 d; Nc 1-2
Distribución:
desde la península Arábiga y Asia Menor hasta Asia C, la India y Sri Lanka

---

Ficha técnica

Nombre vulgar:
Coendú occidental
Nombre científico:
Coendou prehensilis
Clasificación:
Orden roedores. Familia eretizóntidos
Características:
LCC 30-60 cm; P 0,9-5 kg; G 203 d; Nc 1
Distribución:
Venezuela, las Guayanas, Trinidad, Brasil, Bolivia

Hystrix indica.

Coendou prehensilis.

Familia cavíidos

Se compone de cinco géneros y 17 especies propios de Sudamérica. A esta familia pertenece el conocido conejillo de Indias o cobaya (*Cavia porcellus*), el cual, aclimatado en el resto del mundo, se ha convertido en víctima obligada de numerosos laboratorios de investigación médica y biológica.

Otro cavíido bien conocido es la mara o liebre de Patagonia (*Dolichotis patagonum*), que vive no sólo en la región homónima, sino también en otras zonas semiáridas del sur y centro de Argentina. La mara suele formar pequeñas colonias que ocupan madrigueras poco profundas y es de costumbres diurnas. Herbívora estricta y adaptada a la carrera, ocupa en el cono sur el nicho ecológico que en otras regiones ocupan los lagomorfos. En el norte de Argentina, Paraguay y S de Bolivia le sustituye *D. salanicola*, una especie de menor tamaño cuya hembra tiene dos pares de mamas en lugar de los cuatro que presenta la liebre de Patagonia.

Familia hidroquéridos

Está compuesta únicamente por el capibara o carpincho (*Hydrochaeris hydrochaeris*), una especie cuya área de distribución se extiende desde el sur de Panamá hasta el noreste de Argentina, siempre al este de los Andes, excepto en Colombia y Venezuela. El capibara es el mayor de los roedores, pudiendo alcanzar una altura de 50 cm y un peso de 79 kg. Por sus formas parece un conejillo de Indias gigantesco, pero sus pies son semipalmeados, lo que indica que es un excelente nadador. Esta especie, en efecto, vive en zonas de vegetación densa, siempre cerca de ríos, arroyos, lagos, estanques o marjales, en los que se zambulle al menor asomo de peligro para nadar bajo el agua hasta distancias considerables o esconderse entre la vegetación acuática. Pese a estas aptitudes, el capibara no es propiamente un animal acuático, ya que se alimenta principalmente de plantas herbáceas terrestres —en algunas zonas incluso pace junto al ganado vacuno— y en mucha menor medida de plantas acuáticas.

Familia dinomíidos

La paca de Branick o pacaraná (*Dinomys branickii*), que habita en las selvas de montaña de la mitad norte de Sudamérica, es el único representante de esta familia. Es un animal robusto, que mide unos 80 cm de longitud corporal y tiene una coloración similar a la paca, pero es de movimientos lentos, y su aspecto recuerda al de un puerco espín desprovisto de púas.

Familia dasipróctidos

Comprende tres géneros y quince especies que se distribuyen desde México hasta el sur de Brasil y las Antillas. Los dasipróctidos son roedores de gran tamaño (de 32 a 79,5 cm de

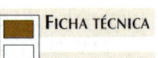

Ficha técnica

Nombre vulgar:
Mara o liebre de Patagonia
Nombre científico:
Dolichotis patagonum
Clasificación:
Orden roedores.
Familia cavíidos
Características:
LCC 69-75 cm;
P 9-16 kg;
Gm 75 d; Nc 2
Distribución:
zonas de pampa del C y S de Argentina

Ficha técnica

Nombre vulgar:
Paca común
Nombre científico:
Agouti paca
Clasificación:
Orden roedores.
Familia dasipróctidos
Características:
LCC 60-79,5 cm;
P 6,3-12 kg;
Gm 118 d; Nc 1
Distribución:
desde el C de México hasta Paraguay

Dolichotis patagonum.

Agouti paca.

longitud corporal), con la cola corta o muy corta, con un cuerpo porcino y una cabeza de conejo, pero con las orejas cortas.

El género más diversificado es el de los agutíes (*Dasyprocta*), con once especies. Estos roedores suelen tener un pelaje tosco y brillante, generalmente pardo o negruzco por encima y blanquecino, amarillo u ocráceo por debajo, aunque algunas especies presentan tenues listas. Los agutíes viven en selvas, espesuras de matorral, sabanas y tierras de cultivo, son básicamente diurnos, estrictamente terrestres y están muy bien adaptados para la carrera. Andan, trotan o galopan sobre la punta de los pies y son capaces de saltar, venciendo distancias de dos metros o más. Cuando consumen los frutos y otras materias vegetales que constituyen su dieta, lo suelen hacer sentados, con el cuerpo bien erguido, sosteniendo los alimentos con las manos, posición que no les impide arrancar a toda velocidad si les amenaza algún peligro.

Otro dasipróctido bien conocido es la paca común (*Agouti paca*), un roedor de gran tamaño, formas robustas y patas más bien cortas que habita en gran parte de América tropical. Estrictamente nocturna la paca permanece en una madriguera subterránea, de la que sale después del ocaso, siguiendo siempre sendas muy bien definidas, para alimentarse de hojas, raíces, brotes, semillas y frutos caídos.

Familia chinchíllidos

La forman tres géneros y cinco especies sudamericanas. Los chinchíllidos tienen formas rechonchas, con cabeza, ojos y orejas relativamente grandes y una cola larga y muy peluda. Viven en madrigueras o grietas rocosas y se sientan erguidos cuando comen, toman el sol o se acicalan.

La chinchilla (*Chinchilla laniger*), con un peso máximo de unos 800 g (la hembra, ya que el macho no supera los 500 g), es la especie más pequeña de la familia. Su pelaje, suave y de color ceniciento pálido, tiene la ventaja de que no necesita ninguna preparación previa para la fabricación de prendas de abrigo, lo que no contribuye a la protección de las poblaciones salvajes, asoladas por el furtivismo pese a los millones de individuos que son actualmente objeto de cría. Esta especie habita en parajes pedregosos de los Andes de Perú, Bolivia, NO de Argentina y N de Chile, país este último que cuenta con una subespecie, *C. l. brevicaudata*, y que es todavía más rara que la forma nominal.

En las pampas del sur de Paraguay y del norte y centro de Argentina habita la vizcacha gigante o de la llanura (*Lagostomus maximus*), bien conocida por sus extensas y complejas madrigueras, o vizcacheras, y que a veces tienen siglos de antigüedad. Algunas vizcacheras antiguas cubren más de 500 km^2 y tienen veinte bocas o más. Algunas de estas entradas son tan anchas que una persona cabe perfectamente en ellas, hundida hasta la cintura, lo que constituye una amenaza para el ganado y para los ganaderos. Por esta razón, y porque las vizcachas consumen la hierba forrajera del ganado, se han efectua-

---

Ficha técnica

Nombre vulgar:
Agutí dorado
Nombre científico:
Dasyprocta leporina
Clasificación:
Orden roedores.
Familia dasipróctidos
Características:
LCC 41,5-62 cm;
P 1,3-4 kg;
G 104-120 d;
Nc 1-2
Distribución:
Venezuela, Guayanas, Brasil, introducida en las Antillas menores

---

Ficha técnica

Nombre vulgar:
Vizcacha gigante o de llanura
Nombre científico:
Lagostomus maximus
Clasificación:
Orden roedores.
Familia chinchíllidos
Características:
LCC 47-66 cm;
P 2-8 kg;
G 145-166 d;
Nc 1-4
Distribución:
pampas de S Paraguay y N y C Argentina

Dasyprocta leporina.

Lagostomus maximus.

do numerosas campañas de exterminio que ponen en entredicho el futuro del género uniespecífico *Lagostomus*.

En los Andes peruanos y chilenos viven otras tres especies, las vizcachas de montaña del género *Lagidium*. Estos roedores, que parecen conejos de cola larga, viven en zonas montañosas secas y rocosas, donde forman colonias de 4 a 75 individuos, a menudo subdivididas en unidades familiares más pequeñas.

Familia caprómidos

Comprende cuatro géneros y 33 especies, repartidas por Sudamérica y las Antillas. Destacan las jutías de Cuba (género *Capromys*) que, a excepción de *C. pilorides*, están muy seriamente amenazadas de extinción por la caza furtiva, la depredación por la mangosta introducida y la deforestación.

Otro caprómido muy conocido es el coipú (*Myocastor coypus*), un roedor grande y robusto cuyos pies palmeados indican sus costumbres semiacuáticas. Nadador admirable, este roedor suele preferir las aguas dulces, pero la población de las islas Chonos, en Chile, también se adentra en bahías y estuarios.

El coipú es oriundo de Sudamérica meridional, pero ha sido introducido en otras regiones.

Familia octodóntidos

Está compuesta por 5 géneros y 9 especies distribuidas por Perú, Bolivia, Argentina y Chile. La más conocida es el degú (*Octodon degus*), uno de los roedores más comunes de Chile. El degú vive en la laderas andinas, en zonas relativamente abiertas aunque siempre cerca de espesuras, rocas o paredes de piedra donde pueda refugiarse. Es diurno y su dieta se compone de hojas, cortezas, semillas y frutos, que durante la estación seca suplementa con bostas frescas de ganado caballar y vacuno. Es gregario y las colonias construyen un complejo entramado de túneles y senderos superficiales que llevan a los puntos de alimentación.

Otros octodóntidos chilenos son los degús de Bridges y lunar (*O. bridgesi* y *O. lunatus*), el chozchoz (*Octodontomys gliroides*) y el coruro (*Spalacopus cyanus*).

Familia ctenomíidos

Consta de un solo género (*Ctenomys*) con 44 especies, propias de Brasil y del Cono Sur. Son los tuco-tucos, roedores de cuerpo robusto y cilíndrico y de hábitos cavadores, algunas de cuyas especies pueden ocasionar daños en los cultivos. Otras, como *C. magellanicus*, están amenazadas de extinción.

El nombre de tuco-tucos intenta expresar el sonido que emiten los machos de algunas especies y que parece salir burbujeando del suelo.

Algunos tuco-tucos construyen filtros de aire con hierba y mantienen la temperatura de la madriguera en torno a los 20-22 °C, abriendo o cerrando las entradas según la dirección del viento y del sol.

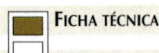

Ficha técnica

Nombre vulgar:
Coipú
Nombre científico:
Myocastor coypus
Clasificación:
Orden roedores. Familia caprómidos
Características:
LCC 43-63,6 cm;
P 5-10 kg;
G 128-130 d;
Ncm 5
Distribución:
Cono Sur sudamericano; introducido en Europa, Asia paleártica y América del N

Ficha técnica

Nombre vulgar:
Coruro
Nombre científico:
Spalacopus cyanus
Clasificación:
Orden roedores. Familia octodóntidos
Características:
LCC 14-16 cm;
P 60-110 g;
Nc 2-3
Distribución:
C de Chile, de la costa a los Andes

Myocastor coypus.

Spalacopus cyanus.

Familia abrocómidos

Comprende dos especies del género *Abrocoma*: *A. bennetti*, propia del centro de Chile, y *A. cinerea*, del S de Perú y de Bolivia, N de Chile y NO de Argentina. Son animales de pelaje suave como el de las chinchillas, aunque no tan mullido —y de ahí su nombre de chinchillones o ratas chinchilla—, cuya particularidad más notable es la gran longitud de su intestino (4,5 m en total). Viven en túneles, formando colonias, y su biología no es muy bien conocida.

Familia equimíidos

Comprende 17 géneros y 69 especies (incluidos dos géneros y 6 especies probablemente extinguidos) que se distribuyen desde Honduras hasta Perú, Paraguay y el SE de Brasil. Suelen carecer de púas, pero algunas especies tienen un pelaje duro y espinoso, como la rata erizada (*Makalata armata*) del norte de Sudamérica, la guiara (*Eurizygomatomys spinosus*) de Brasil, Paraguay y N de Argentina o las casiraguas (*Proechimys*) del norte de Sudamérica, en tanto que otras, como la rata de armadura (*Hoplomys gymnurus*) de Centroamérica, Colombia y Ecuador, o el amenazado «puerco espín» de espinas finas (*Chaetomys subspinosus*) de la selva atlántica de Brasil, poseen verdaderas espinas.

Familia trionomíidos

Se compone de un único género (*Thryonomys*) con dos especies: *T. swinderianus*, que se encuentra desde Gambia hasta Sudán, N de Namibia y E de Sudáfrica, y *T. gregorianus*, cuya área se extiende desde Camerún y Etiopía hasta Zimbabwe. Reciben el nombre de ratas de los cañaverales y suelen vivir cerca del agua —sobre todo la primera especie—, donde comen varios tipos de vegetales, especialmente gramíneas. Pueden constituir una plaga para las plantaciones de caña, pero su carne exquisita es una importante fuente de proteínas, razón que ha impulsado a investigar y desarrollar esquemas de cría intensiva de ambas especies.

Familia petromúridos

La única especie es el ratón de las rocas (*Petromus typicus*), que vive en el sur de Angola, Namibia y noroeste de Sudáfrica. Este roedor habita en laderas rocosas de colinas y montañas, y se refugia entre las rocas, o debajo de alguna gran roca en desplome, mientras duerme por la noche, descansa o toma el sol. Muy activo al alba y al ocaso, se alimenta de hojas, bayas y semillas.

Familia batiérgidos

Está compuesta por 5 géneros y 8 especies que viven en el África subsahariana. Son las ratas-topos, denominación que

---

Ficha técnica

Nombre vulgar:
Tuco-tuco de Magallanes
Nombre científico:
Ctenomys magellanicus
Clasificación:
Orden roedores. Familia ctenomíidos
Características:
LCC 15-25 cm;
P 100-700 g;
G 100-120 d;
Nc 1-7
Distribución:
extremo S de Chile y Argentina

Ficha técnica

Nombre vulgar:
Farunfer o ratón cavador lampiño
Nombre científico:
Heterocephalus glaber
Clasificación:
Orden roedores. Familia batiérgidos
Características:
LCC 8-9,2 cm;
P 30-80 g;
Nc 3-12
Distribución:
Etiopía, Somalia y Kenia

Ctenomys magellanicus.

Heterocephalus glaber.

alude a sus ojos y orejas muy reducidos, así como a sus costumbres excavadoras.

Una de las especies más conocidas, la rata-topo de El Cabo (*Georychus capensis*), es propia de África austral y posee un pelaje tan espeso y encrespado que a menudo oculta la cola del animal. Marcado de blanco en cabeza, pies y cola, dicho pelaje le confiere un gran atractivo como mascota, aunque este roedor fácilmente domesticable tiene la molesta tendencia de morder a su cuidador cuando éste menos lo espera.

Más extraño es el farunfer (*Heterocephalus glaber*) de Etiopía, Somalia y Kenia, que es prácticamente lampiño y que por vivir en un medio subterráneo muy homogéneo tiene la capacidad de termorregulación más escasa de todos los mamíferos.

Familia ctenodactílidos

Esta familia consta de cuatro géneros y cinco especies que habitan en el norte de África. Se las conoce con el nombre de gundis y tienen formas similares a los conejillos de Indias. El gundi común (*Ctenodactylus gundi*) se encuentra desde Marruecos hasta Libia, en laderas rocosas de zonas desérticas, donde se alimenta de materias vegetales de las que extrae toda el agua necesaria para su metabolismo.

Las otras especies de gundis son: el del Sahara (*Ctenodactylus vali*), del sudeste de Marruecos, Argelia y noroeste de Libia; el de Lataste (*Massoutiera mzabi*), de Argelia, Níger y Chad; el de Felou (*Felovia vae*), de Malí, Senegal y Mauritania; y el gundi de Speke (*Pectinator spekei*), de Etiopía, Djibuti y Somalia.

Los gundis son herbívoros y diurnos, y se ven obligados a buscar su alimento recorriendo grandes distancias por el desierto. No excavan madrigueras ni ocupan las de otros animales, y se refugian en cuevas o grietas rocosas. ∎

Ficha técnica

Nombre vulgar:
Gundi de Lataste
Nombre científico:
Massoutiera mzabi
Clasificación:
Orden roedores.
Familia ctenodactílidos
Características:
LCC 17-24 cm;
Pm 172-194 g;
Nc 2-3
Distribución:
zonas C del Sahara, en Argelia, Níger y Chad

ORDEN CETÁCEOS

Los cetáceos son mamíferos exclusivamente acuáticos cuya estructura muestra importantes modificaciones en consonancia con su género de vida.

El cuerpo ahusado de estos mamíferos es claramente pisciforme, pero la cola, que tiene forma de aleta ancha y es la única responsable de la propulsión, es plana y horizontal, nunca vertical como la de los peces. Los miembros anteriores tienen también forma de aletas y los posteriores faltan por completo, o bien se conserva únicamente algún vestigio óseo. La piel está desnuda y, como máximo, hay algunas cerdas tiesas junto a la boca o los orificios nasales. Estos últimos se abren en la parte superior de la cabeza, en una (odontocetos) o dos (misticetos) aberturas denominadas «espiráculos». Los oídos carecen de pabellón externo, mientras que los dientes pueden estar presentes (odontocetos) o ausentes (misticetos).

Ficha técnica

Nombre vulgar:
Delfín mular
Nombre científico:
Tursiops truncatus
Clasificación:
Orden cetáceos.
Familia delfínidos
Características:
LCC 1,7-4 m;
P 150-300 kg;
G 12 m; Nc 1
Distribución:
Atlántico templado y tropical, Mediterráneo

Massoutiera mzabi.

Tursiops truncatus.

El sentido del oído es muy importante, ya que la mayoría de especies son altamente vocales y muchas de ellas se orientan y buscan su alimento mediante la ecolocalización.

En cuanto a la anatomía y la fisiología de los cetáceos, el estómago consta de varias cavidades, el volumen pulmonar es más reducido que el de los mamíferos terrestres y el volumen sanguíneo es mayor, con una sangre más rica en pigmentos respiratorios que permite una mayor fijación de oxígeno. Una segunda adaptación destinada a aumentar la capacidad de inmersión es el hecho de que la mayoría de las costillas no están unidas al esternón; esto permite una mayor flexibilidad de la caja torácica, y por tanto una mayor eficiencia en el intercambio de aire, pero también es causa de que el cetáceo se ahogue cuando embarranca en una playa, ya que su propio peso le impide respirar. Con todo, el rasgo anatómico más sorprendente hay que buscarlo en el cerebro: este órgano, en efecto, tiene numerosas circunvoluciones, como el cerebro humano, es mayor que este último en muchas especies y tenía ya un aspecto similar al actual hace 30 millones de años.

Esta situación contrasta con la del cerebro humano, que adquirió su tamaño actual hace apenas 100 000 años, y deja entrever la gran inteligencia de estos animales, así como la posible existencia de culturas orales cuya complejidad poco tendría que envidiar a las nuestras.

Excepto unas pocas especies que habitan en ciertos ríos y lagos, los cetáceos son marinos y pueblan todos los océanos y mares adyacentes del mundo. Nadan y se mueven en el agua con gran agilidad y en ella encuentran el sustento, que consiste en peces, cefalópodos y crustáceos, pero necesitan salir a la superficie de vez en cuando para respirar el aire atmosférico.

Clasificación

El orden cetáceos se clasifica en dos subórdenes, los odontocetos, caracterizados por presentar dientes en las mandíbulas, y los misticetos, que no tienen dientes sino unas estructuras filtradoras denominadas barbas. En total, agrupan a 13 familias, 41 géneros y 79 especies.

SUBORDEN ODONTOCETOS

El suborden odontocetos se compone de 9 familias y 35 géneros. Se distribuyen por todos los océanos del mundo y algunas especies son estuarinas o bien estrictamente dulceacuícolas.

FAMILIA ÍNIDOS

Comprende dos especies del género *Inia*, que reciben el nombre común de inias o botos. Ambas limitan su área de distribución a las aguas dulces: *I. boliviensis* vive en la cuenca del río Madeira, en Bolivia, e *I. geoffroyensis* habita en las cuencas del Amazonas y del Orinoco. Los botos suelen encontrarse en pequeños afluentes de aguas pardas, turbias y de curso

Tamaño de las diferentes especies de ballenas.

Ballena azul

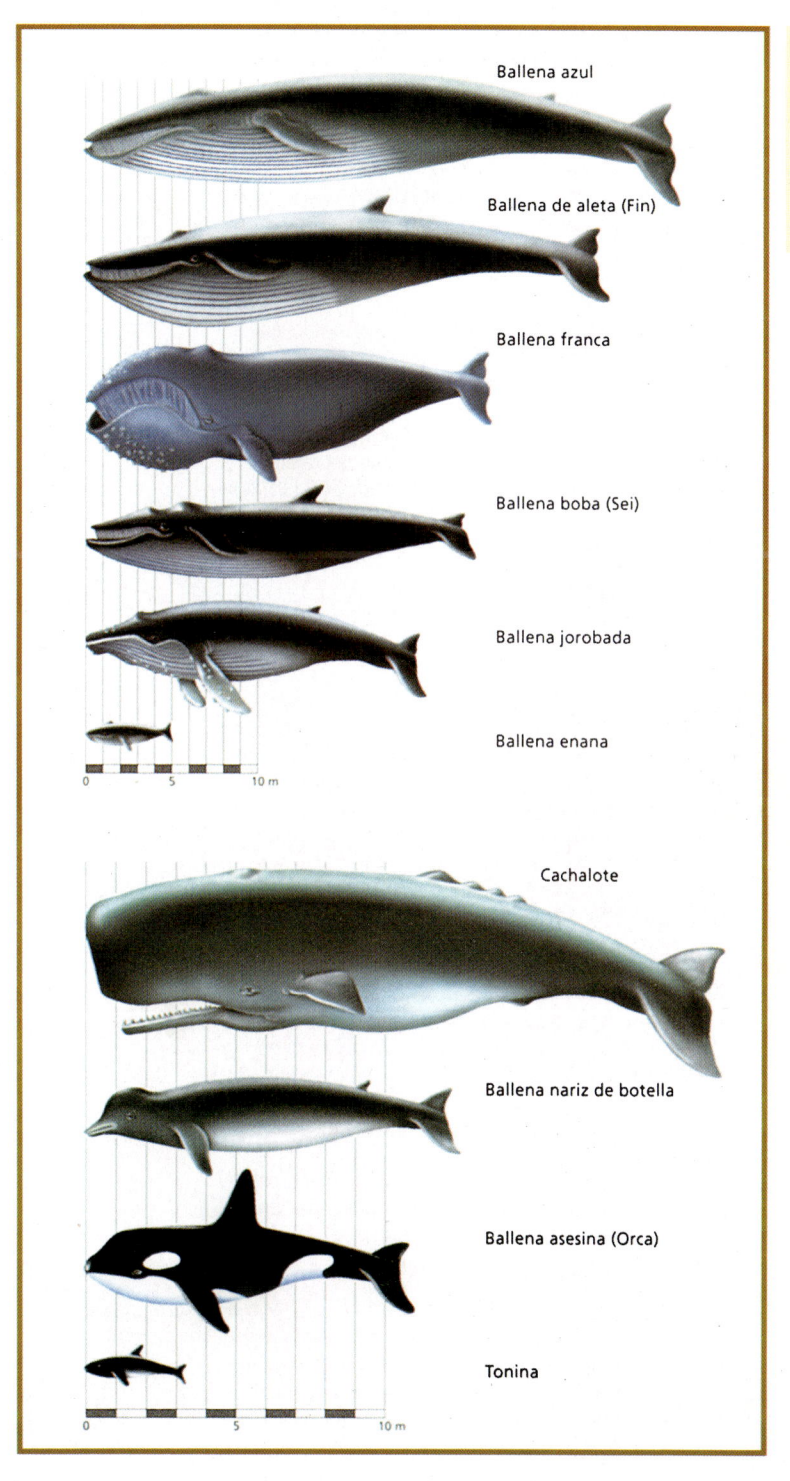

Ballena de aleta (Fin)

Ballena franca

Ballena boba (Sei)

Ballena jorobada

Ballena enana

Cachalote

Ballena nariz de botella

Ballena asesina (Orca)

Tonina

EUTERIOS

muy lento o temporalmente estancado; cuando las aguas suben de nivel, migran a las várzeas o bosques inundados, así como a los igapós e igarapés (pequeños lagos y riachuelos), en busca de los peces que se acumulan en estas aguas y a los que probablemente detectan por ecolocalización. Son inofensivos y curiosos, y no es raro que naden en torno a las barcas de pesca, lo que constiuye una amenaza para ellos cuando dichas embarcaciones están provistas de motor.

Familia lipótidos

Comprende únicamente la especie *Lipotes vexilifer*, que se encuentra en el sistema fluvial del río Yangtse Jiang (China). Este odontoceto, que no supera los 2,5 m de longitud, tiene una coloración gris azulada por encima y blanquecina por debajo, y su largo morro está ligeramente curvado hacia arriba. Pese a la protección que los chinos le brindan desde hace siglos, esta especie está gravemente amenazada por la captura accidental, la colisión contra las embarcaciones a motor y el desarrollo de los sistemas de riego.

Familia pontopóridos

La familia pontopóridos incluye únicamente al delfín del Plata (*Pontoporia blainvillei*), que vive en aguas costeras y estuarinas del sudeste de Sudamérica, desde Ubatuba (Brasil) hasta la península Valdés. No supera los 175 cm de longitud, es de coloración grisácea por arriba, más pálido por debajo, y tiene un morro muy largo y estrecho. En la costa de Uruguay, este delfín es objeto de una intensa captura por el aceite que de él se extrae y por su carne, que sirve de alimento para cerdos, lo que sin duda afecta a la población total.

Familia platanístidos

La forman dos especies del género *Platanista*. El susú o delfín del Ganges (*P. gangetica*) es propio de los fondos cenagosos del sistema fluvial Ganges-Brahmaputra-Meghna en India, Bangladesh y Nepal, y está considerado como vulnerable. La otra especie del género es *P. indi*, que vive en el sistema fluvial del río Indo, en Pakistán y la India, y está amenazada de extinción. El espiráculo de estos delfines es longitudinal, en lugar de transversal, y sus ojos están reducidos al mínimo; pese a ello, continúan siendo funcionales y es probable que, junto con el muy desarrollado sistema de ecolocalización, sirvan de ayuda para orientarse en las aguas turbias en las que viven estos animales.

Familia delfínidos

Es la familia más diversificada del orden cetáceos. Se compone de 17 géneros y 34 especies que se distribuyen por todos los océanos del mundo, así como por los estuarios de algunos grandes ríos.

FICHA TÉCNICA

Nombre vulgar:
Delfín del río Yangtse
Nombre científico:
Lipotes vexilifer
Clasificación:
Orden cetáceos.
Familia lipótidos
Características:
LCC 2-2,5 m;
P 160 kg; Nc 1
Distribución:
río Yangtse Jiang (China)

FICHA TÉCNICA

Nombre vulgar:
Delfín del Ganges o susú
Nombre científico:
Platanista gangetica
Clasificación:
Orden cetáceos.
Familia platanístidos
Características:
LCC h. 2,4 m;
Pmáx. 45-50 kg;
Gm 8 m; Nc 1
Distribución:
fondos cenagosos del sistema fluvial Ganges-Bramaputra-Meghna en India, Bangladesh y Nepal

Lipotes vexilifer.

Platanista gangetica.

La familia toma su nombre del delfín común (*Delphinus delphis*), una especie con el morro en forma de pico que vive en todos los océanos templados cálidos y tropicales del mundo, así como en los mares adyacentes a éstos. El delfín común es bien conocido por los navegantes, ya que este animal tiene la costumbre de seguir a los barcos dando saltos y en muchas ocasiones nadando delante de la proa. Es uno de los mamíferos más gregarios y, aunque sus grupos suelen ser pequeños, puede formar grandes agrupaciones de mil individuos o más. El delfín común es también muy activamente social, no siendo raros los casos en los que un delfín herido es ayudado por sus compañeros de grupo, que lo sostienen en el agua y lo empujan de vez en cuando hacia la superficie para respirar.

Más popular en los acuarios es, sin embargo, el delfín mular (*Tursiops truncatus*), un odontoceto del Atlántico y mares adyacentes, bien conocido por su complejo lenguaje y su capacidad de comunicar, no sólo con sus coespecíficos utilizando «clics» de alta frecuencia y silbidos personalizados, sino también, más gestualmente, con los seres humanos. La ecolocalización está particularmente bien desarrollada en ésta y en las otras dos especies del género; los *Tursiops*, en efecto, no sólo utilizan este sistema de navegación para orientarse, sino también para detectar peces bentónicos a los que «atontan» con unos «clics» especiales de gran intensidad, antes de capturarlos sin esfuerzo.

Tanto el delfín común como el mular son comunes en el Mediterráneo, mar que comparten con otro delfínido «típico», el delfín listado (*Stenella coeruleoalba*), especie que como todas las de su género se ha visto muy afectada por la pesca indiscriminada y por la persecución activa que todavía ejercen algunas flotas, como la japonesa.

Otro delfínido común en el Mediterráneo es el calderón o cabeza de olla (*Globicephala melaena*), que se distingue de los delfines propiamente dichos por su cabeza abombada, con la frente que sobresale más allá de la mandíbula superior, y por sus aletas pectorales largas y estrechas. El calderón puede alcanzar 8,5 m de longitud y es completamente negro a excepción de una zona blanca que a veces aparece bajo el mentón. Se alimenta de calamares y otros cefalópodos, y se desplaza en bandadas que pueden llegar a ser muy numerosas. Además de en el Mediterráneo, el calderón vive en el Atlántico norte y en las aguas templadas frías del hemisferio sur (distribución antitropical), pero no en aguas cálidas o templadas cálidas del Atlántico, del Pacífico y del Índico, donde le sustituye el calderón de Siebold (*G. sieboldii*).

Mayor aún que los calderones es la orca (*Orcinus orca*), que, con sus 9,8 m de longitud máxima, es el mayor de los delfínidos. La orca, que se reconoce de inmediato por su aleta dorsal alta y puntiaguda, tiene fama de ser el más voraz de los cetáceos. Y en efecto, es cierto que, reunidos en gran número, estos animales se atreven incluso a atacar a las ballenas. Sin embargo, es asimismo cierto que en latitudes medias es muy raro ver muchas orcas juntas, y también que su dieta más usual se compone de cefalópodos, seguidos de pequeños cetáceos y de jóvenes pinnípedos.

FICHA TÉCNICA

Nombre vulgar:
Delfín moteado del Atlántico
Nombre científico:
Stenella frontalis
Clasificación:
Orden cetáceos.
Familia delfínidos
Características:
LCC 1,5-3,5 m;
P 60-165 kg;
G 10-12 m; Nc 1
Distribución:
aguas tropicales y templadas del Atlántico y mares adyacentes

EUTERIOS

Stenella frontalis.

Otro delfínido singular es el delfín del Irawady *(Orcaella brevirostris)*, que no sólo vive en la cuenca de este río sino también en las del Mekong, el Ganges y muchos otros, así como en aguas costeras del sur de Asia, Nueva Guinea y norte de Australia. En el río que le da nombre, en Birmania, los pescadores atraen a este delfín de cráneo abombado golpeando con los remos los costados de su embarcación, para que el animal les ayude a conducir a los peces hacia las redes.

Familia focénidos

Comprende cuatro géneros y seis especies distribuidas por el Pacífico norte y mares adyacentes, las dos costas del Atlántico norte y las de Sudamérica, el mar Negro, el sur de Asia e Indonesia, y en torno a ciertas islas subantárticas. Se las conoce con el nombre de marsopas. La más conocida es la marsopa común *(Phocaena phocaena)*, cuya librea bicolor recuerda a la de algunos delfines y que, como otros focénidos, tiene el hocico obtuso y es de pequeñas dimensiones. Más pequeña aún es la marsopa índica *(Neophocaena phocaenoides)* de las costas y estuarios del sur y este de Asia, que con sus 120 cm de longitud y sus 40 kg de peso máximos es el menor de los cetáceos.

Pese a su nombre, que denota la abundancia de antaño, la marsopa común ya no lo es en absoluto en muchas zonas de su área de distribución original, entre ellas el Mediterráneo, donde está poco menos que extinguida. Todavía más raras son, sin embargo, otras especies de marsopas, como la del Pacífico *(Phocaena sinus)*, la espinosa *(P. spinipinnis)* y la de Dall *(Phocaenoides dalli)*, que sufren con frecuencia capturas indiscriminadas y son víctimas involuntarias de las grandes redes de pesca a la deriva.

Familia monodóntidos

La familia monodóntidos está formada por dos géneros y dos especies que viven en el Ártico y mares adyacentes.

La beluga *(Delphinapterus leucas)* es un cetáceo de piel blanca que, entre otras voces, emite unos trinos melódicos, tan perfectamente audibles por encima del agua, que ello le ha valido el nombre de «canario del mar». La beluga habita en el océano Ártico y los mares adyacentes; también remonta los grandes ríos como el Amur, el Yenisei, el Yukon o el San Lorenzo, y ocasionalmente algunos individuos se desplazan hasta latitudes tan sureñas como New Jersey, Escocia o el Rin. Aunque es muy flexible y capaz de nadar hacia atrás remando con la cola, no figura entre los cetáceos más rápidos, ya que sus 22 km/h de velocidad máxima están bastante lejos de los 40 km/h del delfín común o de los 55 km/h de la marsopa de Dall. Explotada desde hace siglos por los pueblos nativos del Ártico, la beluga es objeto de pesca comercial desde principios del siglo XX; afortunadamente, sus efectivos actuales se estiman en más de 60 000 y por el momento la especie no corre peligro.

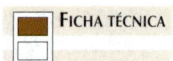

Ficha técnica

Nombre vulgar:
Marsopa común
Nombre científico:
Phocaena phocaena
Clasificación:
Orden cetáceos.
Familia focénidos
Características:
LCC 1,5-1,8 m;
P 45-90 kg;
G 10-11 m; Nc 1
Distribución:
Atlántico: del estr. de Davis a Carolina del Norte, de Islandia y Novaya Zembla a Cabo Verde y Gambia; Pacífico: del N de Alaska a Japón y Baja California; Mediterráneo y Mar Negro

---

Ficha técnica

Nombre vulgar:
Beluga
Nombre científico:
Delphinapterus leucas
Clasificación:
Orden cetáceos.
Familia monodóntidos
Características:
LCC 3-4,6 m;
Pm 1,36-1,5 Tn;
G 14-15 m; Nc 1
Distribución:
Océano Ártico y mares adyacentes; grandes ríos boreales

Phocaena phocaena.

Delphinapterus leucas.

El narval (*Monodon monoceros*) es un curioso odontoceto que, caso excepcional en este suborden, sólo posee dos dientes colocados en forma horizontal, generalmente no funcionales y con la particularidad de que en los machos el izquierdo adquiere un desarrollo enorme y se proyecta hacia adelante como una lanza de marfil de más de dos metros de longitud. Aunque no se sabe con certeza cuál es la utilidad de este diente, que hasta el siglo XVII se vendió en Europa y en Oriente como el cuerno del mítico unicornio, lo más probable es que desempeñe un papel como arma en el establecimiento de las jerarquías de dominio. El narval es el mamífero que tiene una distribución más norteña, ya que habita casi exclusivamente al norte del Círculo Ártico, pero la temperatura de estas aguas no le impide ser un nadador activo y rápido.

Familia zífidos

Se compone de seis géneros y 18 especies que se distribuyen por todos los océanos del mundo. Se les denomina ballenas con pico debido a sus formas abultadas, que contrastan con el afilado hocico. Se conoce muy poco acerca de la biología de las diferentes especies de esta familia, aun cuando algunas de ellas son de amplia distribución.

La ballena con pico o zifio de Cuvier (*Ziphius cavirostris*) y el zifio de Blainville (*Mesoplodon densirostris*) son dos de las especies mejor conocidas; aun así, su tendencia a frecuentar las aguas más alejadas de la costa, a evitar las embarcaciones y sumergirse a grandes profundidades para nutrirse de cefalópodos y peces, plantea todavía numerosas incógnitas sobre su biología. Otro zífido relativamente conocido es el zifio calderón o ballena de nariz de botella (*Hyperoodon ampullatus*), una especie del Atlántico norte que fue muy perseguida a finales del siglo pasado y principios de éste por su espermaceti, similar al del cachalote (ver esta especie), y que probablemente cumple la misma función.

Familia fisetéridos

Comprende dos géneros y tres especies que viven en prácticamente todos los océanos del mundo.

El cachalote (*Physeter catodon*) es, con diferencia, el mayor de los odontocetos —y también el mayor mamífero con dientes del mundo—, ya que los machos alcanzan 19 m de longitud y 50 tm de peso (las hembras, en cambio, rara vez superan 12 m y 20 tm). Más de un tercio de estas dimensiones corresponde a la cabeza, que es enorme, casi cilíndrica y truncada en su parte anterior. Sólo posee dientes funcionales en la mandíbula inferior, que es larga y extraordinariamente estrecha.

El cachalote habita en todos los mares, salvo en las regiones polares; es bastante abundante en el Atlántico y una pequeña parte de la población atlántica penetra estacionalmente en el Mediterráneo. Tanto en éstos como en otros mares, sus presas principales son los calamares, a los que captura en las grandes profundidades, a menudo a más de 1 000 m o quizás mucho

---

Ficha técnica

Nombre vulgar:
Cachalote
Nombre científico:
Physeter catodon
Clasificación:
Orden cetáceos.
Familia fisetéridos
Características:
LCC máx. 19 m;
P 11,5-50 Tn;
G 14-19 m; Nc 1
Distribución:
todos los océanos y mares adyacentes, salvo regiones polares, más abundante ecuador

Physeter catodon.

Physeter catodon.

más. Aunque la mayoría de calamares que ingiere miden menos de un metro, en su dieta también se incluye el gigantesco *Architeutis princeps*, que llega a igualarle en longitud con los tentáculos extendidos (aunque es mucho menos corpulento) y contra el que a menudo entabla luchas feroces.

El cachalote ha sido y es uno de los cetáceos más perseguidos por el hombre, porque, además de su grasa, suministra el espermaceti, líquido graso contenido en una vasta cavidad de la parte superior del cráneo y que, según parece, ayudaría a regular la flotabilidad del cachalote cuando éste espera a sus presas a gran profundidad. Según otra teoría, este líquido le ayudaría en la emisión de los sonidos potentísimos que el animal emplea para la ecolocalización a gran alcance. Tanto el aceite que se obtiene del espermaceti como la grasa corporal proporcionan un lubricante de alto grado utilizado en numerosas industrias. Para disminuir la presión sobre esta especie se han desarrollado sustitutivos del espermaceti, como el aceite de jojoba, que tiene aplicación en la industria cosmética.

Otro producto del cachalote es el ámbar gris, sustancia de color pardo sucio y olor desagradable, ligeramente untuosa al tacto, cuya función probablemente consiste en envolver el pico de los cefalópodos presa, evitando así que se dañen las paredes del intestino. Empleado antiguamente en medicina, hoy sólo se emplea como fijador en la industria de perfumes y de cosméticos. Por su calidad, es el tercer fijador conocido después del almizcle y de la civeta o algalia.

SUBORDEN MISTICETOS

Los dos principales caracteres de este grupo son: la presencia de dos espiráculos y la carencia de dientes. A falta de éstos, su boca está provista de dos series de «barbas» o «ballenas», que son láminas córneas falciformes, verticales, insertas en el paladar, muy unidas entre sí y bordeadas por un fleco deshilachado, que retienen dentro de la boca los organismos planctónicos o pequeños peces gregarios de los que se alimenta el cetáceo y que permiten la salida del agua que entró con estos alimentos. A este grupo pertenecen las ballenas, cetáceos de gran tamaño entre los que se encuentran los dos animales de mayor peso y corpulencia que han existido nunca en el planeta.

El suborden misticetos incluye cuatro familias y seis géneros, que se distribuyen por todos los océanos del mundo.

FAMILIA ESCRÍCTIDOS

El único representante de esta familia es la ballena gris (*Eschrichtius robustus*). Es un misticeto bien conocido, que efectúa migraciones cada otoño y primavera a lo largo de la costa del Pacífico. Sus migraciones son las más largas que se conocen entre los mamíferos, ya que algunas ballenas grises pueden recorrer más de 18 000 km en su paso anual entre las zonas de alimentación estivales en el Ártico —mares de Bering, Chukchi y Beaufort— y las zonas de procreación en la costa occidental de Baja California y en el mar de Cortés. La ballena gris

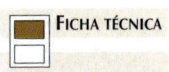

FICHA TÉCNICA

Nombre vulgar:
Ballena gris
Nombre científico:
Eschrichtius robustus
Clasificación:
Orden cetáceos.
Familia escríctidos
Características:
LCCm 13-14,1m;
P 20-37 Tn;
G 13 m; Nc 1
Distribución:
Pacífico: del mar de Okhotsk al S de Corea y Japón, y de los mares de Chukchi y Beuafort al Golfo de California

---

FICHA TÉCNICA

Nombre vulgar:
Rorcual azul, ballena azul
Nombre científico:
Balaenoptera musculus
Clasificación:
Orden cetáceos.
Familia balaenoptéridos
Características:
LCC máx 33,6 m;
P máx. 190 Tn;
G 9,6 m; Nc 1
Distribución:
todos los océanos y mares adyacentes

Eschrichtius robustus.

Balaenoptera musculus (dibujo).

alcanza unos 15 m de longitud y unas 37 tm de peso. La coloración es negra o gris pizarra, con muchas pintas y manchas blancas, formadas algunas de ellas por una despigmentación de la piel y otras por colonias de cirrípedos, manchas que confieren un aspecto muy característico a cada individuo.

Anteriormente existían tres poblaciones de ballenas grises, la del Pacífico oriental, la del Pacífico occidental y la del Atlántico Norte, pero esta última desapareció en el siglo XVIII, y la del Pacífico occidental lo hizo a mediados del siglo XX debido al acoso indiscriminado de los balleneros.

Familia balenoptéridos

Se compone de dos géneros y seis especies de ballenas que habitan en todos los océanos. Poseen aleta dorsal y tienen la piel de la garganta y del pecho surcada por profundos pliegues longitudinales.

En aguas europeas existen varias especies, de las cuales la más frecuente es el rorcual común (*Balaenoptera physalus*), que vive en todos los océanos y mares adyacentes del mundo, entre ellos el Atlántico y el Mediterráneo. Los machos de esta especie pueden alcanzar 25 m —y un peso de 70 tm, superior incluso al de los gigantescos dinosaurios *Barisaurus* del Triásico— y las hembras 27 m. La ballena azul (*B. musculus*), también cosmopolita, es el mayor de los animales vivientes y el más pesado de los que han existido nunca (el segundo es el rorcual común): una hembra capturada a principios del siglo XX medía 33 m de longitud, en tanto que otra capturada en 1947 pesaba nada menos que 190 tm. El rorcual norteño (*B. borealis*) tiene una distribución antitropical y alcanza los 20 m. El rorcual de Bryde (*B. edeni*) no supera los 14 m de longitud. El rorcual aliblanco o ballena minke (*B. acutorostrata*) es el más pequeño de los rorcuales, con una longitud máxima de 10 m y un peso máximo de 10 tm. La yubarta (*Megaptera novaeangliae*) tiene unas aletas pectorales larguísimas y rara vez supera los 15 m de longitud; su distribución es mucho más discontinua que la de las especies anteriores y, del mismo modo que el rorcual norteño y sobre todo que el muy tropical rorcual de Bryde, prácticamente no se encuentra en aguas mediterráneas, aunque sí frecuenta las aguas canarias. Todas estas ballenas suelen alimentarse durante el verano en aguas templadas y subpolares y en invierno migran a regiones subtropicales o tropicales.

El rorcual común es uno de los cetáceos más rápidos, siendo capaz de mantener durante bastante tiempo unos 37 km/h de velocidad. Sus inmersiones suelen durar de 3 a 10 minutos —aunque pueden llegar a 15—, transcurridos los cuales produce una serie de chorros que permiten localizarlo con facilidad. Suele nadar en parejas, lo que indica que debe tratarse de una especie monógama, y la cópula tiene lugar entre diciembre y febrero. Tras 11 meses de gestación, la madre pare una cría de 6,5 m de longitud y 1,8 tm de peso. El destete tiene lugar 6 o 7 meses después, cuando madre y cría llegan a la zona de alimentación de verano.

Ficha técnica

Nombre vulgar:
 Yubarta
Nombre científico:
 Megaptera novaeangliae
Clasificación:
 Orden cetáceos.
 Familia balaenoptéridos
Características:
 LCCm13 m;
 Pm 30 Tn;
 G 11-11,5 m;
 Nc 1
Distribución:
 distribución discontinua en todos los océanos y algunos mares adyacentes

Ficha técnica

Nombre vulgar:
 Ballena negra o de los vascos
Nombre científico:
 Eubalaena glacialis
Clasificación:
 Orden cetácos.
 Familia balénidos
Características:
 LCC 13,6-16,6 m; Pm 22-23 Tn;
 G 10 m; Nc 1
Distribución:
 aguas templadas del Atlántico, Índico, Pacífico y mares adyacentes

Megaptera novaeangliae.

Eubalaena glacialis.

La ballena azul vive en aguas abiertas y no se acerca casi nunca a la costa, circunstancia que dificulta su localización. Suele nadar a unos 22 km/h de velocidad, pero puede alcanzar puntas de 48 km/h cuando está alarmada. Se alimenta casi exclusivamente de eufausiáceos, que consume sobre todo durante el verano, cuando se desplaza hacia las aguas frías. La cópula tiene lugar en invierno, en latitudes tropicales o medias, y después de unos diez meses de gestación, la hembra pare una cría que tarda siete meses en destetarse. Pese a la protección total de que es objeto desde 1965, esta especie está amenazada de extinción.

Familia balénidos

La familia balénidos está formada por dos géneros y otras tantas especies repartidas por todos los océanos del planeta, excepto las aguas tropicales y antárticas. Se les conoce con el nombre común de ballenas verdaderas y se caracterizan por carecer de aleta en el dorso y por su garganta lisa, sin estrías.

La ballena negra o de los vascos (*Eubalaena glacialis*) habita en las aguas templadas y frías de ambos hemisferios. En función de su distribución se consideran tres subespecies, *B. g. glacialis*, que vive en el Atántico norte, hasta las costas de Florida por el sur; *B. g. japonica*, que es propia del Pacífico norte, y *B. g. australis*, que habita en los océanos del hemisferio sur, con un límite norte situado a la altura de la parte meridional de Brasil. La subespecie austral es bien conocida por los argentinos, así como por los turistas de numerosos países del mundo, que la contemplan desde pequeñas embarcaciones en la península de Valdés, donde estas ballenas acuden a reproducirse durante el verano austral.

Como su nombre indica, la ballena de Groenlandia (*Balaena mysticetus*) es una especie ártica que casi nunca se encuentra más al sur de los 45° N y que pasa gran parte del tiempo nadando bajo los témpanos de hielo, a los que sortea con destreza u horada cuando es necesario, utilizando su cabeza como ariete. Esta ballena se desplaza estacionalmente, siguiendo los ciclos de fusión del hielo y adentrándose muy al norte del Ártico durante el verano.

Familia neobalénidos

La familia neobalénidos está compuesta exclusivamente por la ballena enana (*Caperea marginata*), especie conocida únicamente por 71 especímenes y unos pocos avistamientos efectuados en las costas de Australia, Tasmania, Nueva Zelanda, islas Malvinas y Crozet, Sudáfrica, Argentina y Chile. Es la ballena verdadera más pequeña que existe (unos 6,5 m de longitud las mayores hembras) y, según parece, forma pequeños grupos de menos de ocho individuos. Por lo demás, se sabe que es muy pelágica, que se nutre de copépodos y que no es muy rápida en la natación. ∎

Ficha técnica

Nombre vulgar:
Rorcual común
Nombre científico:
Balaenoptera physalus
Clasificación:
Orden cetáceos. Familia balaenoptéridos
Características:
LCCm 17,7-18,3 m; Pmáx. 70 Tn; G 11-11,5 m; Nc 1
Distribución:
todos los océanos y mares del mundo

Ficha técnica

Nombre vulgar:
Ballena enana
Nombre científico:
Caperea marginata
Clasificación:
Orden cetáceos. Familia neobalénidos
Características:
LCC 5,4-6,45 m; P máx 3,2 Tm; Nc 1
Distribución:
desconocida

Balaenoptera physalus.

Caperea marginata.

ORDEN CARNÍVOROS

A pesar de su gran diversidad de formas, funciones y hábitats, todas las especies de carnívoros forman parte de un linaje común caracterizado por tener el último premolar superior y el primer molar inferior mucho más robustos que las demás muelas, muy comprimidos lateralmente y muy cortantes. A estas muelas así modificadas se les da el nombre especial de «dientes carniceros» o «muelas caninas», y de ellos se sirven estos animales para cortar no sólo las fibras de la carne con que se alimentan, sino también los más duros tendones, e incluso para partir los huesos.

Muchas especies de otros órdenes de mamíferos son o han sido en algún momento de su evolución carnívoras, pero sólo los miembros del orden carnívoros poseen muelas caninas. De hecho, aunque en las especies adaptadas a dietas mixtas o predominantemente vegetarianas, estas muelas han perdido su función original de desgarrar carne y ya no destacan a nivel morfológico sobre los otros dientes, continúan existiendo. Resulta lícito, por tanto, afirmar que los dientes carniceros no sólo son exclusivos del orden carnívoros sino que además son su característica común más distintiva.

Otro rasgo significativo en estos animales es el hecho de presentar los incisivos muy pequeños y los caninos muy grandes y puntiagudos, aunque, con respecto a esta característica, los carnívoros actuales no llegan al extremo que alcanzaron ciertas especies en el pasado.

Al andar, la mayoría de los carnívoros solamente apoyan los dedos en el suelo, con la muñeca y el talón en alto, como es el caso de los cánidos. No obstante, algunos caminan posando toda la planta, como el oso. De los primeros se dice que son «digitígrados», los segundos reciben el nombre de «plantígrados».

Clasificación

El orden carnívoros comprende 7 familias, 93 géneros y 240 especies, repartidas por todo el mundo, excepto (en estado natural) Australia, Nueva Guinea, Nueva Zelanda, la Antártida y numerosas islas oceánicas.

FAMILIA CÁNIDOS

La familia cánidos está compuesta por 16 géneros y 36 especies. Los primeros carnívoros verdaderos de los que se tiene noticia vivieron hace unos 40 millones de años, durante el Eoceno superior. Estos carnívoros primitivos evolucionaron y, antes de que finalizara el Eoceno, dieron paso a los primeros cánidos, una de las familias más antiguas del orden.

Los cánidos actuales son carnívoros especialmente adaptados para desplazarse a la carrera por espacios abiertos. De ahí sus formas esbeltas, su cuerpo flexible, sus extremidades bastante largas y sus pies digitígrados. En todos ellos, salvo en el licaón africano, existe un vestigio de quinto dedo en las patas

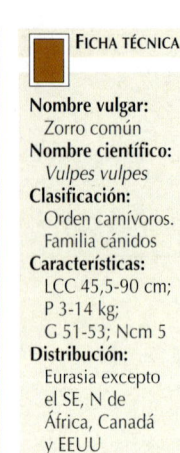

FICHA TÉCNICA

Nombre vulgar:
Zorro común
Nombre científico:
Vulpes vulpes
Clasificación:
Orden carnívoros.
Familia cánidos
Características:
LCC 45,5-90 cm;
P 3-14 kg;
G 51-53; Ncm 5
Distribución:
Eurasia excepto el SE, N de África, Canadá y EEUU

Vulpes vulpes.

delanteras y, en el caso del perro doméstico, también un resto de espolón en las posteriores. Otras adaptaciones para la carrera son la función de los huesos de la muñeca y la soldadura del radio y del cúbito para evitar la rotación.

La gran excepción la constituye el perro vinagre (*Speothos venaticus*), que tiene formas rechonchas y las patas muy cortas, aparentemente inaptas para desplazarse a la carrera. El perro vinagre es un animal muy esquivo y sus costumbres en libertad son poco conocidas. Se sabe, eso sí, que es altamente social y que caza en manadas de hasta diez individuos, que en ocasiones persiguen a presas mucho mayores que ellos. Esta especie habita en las selvas y los linderos pantanosos de América tropical, y su área de distribución se extiende desde Panamá hasta las Guayanas, Brasil y el extremo noreste de Argentina.

La base de la alimentación de los cánidos son las presas de origen animal, incluida la carroña, pero casi todas las especies consumen ocasionalmente materias vegetales y algunas incluso bastante a menudo. Esta adaptabilidad se extiende a otros ámbitos, como la ecología y la conducta, lo que convierte a los cánidos en animales muy oportunistas que viven en una amplia gama de hábitats y se adaptan a cualquier tipo de climas. Si se exceptúan las islas del Pacífico, Madagascar y la Antártida, esta familia ocupa hoy el mundo entero.

Lobos. Una de las especies más extendidas es el lobo común (*Canis lupus*), que apareció en el registro fósil hace unos dos millones de años y que pocos miles de años después ya había colonizado Norteamérica, Groenlandia, Europa y Asia, y se había convertido en el depredador más ubicuo y extendido de la Tierra. Hoy, a pesar de la persecución de que ha sido objeto a lo largo de los siglos, el lobo común es todavía uno de los mamíferos más extendidos del mundo y, a excepción de las selvas tropicales y de los desiertos más áridos, continúa ocupando todos los biotopos y muchos hábitats del hemisferio norte.

Una de las razones que mejor explican el éxito evolutivo del lobo común es la complejidad de su mundo social, fruto a su vez de una gran inteligencia. Este cánido vive en manadas muy jerarquizadas cuya organización social se articula en torno de la pareja dominante. En la mayoría de los casos, es el macho alfa o dominante el que dirige a la manada; sobre él recae la elección del territorio, la iniciativa en la caza y en los desplazamientos del grupo, la seguridad de los subordinados y el mantenimiento del orden. No obstante, siendo este líder quien decide si hay que desplazarse o no y qué direcciones deben seguirse, muchas veces es la hembra alfa o algún macho subordinado quien conduce a la manada hacia la presa. La jerarquía original no tarda en volver a instaurarse una vez abatida la víctima, ya que entonces es siempre el macho alfa quien empieza. Mientras éste come hasta saciarse, a su alrededor estalla la lucha para repartirse los restos de la presa, lucha en la que se impone el más fuerte. Una vez resueltas estas rencillas, se restablece la estructura jerárquica, que se mantie-

FICHA TÉCNICA

Nombre vulgar:
Lobo rojo
Nombre científico:
Canis rufus
Clasificación:
Orden carnívoros.
Familia cánidos
Características:
LCC 1-1,3 m;
P 20-40 kg;
G 60-63 d;
Nc 4-7
Distribución:
cautividad

Canis rufus.

ne por medio de vocalizaciones —gañidos de amistad o de sumisión, ladridos de alerta y, por supuesto, el aullido típico—, de olores, expresiones faciales y posturas de dominancia o de sumisión.

Aunque cada uno de los lobos se somete al orden jerárquico que impera en la manada, ello no impide que tenga su propia personalidad. A decir verdad, no son tanto la edad, la fuerza o la agresividad sino más bien la inteligencia y la capacidad de mando las características que permiten que uno de ellos se imponga a todos los demás.

A algunos lobos les resulta difícil aceptar la estricta disciplina que se les impone y acaban convirtiéndose en animales solitarios. Suelen ser individuos jóvenes en busca de un territorio propio o de una hembra, algo que les resultaría difícil de conseguir en su manada original. Dentro de la manada, en efecto, la única con derecho a reproducirse es la hembra dominante y ésta es, casi siempre, estrictamente fiel a su macho alfa. Tan sólo después de duras peleas, el macho que se erige en subdominante consigue aparearse de manera furtiva con la hembra alfa. Durante la cópula, el lobo y la loba permanecen aprisionados por sus genitales de quince a treinta minutos. Al cabo de unos sesenta días, la hembra tiene una camada de tres a ocho crías que alcanzarán la madurez sexual hacia los dos (las hembras) o los tres años de edad.

La adaptación del lobo común a toda clase de ambientes se refleja en el número de sus subespecies, que, según algunos autores, llega a las 36. De estas subespecies, 17 son propias del continente americano; una de ellas, el lobo de las Grandes Praderas o lobo de Buffalo (*C. lupus nubilus*), ya está extinguida, mientras que otra vive lejos de toda amenaza humana. Esta última es el lobo del Ártico (*C. l. arctos*), que habita en el norte de Canadá, en la isla de Ellesmere y en otras heladas soledades situadas por encima del paralelo 75°.

En Europa se encuentra la subespecie nominal (*C. l. lupus*), de tamaño mediano y con el pelo corto y oscuro. En la península Ibérica, habita casi exclusivamente en el cuadrante noroeste, aunque existen dos núcleos de cría en el sur, uno en la sierra de San Pedro (Extremadura) y otro en Sierra Morena. La población ibérica oscila en torno a los dos mil ejemplares, lo que representa el dos por ciento de la población mundial.

En el sur de Estados Unidos existía hasta los años 1960 otra especie muy próxima al lobo común, el lobo rojo (*C. rufus*), que se extinguió en estado salvaje no tanto por la persecución de que fue objeto, como sobre todo, por un problema de contaminación genética con el coyote (*C. latrans*). Por fortuna, se lograron rescatar 14 animales genéticamente puros en el último momento, y en 1989, gracias a los programas de cría en cautividad, la población de esta especie ya había aumentado a 83 individuos.

Un cánido muy distinto es el lobo de crin (*Chrysocyon brachyurus*), así denominado por presentar los pelos superiores del cuello largos y negruzcos; en algunas zonas recibe el nombre de «lobo rojo», por su pelaje leonado rojizo, salvo las pa-

Ficha técnica

Nombre vulgar:
Lobo común
Nombre científico:
Canis lupus
Clasificación:
Orden carnívoros.
Familia cánidos
Características:
LCC 1-1,6 m;
P18-80 kg;
G 62-63 d;
Ncm 6
Distribución:
Norteamérica, Groenlandia, Europa, Asia, Egipto y Libia

Canis lupus.

Canis lupus.

tas, que son negras, y la punta de la cola, que es blanca. Alcanza aproximadamente la alzada de un gran lobo, pero es mucho menos corpulento. Se le encuentra en el centro y sur de Brasil, Paraguay, norte de Argentina, este de Bolivia y sudeste de Perú, en hábitats de pradera y de matorral. De costumbres más bien nocturnas, es un animal tímido y oportunista, que sólo ataca a otros vertebrados más pequeños, tales como conejos, armadillos, roedores pequeños y, ocasionalmente, peces, reptiles e insectos; la mitad de su dieta se compone de frutos.

Perros. Pese a los estudios realizados al respecto, el origen del perro doméstico (*Canis familiaris*) continúa siendo una incógnita no resuelta. La idea más aceptada es que los perros domésticos actuales descienden del lobo.

Cuatro mil o cinco mil años antes de Cristo, los egipcios tenían ya cuatro razas distintas de perros y otro tanto ocurría en China. Incluso en la primitiva Inglaterra existía hace aproximadamente 9 500 años un perro doméstico, concretamente el starr carr de Yorkshire. Sin embargo, los restos más antiguos, debidamente documentados, de *C. familiaris* se remontan a hace unos 12 000 años y fueron encontrados en Irak.

De entre los perros domésticos actuales, uno de los más antiguos es el podenco ibicenco, el cual, junto con el cirneco del Etna y el perro del faraón, desciende en línea directa de los podencos africanos. La cabeza del perro del faraón, en concreto, parece el vivo retrato de Anubis, el dios chacal que conducía las almas de los faraones difuntos, lo que denota su gran primitivismo.

Hoy día existen muchas razas caninas, creadas por la necesidad unas veces y otras por la casualidad o por el capricho. Para clasificarlas, se recurre, más que al parentesco que existe entre ellas, a sus aptitudes y al empleo que se les da.

En la actualidad, la mayoría de las sociedades caninas del mundo clasifican las distintas razas de perros en diez grupos:

- Perros pastores y boyeros (excepto los perros boyeros suizos): bobtail, collie, pastor alemán, briard.
- Perros de tipo pinscher y schnauzer, molosoides y perros boyeros suizos: dogo argentino, bulldog inglés, Terranova, San Bernardo, boxer, doberman.
- Terriers: yorkshire terrier, fox terrier, scottish terrier.
- Teckels: teckel (dachshund o «salchicha») de pelo corto, teckel de pelo largo, etcétera.
- Perros de tipo spitz y de tipo primitivo: husky, alaskan malamute, samoyedo, perro de los faraones.
- Perros sabuesos y perros de rastro: basset hound, perro de San Huberto (bloodhound).
- Perros de muestra: épagneul bretón, setter irlandés, pointer.
- Perros cobradores de caza, perros levantadores de caza y perros de aguas: cocker, golden retriever, labrador.
- Perros de compañía: chihuahua, caniche, pequinés, bulldog francés.
- Lebreles y razas emparentadas: sloughi, lebrel afgano, galgo español, greyhound.

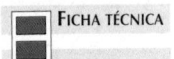

FICHA TÉCNICA

Nombre vulgar:
Perro doméstico
Nombre científico:
Canis familiaris
Clasificación:
Orden carnívoros.
Familia cánidos
Características:
LCC 36-145 cm;
P 1-79 kg;
Gm 63 d;
Nc 3-10
Distribución:
cosmopolita

Canis familiaris (cocker spaniel).

Canis familiaris (braco alemán).

En Australia vive el dingo (*C. f. dingo*), la única subespecie del perro doméstico cuyas poblaciones son realmente salvajes, no asilvestradas. Su aspecto es el de los perros parias que se encuentran en muchos puntos de Asia y norte de África y sus ancestros llegaron a Australia durante una inmigración tardía de aborígenes (hace unos 8.600 años, según parece), si bien antes de que éstos consiguieran domesticarlos realmente, lo que permitió el establecimiento de poblaciones salvajes que dieron lugar al actual dingo.

Chacales. Este nombre, que no tiene validez taxonómica, se aplica a varias especies del género *Canis* de pequeño tamaño y propias del Viejo Mundo. El que tiene una distribución más amplia es el chacal dorado (*C. aureus*), un cánido algo mayor que un zorro, con el pelaje pardo rojizo o gris amarillento, que habita en el norte y este de África, así como en el sur de Asia y sudeste de Europa, desde Tailandia y Sri Lanka hasta Asia Menor y la península Balcánica. Forma manadas bastante numerosas y se alimenta de pequeñas presas, tales como invertebrados, reptiles, anfibios, mamíferos y aves. El chacal dorado también se nutre de frutas y no desdeña la carroña.

La región etiópica posee otras tres especies, dos de ellas difundidas por la mayor parte de la mencionada región —el chacal de flancos rayados (*C. adustus*) y el chacal de dorso negro (*C. mesomelas*)— y una tercera restringida a las montañas del centro de Etiopía: el amenazado chacal del Semién, *C. simensis*. El chacal de dorso negro, en particular, es un bello animal de pelaje leonado rojizo, con una especie de gualdrapa negra y jaspeado de blanco y rojizo. Como muchos otros mamíferos, es nocturno en las zonas con presencia humana y durante el día se esconde en agujeros que él mismo excava, en viejos termiteros o en madrigueras de oricteropo. Se alimenta de insectos, materias vegetales, mamíferos pequeños y medianos —es capaz de matar gacelas de Thompson y en algunas zonas es un problemático depredador de ganado ovino—, y a menudo sigue a los leones para aprovecharse de los restos de su comida.

Coyote. En América del Norte y Central, el equivalente ecológico de los chacales es el coyote (*Canis latrans*), cánido cuyo nombre deriva del término azteca *coyotl*. Como la mayoría de los cánidos, el coyote es un depredador muy oportunista y, si bien es cierto que el noventa por ciento de su dieta se compone de mamíferos, también lo es que en este porcentaje entra una importante proporción de carroña y que no desdeña la fruta, los insectos y los pequeños vertebrados, a los que siempre caza en solitario. A veces, cuando el coyote abandona su práctica común de vivir en solitario o en parejas y forma manadas, consigue dar caza a presas de mayor tamaño, tales como berrendos, carneros de las Rocosas o incluso ciervos. Tales ocasiones suelen presentarse cuando los jóvenes demoran su dispersión y se quedan como ayudantes junto a sus progenito-

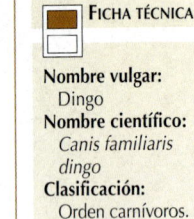

FICHA TÉCNICA

Nombre vulgar:
Dingo
Nombre científico:
Canis familiaris dingo
Clasificación:
Orden carnívoros.
Familia cánidos
Características:
LCC 1,17-1,24 cm; P 10-20 kg
Distribución:
Australia

FICHA TÉCNICA

Nombre vulgar:
Chacal dorado
Nombre científico:
Canis aureus
Clasificación:
Orden carnívoros.
Familia cánidos
Características:
LCC 0,6-1,06 m;
P 7-15 kg;
G 63 d; Nc 2-4
Distribución:
de Marruecos a Egipto y N de Tanzania, y de la península Balcánica a Tailandia y Sri Lanka

Canis familiaris dingo.

Canis aureus.

res, formando verdaderas manadas, compuestas, como media, por seis adultos y varios ejemplares jóvenes, todos ellos emparentados entre sí. Los únicos reproductores de estos grupos son el macho y la hembra dominantes, pero las asociaciones entre coyotes son poco estables y tienden a disgregarse a medida que los jóvenes alcanzan la madurez (un año de edad).

Zorros. Existen varios géneros de zorros, y los del género *Vulpes* (diez especies) se caracterizan por su cola poblada y muy larga, por ciertas particularidades del cráneo y por las pupilas de sus ojos, que ante la luz se contraen en una elipse vertical.

Zorro común o rojo. El zorro común (*Vulpes vulpes*) es el más cosmopolita de los cánidos salvajes, puesto que forma numerosas subespecies locales distribuidas por toda la región holártica, desde el Círculo Ártico hasta Centroamérica y los desiertos del norte de África, desde el norte de Siberia hasta las estepas asiáticas y el sur de Japón. Según los países, su coloración varía mucho, aunque los pies, las orejas y la cola son siempre del mismo color. Su longitud total suele pasar de 1 m, alcanzando la cola unos 35 cm. El zorro común vive en una amplia variedad de hábitats, pero nunca en bosques extensos u otras grandes zonas homogéneas. Es crepuscular y nocturno, refugiándose durante el día en una espesura u otro lugar protegido, aunque cada individuo o grupo familiar suele disponer de una madriguera principal y de una o más guaridas de emergencia en su área de deambulación. Persigue a las aves y mamíferos de tamaño pequeño a mediano, sobre todo a los roedores y a los conejos, aunque también se nutre de reptiles pequeños, insectos y ciertas frutas, tales como uvas, higos y bellotas. Aunque a menudo se le considera como una amenaza para las aves domésticas, lo cierto es que estas depredaciones suelen ser localizadas y muchas veces las aves son consumidas en forma de carroña. En todos sus actos, el zorro común revela una extraordinaria sagacidad, gracias a la cual consigue en gran parte librarse de la persecución de que es objeto. Por ello es una especie que abunda incluso en las zonas más pobladas por el hombre. En el sur de Europa, los zorros entran en celo en enero o febrero y, tras unas 7 semanas de gestación, la hembra pare de 1 a 13 cachorros, 5 como promedio.

Zorros americanos. En América del Sur, los zorros están representados por el género *Dusicyon*, exclusivo de este continente y que comprende ocho especies de pelaje gris a leonado grisáceo, a menudo con manchas negras. Destacan el zorro culpeo (*D. culpeus*), que vive en montañas y pampas desde los Andes de Ecuador y Perú hasta la Tierra del Fuego; el zorro gris argentino (*D. griseus*), que habita en Chile, O de Argentina y Patagonia, a menores altitudes que el zorro culpeo; el zorro de Azara o zorro de las pampas (*D. gymnocercus*), que se encuentra en las pampas de Paraguay, S de Brasil, Uruguay y

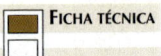

FICHA TÉCNICA

Nombre vulgar:
Coyote
Nombre científico:
Canis latrans
Clasificación:
Orden carnívoros.
Familia cánidos
Características:
LCC 75-100 cm;
P 7-20 kg;
G 58-65 d;
Ncm 6
Distribución:
desde Alaska
hasta Panamá

FICHA TÉCNICA

Nombre vulgar:
Zorro común
Nombre científico:
Vulpes vulpes
Clasificación:
Orden carnívoros.
Familia cánidos
Características:
LCC 45,5-90 cm;
P 3-14 kg;
G 51-53; Ncm 5
Distribución:
Eurasia excepto
el SE, N de
África, Canadá
y EEUU

Canis latrans.

Vulpes vulpes.

N de Argentina; y el zorro cangrejero (*D. thous*), que vive en las sabanas y terrenos arbolados de gran parte de América tropical, desde Colombia hasta Argentina y Paraguay.

Muchos zoólogos consideran hoy que estas especies no pertenecen al género *Dusicyon*, sino a los géneros *Pseudoalopex* (las tres primeras) y *Cerdocyon* (la última). Según estos autores, el único Dusicyon sería el zorro de las Malvinas (*D. australis*), un cánido que todavía era común en estas islas cuando las visitó Darwin (1833), pero que se extinguió en 1876.

Zorro polar o ártico. Otro cánido semejante a los zorros *Vulpes*, aunque con un cráneo más parecido al de los chacales, es el zorro polar (*Alopex lagopus*). Es bastante más pequeño que el zorro común y está revestido de pelo fino, largo y espeso. Durante el verano, el color es pardo gris, pero al acercarse el otoño empieza a mudar el pelo poco a poco, hasta sustituirlo por un pelaje blanco como la nieve, que dura todo el invierno y que después se cae a grandes mechones. Algunos ejemplares ofrecen una coloración gris plomiza tanto en invierno como en verano, a pesar de que también experimentan las dos mudas de pelo. Estos individuos reciben el nombre de «zorros azules» y son muy apreciados en peletería.

El zorro ártico se distribuye por la tundra y las regiones cubiertas de hielo de Europa, Asia y América, donde realiza viajes prodigiosos, a menudo dejándose transportar por los témpanos flotantes, y resiste mejor que ningún otro animal terrestre las bajas temperaturas del invierno polar. En verano se alimenta de aves que nidifican en el suelo y de pequeños mamíferos, principalmente de lémmings. En invierno se nutre de invertebrados, aves marinas y cachorros de foca anillada (*Phoca hispida*), a los que captura escarbando en la nieve hasta sus madrigueras subnivales. A veces, los restos de una ballena varada en el hielo pueden proporcionar alimento durante más de un año a los zorros árticos, que acuden desde largas distancias. Más confiado que el zorro común, se acerca al hombre y siempre que puede se lleva provisiones de los campamentos o de las viviendas.

Zorros africanos. En el Sahara vive otra especie de zorro, el fenec (*Fennecus zerda*), que es el más pequeño de todos los cánidos. No mide, en efecto, más que unos 40 cm de longitud, con una cola de 20 cm, pero sus orejas son enormes, casi iguales que las del zorro común. Así como el zorro ártico es en invierno tan blanco como la nieve que cubre su hábitat, el pelaje del fenec es de un delicado color crema que armoniza con el de los vastos arenales en que vive. Los jerbos, los ratones desertícolas, los reptiles pequeños y los insectos constituyen su alimento, aunque también le gustan los huevos y los dátiles maduros.

El gran tamaño de las orejas, rasgo muy útil para facilitar la pérdida de calor, es todavía más acusado en el zorro orejudo (*Otocyon megalotis*). Aunque sólo tiene el tamaño de un foxterrier, en él estos órganos alcanzan 12 cm de longitud, es de-

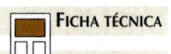

FICHA TÉCNICA

Nombre vulgar:
Zorro polar
Nombre científico:
Alopex lagopus
Clasificación:
Orden carnívoros.
Familia cánidos
Características:
LCC 45-67 cm;
P 1-9 kg;
G 49-57 d;
Nc 6-12
Distribución:
tundra, aguas cubiertas de hielo

FICHA TÉCNICA

Nombre vulgar:
Fenec
Nombre científico:
Fennecus zerda
Clasificación:
Orden carnívoros.
Familia cánidos
Características:
LCC 35-40 cm;
P 1-1,5 kg;
G 50-52 d;
Nc 2-5
Distribución:
desiertos N África, Arabia, Kuwait y S Irak

FICHA TÉCNICA

Nombre vulgar:
Zorro orejudo
Nombre científico:
Otocyon megalotis
Clasificación:
Orden carnívoros.
Familia cánidos
Características:
LCC 46-66 cm;
P 3-5,3 kg;
G 60-75 d;
Nc 2-6
Distribución:
E y S África

Alopex lagopus.

Fennecus zerda.

Otocyon megalotis.

cir, casi la cuarta parte de lo que miden el cuerpo y la cabeza juntos. Este zorro habita en África oriental y austral, y es notable por tener mayor número de molares que cualquier otro carnívoro; por lo demás, éstos, incluidos los carniceros, son pequeños y débiles, de modo que su dentadura parece más de insectívoro que de carnívoro. La dieta del zorro orejudo se compone sobre todo de termes, y también de otros artrópodos, pequeños roedores, huevos y pollos de ave, y materias vegetales.

Licaón. De todos los cánidos propios de la región etiópica, el más notable es el perro salvaje africano o licaón (*Lycaon pictus*), propio de las sabanas y otros hábitats abiertos del África subsahariana, donde se halla en peligro de extinción debido a la persecución de que ha sido objeto y a su propensión a ser víctima de las epidemias. El licaón es un animal muy semejante en formas y corpulencia a un perro podenco, aunque su cabeza recuerda más bien a la de una hiena. Al igual que ésta, sólo posee cuatro dedos en las patas anteriores, en vez de cinco como los demás cánidos. Su pelaje aparece manchado de negro, leonado y blanco, no existiendo dos individuos iguales, aunque todos tienen negro el hocico, leonada la frente y blanca la punta de la cola. Los perros salvajes viven en manadas compuestas por diez individuos como media, con una proporción doble de machos adultos que de hembras adultas. Esta proporción de sexos es insólita en los mamíferos sociales, como también lo es el hecho que, cuando se emancipan, las hembras emigran de su grupo natal en mucho mayor número que los machos. Los licaones cazan antílopes jóvenes o débiles, acosando unos a la presa mientras otros procuran cortarle el paso. Algunas manadas de licaones se transmiten de generación en generación la técnica de cazar cebras adultas, unos ungulados cuyo peso es ocho veces superior al del cánido.

FAMILIA PROCIÓNIDOS

Se compone de siete géneros y 19 especies que presentan una notable diversidad ecológica, ya que ocupan hábitats muy variados, desde los bosques templados hasta las pluvisilvas tropicales, desde las espesuras de bambú del Himalaya hasta los campos de cultivo e incluso las ciudades. Esta diversidad ecológica se traduce en una gran variedad de formas. Tienen la cola bastante larga y los pies provistos de cinco dedos, que al andar apoyan casi por completo en el suelo. Todos ellos son diestros trepadores y poseen una dentadura generalizada como corresponde a su dieta omnívora. La familia toma su nombre del género *Procyon*, cuya especie más común y difundida es el mapache (*P. lotor*).

El mapache es propio de la fauna norteamericana y centroamericana, y ha sido introducido en algunas zonas de Europa y Asia. Más pequeño que un zorro, tiene también el cuerpo más rechoncho y las patas con la planta pelada y los dedos muy separados, sobre todo los de las anteriores, que pueden exten-

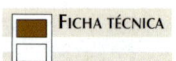

FICHA TÉCNICA

Nombre vulgar:
Licaón o perro salvaje africano
Nombre científico:
Lycaon pictus
Clasificación:
Orden carnívoros.
Familia cánidos
Características:
LCC 76-112 cm;
P 17-36 kg;
G 79-80 d;
Ncm 10
Distribución:
discontinua en zonas de sabana de la región etiópica

FICHA TÉCNICA

Nombre vulgar:
Mapache
Nombre científico:
Procyon lotor
Clasificación:
Orden carnívoros.
Familia prociónidos
Características:
LCC 41,5-60 cm;
P 2-12 kg;
Gm 63 d; Nc 3-4
Distribución:
desde el S de Canadá hasta Panamá

Lycaon pictus.

Procyon lotor.

derse para sostener los alimentos mientras los consume. Este carnívoro vive en parajes muy arbolados, siendo un hábil trepador y nadador. Suele construir su guarida en troncos huecos, con la entrada a más de 3 m del suelo, y prefiere las inmediaciones de las charcas y pantanos, pues si bien caza ocasionalmente pequeños vertebrados, su alimento animal básico son los artrópodos y peces de agua dulce, las ranas y los moluscos, cuyas valvas sabe abrir con notable destreza. También consume semillas, frutos y miel, pero su golosina predilecta es el maíz cuando empieza a madurar; entonces aprovecha las noches de luna para saquear las plantaciones, porque, como muchos carnívoros, es más nocturno que diurno.

En toda América tropical vive otra especie del mismo género, de pelaje más corto, basto y amarillento rojizo: el mapache cangrejero (*Procyon cancrivorus*), que, como su nombre indica, hace gran consumo de crustáceos. Otras especies mucho menos difundidas son: el mapache de las Tres Marías (*P. insularis*), endémico de estas islas mexicanas; el mapache de Barbados (*P. gloveralleni*); el mapache de Guadalupe (*P. minor*); y el de la isla de Cozumel (*P. pygmaeus*), que es el menor de todos.

A un género distinto pertenece el cacomistle o gato de cola anillada (*Bassariscus astutus*), propio del oeste de Estados Unidos y de México, que por su tamaño y aspecto recuerda a la garduña. También pertenecen a esta familia los coatíes o guaches, que se reconocen por su hocico prolongado y movible, con el que husmean y hozan todo lo que les rodea. El coatí común (*Nasua nasua*) es la más extendida de las tres especies, y su área abarca desde el sudeste de Arizona hasta Argentina. Tiene el tamaño de un gato montés y el pelo pardo oscuro o pardo rojizo, largo, más áspero y menos sedoso que el coatí de Nelson (*N. nelsoni*), que habita en la isla de Cozumel, frente a Yucatán, en México. Ambas especies son arborícolas, forman manadas numerosas y dedican el día (y a menudo la noche los machos adultos) a buscar huevos de aves, reptiles, invertebrados (los jóvenes y las hembras adultas, roedores (los machos adultos) y diversos frutos. La tercera especie, el coatí de montaña (*Nasuella olivacea*), vive en los Andes de Venezuela, Colombia y Ecuador y se conoce muy poco de ella, aunque probablemente tiene un régimen alimentario similar al de *Nasua*.

En América tropical, desde Tamaulipas (México) hasta el Mato Grosso brasileño, vive el kinkajú (*Potos flavus*). Por tamaño y figura recuerda a los lémures de Madagascar, y tiene la cola prensil como ciertos monos americanos. Sólo se desplaza de noche para formar grupos en los árboles, registrando todo el follaje para buscar con paciencia los frutos que constituyen lo esencial de su dieta. Durante el día duerme en un árbol hueco, del que sale a veces los días calurosos y húmedos para tenderse en una rama; también sale, obviamente, cada anochecer para acudir al mismo árbol que la noche anterior y consumir, además de frutos, pequeños vertebrados, insectos y miel. Esta dieta no difiere en esencia de la de los olingos (*Bas-*

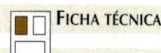

FICHA TÉCNICA

Nombre vulgar: Kinkajú
Nombre científico: *Potos flavus*
Clasificación: Orden carnívoros. Familia prociónidos
Características:
LCC 40-76 cm;
P 1,4-4 kg;
G 112-118 d;
Nc 1
Distribución: de Tamaulipas (México) al Mato Grosso (Brasil)

FICHA TÉCNICA

Nombre vulgar: Panda menor
Nombre científico: *Ailurus fulgens*
Clasificación: Orden carnívoros. Familia prociónidos
Características:
LCC 51-63 cm;
P 3-6 kg;
G 114-115 d;
Nc 2
Distribución: Nepal, Sikkim, Bután, N Birmania, Yunán y Sechuán (China)

FICHA TÉCNICA

Nombre vulgar: Coatí común
Nombre científico: *Nasua nasua*
Clasificación: Orden carnívoros. Familia prociónidos
Características:
LCC 41-67 cm;
P 3-6 kg;
G 10-11 s;
Nc 2-7
Distribución: de Arizona a Argentina

Potos flavus.

Ailurus fulgens.

Nasua nasua.

saricyon sp.) de Centroamérica y Sudamérica, prociónidos también nocturnos y arborícolas, aunque carentes de cola prensil, que a menudo se asocian con el kinkajú.

La familia prociónidos también tiene un representante en Asia, el panda menor (*Ailurus fulgens*), animal de bello pelaje rojizo brillante —excepto la máscara facial blanca y negra y las orejas blancas— que vive en el Himalaya occidental y en las provincias chinas de Yunán y Sechuán.

FAMILIA ÚRSIDOS

Comprende tres géneros y ocho especies de gran tamaño, entre ellas las mayores del orden, caracterizadas por tener formas pesadas, marcha plantígrada, cinco dedos en cada pata y una cola rudimentaria.

A pesar de ser animales robustos y fuertes, de aspecto imponente y enorme fuerza física, muy pocas especies son realmente carnívoras. Casi todas son omnívoras, como lo demuestra su dentadura, en la que las muelas carniceras apenas ofrecen aspecto de tales y los tres primeros premolares son pequeños y caen en edad temprana.

Oso pardo. El oso pardo (*Ursus arctos*) es la especie más común y extendida de la familia. Su área de distribución, muy amplia, abarca el noroeste de Norteamérica y gran parte de Eurasia, incluidas las grandes cadenas montañosas, desde Escandinavia hasta Japón, y desde Siria hasta el Himalaya.

El oso pardo es un animal de movimientos por lo general lentos, pesado y pacífico por naturaleza, aunque se enoja con facilidad, y entonces sabe hacer buen uso de su fuerza. Silencioso de ordinario, cuando se enfurece lanza sordos rugidos y se apresta a la defensa, levantándose sobre dos pies y tratando de asir a su adversario entre sus brazos para morderle con furia. La postura bípeda es natural en estos animales, que la adoptan en cuanto alguna cosa les produce sorpresa o alarma. Su dieta, omnívora, aunque principalmente vegetariana, se compone de vegetales herbáceos, bayas, insectos, hongos, raíces y mamíferos pequeños o medianos. En los Pirineos consume a menudo el cámbium de la corteza de coníferas, y tanto allí como en otras zonas ataca a veces a grandes mamíferos, incluido el ganado doméstico extraviado.

Al llegar los fríos del invierno, el oso, tras haberse atiborrado de arándanos y otras bayas, castañas, hayucos, setas y tubérculos, se refugia en alguna cueva y entra en letargo invernal, aunque no en hibernación, ya que si bien su ritmo cardíaco se vuelve cinco veces más lento, su temperatura interna apenas disminuye. Este estado de letargo finaliza a principios de la primavera, quedando muy enflaquecido, aunque pronto engorda atracándose de hierbas suculentas, tubérculos, vertebrados pequeños y, ocasionalmente, mamíferos de tamaño mediano. La hembra sale de su letargo acompañada de dos o tres oseznos, que han nacido algunas semanas antes y que tardan mucho en crecer.

FICHA TÉCNICA

Nombre vulgar:
Oso pardo
Nombre científico:
Ursus arctos
Clasificación:
Orden carnívoros.
Familia úrsidos
Características:
LCC 1,7-2,8 m;
P 70-780 kg;
G 180-266 d;
Ncm 2
Distribución:
desde O de Europa y Palestina hasta el E de Siberia e Himalaya, montes Atlas (África), Hokkaido (Japón), desde Alaska hasta la Bahía de Hudson y N de México

Ursus arctos.

Ursus arctos.

En la mayor parte de Eurasia vive el oso pardo de la subespecie nominal (U. arctos arctos), que en casi toda Alaska, en el noroeste de Canadá y en los estados de Idaho, Wyoming y Washington (EE UU) está sustituida por el grizzly u oso pardo americano (U. a. horribilis), subespecie de origen más reciente. En general, los osos pardos americanos son bastante más corpulentos que los europeos, pues su altura en la cruz llega a 1,10 m o más, y algunas veces su peso excede de 550 kg. Están considerados como los animales más peligrosos de América del Norte, lo que probablemente sea cierto si se descartan los insectos venenosos, los roedores transmisores de plagas y los animales domésticos. Aunque el grizzly se alimenta de vegetales, es bastante carnívoro y depreda alces, wapitis y otros ungulados —entre ellos el ganado doméstico— e incluso ataca a los osos negros.

Otra subespecie americana del oso pardo es el gigantesco oso kodiak (U. a. middendorffi), el mayor de los carnívoros vivientes, que es casi tan grande como un buey y alcanza los 800 kg de peso. A pesar de su tamaño, es un ser esquivo que se alimenta de marmotas y otros roedores, y, al igual que su vecino el grizzly de Alaska, también de salmones, que pesca en la época en que estos peces remontan los ríos metiéndose en el agua para atraparlos. El oso kodiak habita en la isla homónima (Kodiak) y en las adyacentes Afognak y Shuyak, que están situadas frente a la península de Alaska.

Oso negro americano. En la mayor parte de América septentrional, desde Alaska y el norte de Canadá hasta California y el N de México, vive, y en ocasiones abunda, el oso negro americano (Ursus americanus). Más pequeño que el oso pardo, tiene el pelo más corto que él, la espalda menos caída y una línea más convexa de cabeza y hocico. Su coloración varía del blanco (algunos individuos de la subespecie U. a. kermodei) hasta el negro intenso, pasando por el pardo y el gris azulado, según las subespecies y los individuos. Por sus costumbres, el oso negro difiere poco del pardo, aunque algunas de sus poblaciones son más carnívoras. También trepa a los árboles con más frecuencia que el pardo y a veces se instala en algún tronco hueco. No obstante, en invierno prefiere ocultarse bajo algún árbol caído, excavando el suelo con las uñas.

Oso polar. En toda la zona circumpolar del hemisferio norte habita el oso polar (Ursus maritimus), especie bien conocida por su pelaje blanco y sus grandes dimensiones, que a veces se acercan a las del oso kodiak. Cubierto de una piel abundante y de una gruesa capa de grasa, el oso polar se encuentra a sus anchas en las blancas extensiones del Ártico. Su pelaje, además, es una de las obras maestras de la naturaleza. Al igual que el de muchos mamíferos boreales, está formado por una capa exterior de pelo recio que protege otra interior de pelos más finos. El poder aislante de esta capa inferior se ve realzado todavía más por unos pelos huecos, llenos de aire.

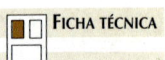

FICHA TÉCNICA

Nombre vulgar:
Grizzly u oso pardo americano
Nombre científico:
Ursus arctos horribilis
Clasificación:
Orden carnívoros. Familia úrsidos
Características:
P máx. 550 kg
Distribución:
Alaska, NO de Canadá y estados de Idaho, Wyoming y Washington (EE UU)

FICHA TÉCNICA

Nombre vulgar:
Oso negro u oso negro americano
Nombre científico:
Ursus americanus
Clasificación:
Orden carnívoros. Familia úrsidos
Características:
LCC 1,5-1,8 m;
P 92-270 kg;
G 220 d; Nc 2-3
Distribución:
desde Alaska y el N de Canadá hasta California

Ursus arctos horribilis.

Ursus americanus.

EUTERIOS

Ursus americanus.

Los pelos exteriores son transparentes —parecen blancos porque reflejan todo el espectro visible—; una buena parte de la luz solar que en ellos incide se refleja hacia dentro y, tras un intrincado recorrido, llega hasta la piel negra del oso, la cual, debidamente cubierta por el «pelaje-invernadero», se convierte en el captor solar más eficiente del mundo.

El oso polar se distribuye por todo el océano Glacial Ártico, y su hábitat preferido es el «pack ice» o costra de hielo que cubre la superficie del mar. Algunos individuos pasan todo el año al borde de esta costra de hielo, mientras que otros pasan a tierra firme en verano, dispersándose durante el invierno por el hielo flotante que se forma junto a las costas y entre las islas. En diversas ocasiones se han visto osos polares en alta mar, a 300 km de la costa más próxima. Para llegar tan lejos utilizan los bloques de hielo flotantes como balsas. En realidad, el oso blanco puede considerarse como un animal marino. Pasa a nado de un témpano a otro y en ocasiones se tira al agua movido por la curiosidad para acercarse a los barcos. Nada sólo con las manos y es capaz de alcanzar y de mantener durante un cierto tiempo una velocidad de 6,5 km/h; también bucea con frecuencia y parece disfrutar mientras gira en el agua. Durante el verano se dedica a cazar focas (sobre todo focas anilladas adultas) y jóvenes morsas, aunque no en su elemento, sino sorprendiéndolas cuando están descasando sobre el hielo o cuando salen a respirar por sus grietas y agujeros. La dieta estival incluye también aves marinas, cadáveres de cetáceos, pequeños mamíferos terrestres, peces, bayas y otros vegetales. En invierno, época en la que escasea el alimento, recorre largas distancias para buscarlo y, hostigado por el hambre, se vuelve peligroso, atreviéndose a atacar al hombre. Excepto entre los inuit y otros pueblos del Ártico, que desde hace siglos cazan al oso polar por su piel y su grasa, el encuentro entre osos y humanos es una circunstancia más bien rara. Durante el buen tiempo, el oso blanco huye casi siempre del hombre y si se acerca a él no es en actitud agresiva, sino movido por la curiosidad. Entonces es cuando los inuit lo cazan, ayudados por perros.

Aunque a veces se forman grandes agrupaciones en torno a una fuente importante de alimento, el oso polar suele ser solitario y ambos sexos sólo se encuentran brevemente durante la estación reproductora, de marzo a junio. Tras 6,5 a 9 meses de gestación nacen de uno a cuatro oseznos (dos en promedio), que no salen de la guarida hasta finales de marzo o principios de abril y que luego no se separan de su madre hasta que llegan a ser casi tan grandes como ella.

Osos asiáticos. El oso malayo (*Ursus malayanus*), que vive en gran parte del Sudeste Asiático, incluidos Sumatra y Borneo, es la especie más pequeña de su género. No mucho más corpulento que un mastín, tiene las orejas pequeñas y el pelo muy corto, como terciopelo negro, con el hocico leonado y una mancha de forma irregular, blanca o amarilla, en el pecho. Esta especie vive en bosques densos, tanto de llanura

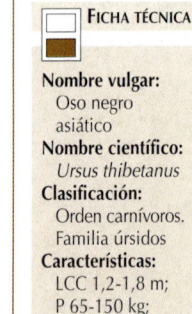

FICHA TÉCNICA

Nombre vulgar:
Oso polar
Nombre científico:
Ursus maritimus
Clasificación:
Orden carnívoros.
Familia úrsidos.
Características:
LCC 2-2,5 m;
P 150-500 kg;
G 195-265 d;
Ncm 2
Distribución:
zona circumpolar
del hemisferio N

FICHA TÉCNICA

Nombre vulgar:
Oso negro
asiático
Nombre científico:
Ursus thibetanus
Clasificación:
Orden carnívoros.
Familia úrsidos.
Características:
LCC 1,2-1,8 m;
P 65-150 kg;
G 7-8 m; Nc 2
Distribución:
desde SE de Irán,
Pakistán e
Himalaya, hasta
SE de Siberia,
Japón, Taiwán
y Hainán

Ursus maritimus.

Ursus thibetanus.

como de montaña, donde se alimenta de insectos xilófagos que encuentra desgarrando los árboles, termes que captura con la lengua tras excavar el termitero, pequeños mamíferos, frutos y brotes de crecimiento, especialmente de cocoteros. Es nocturno y durante el día descansa o toma el sol en plataformas de ramas que construye en lo alto de los árboles, a los que trepa con agilidad; en el suelo, en cambio, utiliza una andadura curiosa, con las manos vueltas hacia dentro. Es una especie bastante mansa y de gran inteligencia y, pese a su natural cauteloso y escurridizo, se habitúa pronto a vivir en cautividad.

Otro úrsido exclusivamente asiático es el oso negro asiático (*U. thibetanus*), que ocupa un área bastante extensa en la mitad sur de Asia. Este oso vive en bosques caducifolios húmedos y zonas de matorral, sobre todo en tierras montañosas hasta 3 600 m de altitud. Principalmente nocturno, nada sin dificultad y trepa con destreza. Como otros osos, se alimenta de frutos, miel, brotes vegetales, invertebrados, pequeños vertebrados y carroña. Contrariamente al oso malayo, suele entrar en letargo invernal —aunque no todas las poblaciones lo hacen— tras refugiarse en una madriguera o un hueco de árbol.

Más restringida es, en cambio, el área de distribución del oso bezudo (*U. ursinus*), que sólo se encuentra en India, Nepal, Bangladesh y Sri Lanka, donde habita sobre todo en afloramientos rocosos de zonas boscosas. Este úrsido tiene unos labios desnudos, extensibles y móviles, así como un paladar ahuecado y unas narinas que puede cerrar a voluntad, lo que le permite succionar los termes de los que se nutre como si su morro fuera una aspiradora. El ruido que hace al aspirar se oye a 200 m de distancia y a menudo permite que los cazadores lo detecten.

Oso de anteojos. En las selvas húmedas y pastizales de altura de los Andes, desde el oeste de Venezuela hasta Bolivia, habita el oso de anteojos (*Tremarctos ornatus*), así llamado porque presenta unas bandas blancas que le rodean los ojos y que contrastan con su pelaje negro o pardo muy oscuro. Es un oso muy arborícola que pasa gran parte de su vida en el ramaje, donde construye grandes plataformas con hojas y ramas rotas, a veces a gran altura, para alcanzar los frutos más altos e instalarse a comer. Además de frutos maduros, su dieta incluye corazones de bromeliáceas y de bambús, brotes de palmeras, maíz y, más ocasionalmente, roedores e insectos. El oso de anteojos ha sido muy perseguido por su piel, su carne y su grasa, lo que, junto a la pérdida del hábitat selvático, lo ha convertido en una especie vulnerable.

Panda gigante. En unas pocas localidades de montaña del centro de China, se encuentra todavía el panda gigante (*Ailuropoda melanoleuca*), emblema del Fondo Mundial para la Protección de la Naturaleza (WWF) y uno de los animales más populares del mundo. Conocido por los chinos desde hace más de cuatro milenios, el panda gigante no fue descubierto

---

FICHA TÉCNICA

Nombre vulgar:
Oso malayo
Nombre científico:
Ursus malayanus
Clasificación:
Orden carnívoros.
Familia úrsidos
Características:
LCC 1-1,4 m;
P 27-65 kg;
G 174-240 d;
Nc 1-2
Distribución:
Birmania, Yunnan (China), Tailandia, Indochina, península Malaya, Sumatra y Borneo

Ursus malayanus.

por la ciencia occidental hasta 1866, año en que el padre Armand David, misionero y naturalista francés, lo bautizó con el nombre de *Ursus melanoleuca* y envió un ejemplar muerto al Museo de Historia Natural de París. En 1872, el zóologo Alphonse Milne Edwards negó el parentesco del panda gigante con los osos y, cambiándole el nombre genérico por el de *Ailuropoda*, lo situó junto a los mapaches en la familia prociónidos. En 1988 Stephen O´Brien y sus colaboradores del National Cancer Institute de Estados Unidos elaboraron un árbol genealógico de los úrsidos y los prociónidos mediante técnicas de hibridación de ADN, demostrando el estrecho parentesco que une al panda gigante con los osos. De este modo, se eliminaba la familia *Ailuropodidae* en la que, durante un tiempo, se clasificó a esta especie y al panda menor (*Ailurus fulgens*).

Aunque el panda gigante se parece mucho a los osos, posee algunos rasgos que lo diferencian de inmediato. En primer lugar, tiene las patas traseras más cortas que las delanteras, lo que le confiere una marcha cabizbaja. En segundo lugar, presenta en cada pata delantera un falso pulgar oponible que no es otra cosa que la prolongación o hipertrofia de un pequeño hueso del carpo. El panda se nutre casi exclusivamente de bambú y su «pulgar» o «sexto dedo» es una adaptación para agarrar y llevarse a la boca los tallos de esta planta. También constituye una adaptación alimentaria la existencia de unos músculos masticatorios muy poderosos y la dentición, la cual, con sus premolares y molares anchos y achatados, recuerda a la de un herbívoro.

Pese a estas adaptaciones, el panda gigante continúa siendo un carnívoro y su intestino, carente de la flora celulolítica necesaria, no está especializado para una dieta exclusivamente herbívora. Debido a ello, el panda apenas digiere el 17 por ciento del bambú que consume, lo que le obliga a comer unos 13 kg diarios de brotes, tallos y hojas de esta planta, es decir, cerca del diez por ciento de su peso al día. Esta exigencia limita sus movimientos, por lo que este animal vive casi inmerso en su fuente de alimentación, donde completa su dieta con colas de caballo, gencianas, iris o crocus y otras plantas herbáceas, y ocasionalmente con pequeños roedores y peces. Muy bien protegido del frío y de la lluvia por su espeso pelaje, casi nunca abandona las espesuras de bambú que forman el sotobosque de su inaccesible hábitat. Este último ha ido menguando a lo largo del siglo XX, por lo que en la actualidad el oso panda sólo subsiste en las alturas, bajo el bosque de coníferas o en la franja inmediatamente inferior (2 000-2 500 m), aunque a veces desciende hasta 800 m en invierno.

El panda gigante es solitario y ambos sexos sólo se aparean brevemente entre marzo y mayo. Después de un período de gestación que varía de tres a cinco meses y medio, según la duración de la implantación diferida, la hembra se aísla en una oquedad entre rocas o en el hueco de un árbol y pare de una a tres crías que pesan mil veces menos que su madre. Al nacer en un estado muy poco avanzado de desarrollo, las crías son muy frágiles y por lo general apenas sobrevive una. Por lo demás, el vínculo entre madre e hijo du-

---

FICHA TÉCNICA

Nombre vulgar:
Panda gigante
Nombre científico:
Ailuropoda melanoleuca
Clasificación:
Orden carnívoros.
Familia úrsidos
Características:
LCC 1,2-1,5 m;
P 75-160 kg;
G 97-163 d;
Nc 1-2
Distribución:
algunas zonas de montaña de las provincias de Gansu, Shaanxi y Sichuan (China)

Ailuropoda melanoleuca.

ra 18 meses, lo que significa que, en circunstancias óptimas, la hembra sólo puede criar a un cachorro cada dos años. Si a ello se suma la probabilidad, elevada en el caso de madres inexpertas, de que la cría sea devorada por una marta, un leopardo o un oso de collar, se comprende la fragilidad de esta especie, que en 1976 vio reducida su población a apenas un millar de individuos y rozó, por tanto, su extinción definitiva.

Familia mustélidos

Se compone de 23 géneros y 65 especies que se reconocen por su cuerpo alargado, con patas cortas, orejas pequeñas y pelaje espeso y casi siempre muy fino. A este grupo pertenecen la mayor parte de los animales de piel valiosa. Todos ellos tienen un solo molar superior a cada lado y presentan glándulas odoríferas en la región perineal, cerca del ano. La familia consta de cinco subfamilias: *Mustelinae*, que comprende a las comadrejas, a las martas, a los visones y al glotón; *Mephitinae*, que incluye las mofetas y los zorrillos; *Lutrinae*, integrada por los cuatro géneros de nutrias; *Melinae*, que engloba a los seis géneros de tejones; y *Melivorinae*, compuesta únicamente por el ratel.

Subfamilia *Melinae*

Uno de los mustélidos de mayor tamaño es el tejón euroasiático (*Meles meles*), que alcanza 110 cm de longitud total. Esta especie habita en muchas zonas de bosque y de vegetación densa de Eurasia templada, aunque no es fácil de ver debido a sus costumbres principalmente nocturnas. Es social y vive en clanes muy territoriales que construyen grandes madrigueras comunales con numerosas entradas, pasadizos y cámaras a las que mantienen siempre limpias gracias a los constantes cuidados —entre ellos, ventilar las camas de hojas secas y musgo fuera de la madriguera— y a la existencia de letrinas exteriores.

Además de estas últimas, en torno a las entradas de la madriguera hay zonas de asoleamiento y terrenos de juego donde los tejones se entregan a todo tipo de actividades lúdicas, incluido el juego de la pídola (*Walker´s Mammals of the World*, Ronald M. Novak). El tejón euoasiático es omnívoro y se alimenta de hongos, raíces, bellotas, frutos secos, bayas, miel, insectos, moluscos, pequeños vertebrados, carroña y, sobre todo, lombrices.

En la región oriental existen cuatro géneros de la subfamilia Melinae, tres de ellos uniespecíficos. A estos últimos pertenecen: el tejón porcino (*Arctonyx collaris*), propio de las zonas boscosas de China, del Himalaya, Indochina, Malaysia peninsular y Sumatra; el teledu (*Mydaus javanensis*), de las zonas montañosas de Borneo, Sumatra y Java; y el tejón de Palawan (*Suillotaxis marchei*), que vive en la isla filipina homónima y en las vecinas Calamian, al nordeste de Borneo. Las dos últimas especies presentan la particularidad de que, al igual que las mofetas, se defienden proyectando el contenido de sus

Ficha técnica

Nombre vulgar:
 Tejón euroasiático
Nombre científico:
 Meles meles
Clasificación:
 Orden carnívoros.
 Familia mustélidos
 Subfamilia Melinae
Características:
 LCC 56-90 cm;
 P 10-34 kg;
 G 11,5-12 m;
 Nc 3-4
Distribución:
 desde la península Ibérica y Gran Bretaña hasta Palestina, Irán, Tíbet, S de China y Japón

Ficha técnica

Nombre vulgar:
 Tejón americano
Nombre científico:
 Taxidea taxus
Clasificación:
 Orden carnívoros.
 Familia mustélidos.
 Subfamilia Melinae
Características:
 LCC 42-72 cm;
 P 4-12 kg; G 7 m;
 Nc 2
Distribución:
 desde S de Canadá hasta C de México

Meles meles.

Taxidea taxus.

glándulas anales contra el rostro del atacante. El cuarto género, *Melogale*, comprende tres especies cuyas áreas se extienden desde Nepal y el centro de China hasta el Sudeste Asiático y la isla de Java (*M. personata, M. moschata*) y por Borneo (*M. orientalis*).

En Norteamérica, incluido México, la subfamilia está representada por el tejón americano (*Taxidea taxus*), que es bastante similar a la especie euroasiática, aunque de costumbres más carnívoras. Este animal, en efecto, se nutre sobre todo de ardillas terrestres, otros roedores excavadores e incluso lagomorfos, así como de aves, reptiles, invertebrados y carroña, asociándose en algunas ocasiones con los coyotes solitarios para cazar.

Subfamilia *Melivorinae*

En gran parte de África y alguna zonas de Asia oriental se encuentra el ratel (*Mellivora capensis*), curioso mustélido que tiene el pelaje gris claro en el dorso y negro en el rostro, las patas y partes inferiores. Esta distribución de colores se da en pocos mamíferos y es probable que, como en algunas mofetas que también la muestran, se trate de una coloración aposemática o de advertencia: aunque el ratel no segrega sustancias defensivas, sí tiene unos dientes robustos y unas garras anteriores potentísimas con los que es capaz de plantar cara a animales incluso mucho mayores que él. El nombre genérico de este animal, *Mellivora*, que significa «comedor de miel», se debe a que esta sustancia es su alimento predilecto. En África, el ratel se asocia con el indicador gorginegro (*Indicator indicator*), un ave que se alimenta de larvas de abeja, de cera y de miel, y que, en presencia de cualquier mamífero melívoro, incluido el hombre, grita y se mueve de un modo especial cuando descubre una colmena. Cuando el ratel oye cantar al indicador, acude dispuesto a darse un atracón de miel del que también se beneficiará el ave, ya que ésta no es capaz de abrir la colmena y destruir sus panales.

Subfamilia *Mephitinae*

Los representantes de esta subfamilia del Nuevo Mundo son los zorrillos y mofetas, pequeños carnívoros de poblada cola y coloración aposemática negra y blanca, cuyo carácter más notable consiste en poseer a la salida del recto un par de glándulas que segregan un líquido muy pestífero, el cual pueden expeler violentamente a modo de pulverizador para defenderse. El conepatl o zorrillo de nariz porcina (*Conepatus mesoleucus*), del sur de Estados Unidos, México y América Central, y el chingue (*C. chinga*), de Perú, Bolivia, Chile y NO de Argentina, son dos especies de este grupo de mustélidos malolientes. Ambos son animales casi tan grandes como las garduñas, con un hocico pelado que recuerda al de un lechón, fuertes uñas adecuadas para cavar y el dorso blanco o con dos bandas blancas a los lados del dorso, en contraste con el fondo negro o negruzco del pelaje. Se alimentan de vertebrados pequeños, como ranas,

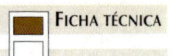

FICHA TÉCNICA

Nombre vulgar:
Ratel
Nombre científico:
Mellivora capensis
Clasificación:
Orden carnívoros.
Familia mustélidos.
Subfamilia Melivorinae
Características:
LCC 60-77 cm;
P 7-13 kg; G 6 m;
Nc 2
Distribución:
de Marruecos y S Egipto a Sudáfrica;
de Palestina y península Arábiga a Turkmenistán y E India

FICHA TÉCNICA

Nombre vulgar:
Zorrillo moteado
Nombre científico:
Spilogale putorius
Clasificación:
Orden carnívoros.
Familia mustélidos.
Subfamilia Mephitinae
Características:
LCC 11-34 cm;
P 200-1.000 g;
G 230-250 d;
Nc 3-6
Distribución:
del S de Columbia Británica y Pennsylvania a Costa Rica y Florida

Mellivora capensis.

Spilogale putorius.

lagartos y, sobre todo, de insectos, que devoran en cantidad increíble.

La misma arma nauseabunda emplean las mofetas de América Central y del Norte, que se distinguen de los zorrillos *Conepatus* por su hocico más corto y su larga y pobladísima cola. De la mofeta común o mofeta rayada (*Mephitis mephitis*) contaba el naturalista Merriam que al aire libre su pestilencia se propaga hasta más de 1 600 m de distancia. Para expeler el líquido, todos estos animales levantan mucho la cola, lanzando con asombrosa puntería un chorro que se deshace en gotas y que puede llegar a cuatro o cinco metros. El tercer género de esta familia es *Spilogale*, una de cuyas especies, *S. pygmaea*, sólo vive en la costa mexicana del Pacífico. Tanto *Spilogale* como *Mephitis* pueden ser portadores de la rabia pero, como contrapartida, prestan grandes servicios al hombre por su capacidad destructora de roedores e insectos.

Subfamilia *Mustelinae*
Género *Martes*. Este género está representado en Europa por dos especies bien conocidas, la marta (*M. martes*) y la garduña (*M. foina*). Ambas son muy parecidas por su aspecto y tamaño, que viene a ser el de un gato doméstico, así como por su pelaje pardo oscuro, pero la primera tiene las orejas más grandes y una extensa mancha amarilla debajo del cuello, mientras que en la garduña la mancha del cuello suele ser blanca. En la península Ibérica, la marta solamente se encuentra en los Pirineos y la cordillera Cantábrica, en tanto que la garduña llega hasta Andalucía. Esta última, en cambio, no existe en las Baleares ni en las islas Británicas, donde sólo se encuentra la marta. La ecología de ambas especies también difiere. Aunque las dos son diestras trepadoras y hábiles depredadoras que dan cazan a conejos, roedores y toda clase de aves, la marta habita en bosques de coníferas, caducifolios o mixtos (aunque en Mallorca y Menorca también ocupa maquias y zonas rocosas deforestadas), mientras que la garduña, menos arborícola, prefiere las zonas rocosas y abiertas, no siendo raro que entre en poblaciones pequeñas y ocupe edificios.

En Siberia y en Asia central vive la marta cebellina (*M. zibellina*), famosa desde hace siglos por su valiosa piel, mucho más fina y de color más oscuro que la de otras martas. En América del Norte el género está representado por la marta norteamericana (*M. americana*) y la de Pennant (*M. pennant*).

Géneros americanos. La fauna neotropical no cuenta con especies de este género, aunque sí con un mustélido que ocupa un nicho ecológico similar, la taira (*Eira barbara*), animal muy parecido en tamaño y aspecto a la marta de Pennant, aunque con el pelo más corto y liso. Se le encuentra desde México hasta el N de Argentina y es de un color pardo muy oscuro, casi negro, con la cabeza pardo clara y una mancha amarilla blanca en la garganta. Un género afín es el de los grisones (*Galictis*), que se extiende desde Yucatán hasta el sur de Argentina. Estos mustélidos son bastante más pequeños que la marta; de pelo corto y basto, presentan, como el ratel, las par-

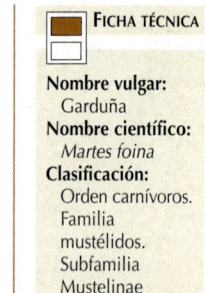

FICHA TÉCNICA

Nombre vulgar:
Garduña
Nombre científico:
Martes foina
Clasificación:
Orden carnívoros.
Familia mustélidos.
Subfamilia Mustelinae
Características:
LCC 40-54 cm;
P 1,1-2,3 kg;
G 230-275 d;
Nc 3-5
Distribución:
desde la península Ibérica y Dinamarca hasta Mongolia y el Himalaya

---

FICHA TÉCNICA

Nombre vulgar:
Huroncito patagónico
Nombre científico:
Lyncodon patagonicus
Clasificación:
Orden carnívoros.
Familia mudtélidos.
Subfamilia Mustelinae
Características:
LCC 30-35 cm
Distribución:
pampas de Argentina y Chile

Martes foina.

Lyncodon patagonicus.

tes superiores más claras que las inferiores. *Galictis* comprende de dos especies, el grisón propiamente dicho (*G. vittata*), que no se encuentra por encima de los 1 200 m, y el grisón pequeño (*G. cuja*), que suele vivir a mayores altitudes y tiene el dorso amarillento o pardusco en lugar de gris. Otro género sudamericano es *Lyncodon*, cuya única especie, *L. patagonicus* (huroncito patagónico), es propia de las pampas de Argentina y de Chile.

Género *Mustela*. Los mustélidos más pequeños constituyen el género *Mustela*, que se distingue por su cuerpo estrecho y alargado, y por su rostro muy corto. Las 17 especies de este género son animales esbeltos, de ágiles y graciosos movimientos.

En España está todavía bastante extendida la comadreja común (*M. nivalis*), que no mide más de 26 cm de longitud corporal y es el menor de los carnívoros. Esta especie se encuentra asimismo en el resto del Paleártico y en parte de Norteamérica, donde ocupa muchos tipos de hábitats, desde bosques, maquias y cultivos hasta dunas, marismas y prados alpinos, e incluso pueblos y algunas ciudades. Sus presas principales son los roedores, especialmente los topillos, a los que sigue dentro de sus madrigueras, pero también da caza a aves de pequeño tamaño, y come huevos, reptiles e invertebrados; también depreda lagomorfos jóvenes, y los machos de gran tamaño llegan a matar y devorar conejos adultos.

Otra especie que se encuentra en España es el armiño (*M. erminea*), algo mayor que la comadreja y con la cola más larga y terminada en un grueso pincel negro. Este mustélido es bien conocido por su pelaje invernal blanco, con el que se confeccionaban las togas y capas de reyes y altos magistrados —a excepción del extremo negro de la cola, que conserva durante todo el año—, que en verano adquiere una coloración dorsal parda similar a la de la comadreja. El armiño tiene una distribución holártica, aunque relativamente boreal, y en la península Ibérica sólo existe en los Pirineos y en el norte del Duero.

Bastante mayor que el armiño y con partes inferiores negras en vez de blancas es el turón europeo (*M. putorius*), mustélido propio de las zonas boscosas de Europa hasta los Urales. En la península Ibérica, el turón europeo muestra predilección por dos tipos de hábitat distintos: por un lado, los cursos y extensiones de agua y, por otro lado, los terrenos secos de bosque y matorral mediterráneo, en los que abunda el conejo, que es allí su presa principal. A veces se le captura en los corrales y granjas donde acude a comer ratas o pequeños animales domésticos. El hurón (*M. p. furo*) es la forma domesticada del turón europeo, aunque, según algunos zoólogos, podría tratarse de una subespecie del turón de la estepa (*M. eversmanni*), que habita en las estepas y semidesiertos de Europa oriental, Asia central, Mongolia y China.

El kolinski o visón de Siberia (*M. sibirica*) es un mustélido de piel muy estimada por su coloración invernal leonada brillante u ocre amarillenta casi uniforme, que solamente vive en Si-

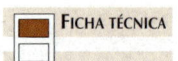

FICHA TÉCNICA

Nombre vulgar:
Turón europeo
Nombre científico:
Mustela putorius
Clasificación:
Orden carnívoros.
Familia mustélidos.
Subfamilia Mustelinae
Características:
LCC 20,5-46 cm;
P 0,2-1,7 kg;
G 42 d; Nc 3-7
Distribución:
bosques europeos hasta los Urales, excepto gran parte de Escandinavia

---

FICHA TÉCNICA

Nombre vulgar:
Hurón
Nombre científico:
Mustela putorius furo
Clasificación:
Orden carnívoros.
Familia mustélidos.
Subfamilia Mustelinae
Características:
LCC 20,5-46 cm;
P 0,2-1,7 kg;
G 42 d; Nc 3-7
Distribución:
prácticamente cosmopolita

Mustela putorius.

Mustela putorius furo.

beria y países vecinos. Similares a él son los dos visones propiamente dichos, de costumbres semiacuáticas; uno de ellos, el visón americano (*M. vison*), propio de América del Norte, proporciona las tan conocidas pieles de visón. Este animal es objeto de cría intensiva en numerosos países europeos, entre ellos España; los animales que se escapan constituyen poblaciones salvajes que están amenazando a algunas especies, como el desmán de los Pirineos o el visón europeo (*M. lutreola*).

Género *Gulo*. Junto a estos pequeños mustélidos se clasifica el gigante de la familia, el glotón (*G. gulo*), que por su aspecto y corpulencia recuerda a un pequeño oso. El glotón es un animal de gran tamaño —de 65 a 105 cm de longitud corporal, más la cola, de 17 a 26 cm—, muy robusto y con fuertes patas armadas de afiladas garras, cuyo largo y espeso pelaje es de color chocolate oscuro con algunas zonas más claras. Es una especie de distribución boreal que en Europa sólo se encuentra en partes de Escandinavia y del norte de Rusia, y en Norteamérica sobre todo en el O de Canadá, Montana y California. Vive en las zonas de tundra y de taiga y, dotado de una fuerza descomunal, no sólo consume carroña, huevos de aves, lémmings y bayas, sino también grandes herbívoros como renos, corzos y carneros monteses, a los que da caza sobre todo en invierno, cuando la nieve le permite correr a mayor velocidad que su presa.

Subfamilia *Lutrinae*
Las nutrias se caracterizan por su cuerpo deprimido y sus pies palmeados, que revelan sus hábitos anfibios. Una de las más conocidas es la nutria euroasiática (*Lutra lutra*), mustélido que, como sus siete congéneres, presenta una serie de rasgos —cabeza achatada, orejas minúsculas, patas cortas con los dedos unidos por membranas, cola larga y pelaje lustroso y apretado— que le permiten moverse en el agua con la flexibilidad y la destreza de un pez óseo. Esta nutria habita en casi toda Europa, al sur de la línea de la tundra, excepto en las islas del Mediterráneo, y en el norte de África. Sólo se la encuentra junto o cerca de ríos y lagunas, donde se aloja entre las raíces de grandes árboles próximos al agua o en cuevas abandonadas por zorros y tejones, siempre que no disten mucho de su elemento predilecto. Hábil nadadora, la nutria euroasiática busca en el agua a sus presas, consistentes en peces óseos, ranas, ratas de agua y alguna que otra ave acuática. Es un animal inteligente y muy juguetón, tanto o más que el tejón —aunque en este caso el juego comunitario preferido no es la pídola, sino el tobogán de nieve o de barro—, que sabe evitar los peligros, a lo que se debe, sin duda, que no esté extinguido.

En África y en el sur de Asia existen numerosas especies de nutrias, entre ellas las tres especies del género *Aonyx* o nutrias sin uñas, que, a diferencia de las del género *Lutra*, sostienen siempre la comida con las manos. En América, una de las especies más notables es la nutria marina (*Enhydra lutris*), que vive en el golfo de Alaska y la costa norteamericana del Pacífi-

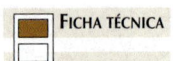

FICHA TÉCNICA

Nombre vulgar:
Visón americano
Nombre científico:
Mustela vison
Clasificación:
Orden carnívoros.
Familia mustélidos.
Subfamilia Mustelinae
Características:
LCC 30-43 cm;
P 0,79-2,31 kg;
G 39-78 d;
Ncm 5
Distribución:
Alaska, Canadá y EEUU excepto parte del SO; introducido en Europa, y CEI asiática.

FICHA TÉCNICA

Nombre vulgar:
Nutria euroasiática
Nombre científico:
Lutra lutra
Clasificación:
Orden carnívoros.
Familia mustélidos.
Subfamilia Lutrinae
Características:
LCC 53-86 cm;
P 3-14 kg;
G 60-63 d;
Nc 2-3
Distribución:
Paleártico al S de la línea de tundra, excepto islas del Mediterráneo, N de África y SE de Asia

Mustela vison.

Lutra lutra.

co, además de las las Kuriles y las Aleutianas, y que es notable por su gran inteligencia y por su capacidad de utilizar herramientas (piedras de diversas formas) para abrir los erizos y moluscos bivalvos de los que se nutre. Su subespecie meridional (*E. l. nereis*) estuvo a punto de extinguirse a causa de la activa persecución de que fue objeto por su codiciado pelaje durante más de dos siglos. En 1938, cuando parecía que la especie había dejado de existir, se descubrió una pequeña colonia frente a los acantilados de Big Sur (California); gracias al refuerzo de la protección oficial que se había otorgado a la especie en 1911, y a una serie de iniciativas posteriores de protección, esta subespecie volvió a colonizar las aguas costeras del centro de California, aunque no el resto de su área de distribución original (desde el sur de Alaska hasta el norte de Baja California).

En América del Sur se encuentran varias especies de nutrias, entre las que destacan la nutria marina sudamericana (*Lutra felina*), que vive en las costas e islas rocosas de Chile y de Perú; la nutria fluvial del Sur (*L. provocax*), de Chile y sur de Argentina y también vulnerable; la nutria fluvial neotropical (*L. longicaudis*), cuya área se extiende desde México hasta Uruguay; y la nutria gigante (*Pteronura brasiliensis*), de las cuencas del Amazonas y de otros ríos tropicales sudamericanos, muy notable por sus grandes dimensiones (hasta 2,4 m de longitud total, incluida la cola de 1 m, y 34 kg de peso), por su estructura corporal, similar a la de las focas, y por su cola aplanada dorsoventralmente, que le permiten nadar con gran destreza entre los árboles anegados de la varzea, en persecución de los grandes peces gatos de los que se alimenta. Por desgracia, esta especie está amenazada en gran parte de su área debido a la caza furtiva de la que todavía es objeto hoy día.

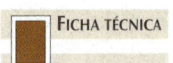

FICHA TÉCNICA

Nombre vulgar:
Suricata o meerkat
Nombre científico:
Suricatta suricatta
Clasificación:
Orden carnívoros.
Familia vivérridos.
Subfamilia Herpestinae
Características:
LCC 25-35 cm;
P 620-970 g;
G 75-77 d; Nc 4
Distribución:
SO de Angola, Namibia, Sudáfrica y Botswana

FAMILIA VIVÉRRIDOS

En las regiones cálidas del Viejo mundo se encuentran unos carnívoros de tamaño similar a los mustélidos y no muy distintos de éstos en costumbres, aunque presentan notables diferencias, sobre todo en la forma del cráneo, pues tienen el rostro más prolongado y la caja cerebral más estrecha. Estos animales son los vivérridos, un grupo de carnívoros bastante numeroso (71 especies y 36 géneros) que suele clasificarse en sus siete subfamilias. Éstas son: *Viverrinae*, que comprende a las civetas verdaderas, los linsangs y las jinetas; *Paradoxurinae* o civetas de palmera; *Hemigalinae,* que comprende a las civetas de palmera rayadas y a las civetas nutria; *Fossinae*, cuyas únicas especies son el euplero de Goudot (*Eupleres goudotii*), y la civeta de Madagascar (*Fossa fossa*); *Cryptoproctinae*, cuya única especie es la fosa (*Cryptoprocta ferox*), el mayor depredador nativo de Madagascar; *Herpestinae*, que engloba a las mangostas africanas y asiáticas; y *Galidiinae*, que incluye a las mangostas de Madagascar.

Los vivérridos varían mucho en forma, tamaño, costumbres y andadura (desde los completamente digitígrados hasta los casi plantígrados). La mayoría de las civetas y jinetas recuer-

Suricatta suricatta.

dan a félidos manchados con el hocico largo, las orejas puntiagudas, el cuerpo largo y sinuoso, las orejas puntiagudas y las patas cortas. Las excepciones más notables a este patrón común son el binturong (*Arctitctis binturong*), del sur de Asia, Sumatra, Java, Borneo y Palawan, que recuerda a un glotón con cara de gato y tiene la cola prensil como el kinkajú; otros miembros de la subfamilia Paradoxurinae que tienen un pelaje monocromo (*Paguma, Macrogalidia*) o escasamente moteado (*Arctogalidia, Paradoxurus*); la civeta nutria (*Cynogale benetti*), que parece una nutria con el hocico largo y cuadrado y que tiene costumbres similares a este tipo de mustélidos.

Las mangostas se diferencian de otros vivérridos por sus garras no retráctiles y por sus orejas redondeadas y pequeñas, dispuestas lateralmente. También difieren por sus costumbres, porque así como las civetas suelen ser solitarias, nocturnas y arborícolas, las mangostas son sólo terrestres, no todas son nocturnas y algunas, como la mangosta rayada (*Mungo mungo*) y la mangosta enana (*Helogale parvula*) del África subsahariana poseen un sistema social muy desarrollado y complejo. Una de la mangostas sociales más conocidas es el suricata o meerkat (*Suricatta suricatta*), de Angola, Namibia, Sudáfrica y Botswana. Recientemente, este pequeño carnívoro ha protagonizado numerosos documentales debido a la peculiar postura, casi humana, que adoptan sus individuos mientras vigilan en grupo las inmediaciones de sus madrigueras en los desiertos del Kalahari o del Namib. Al igual que las mangostas rayadas, que incluso llegan a rescatar a sus semejantes de las garras de los depredadores, los suricatas se agrupan con frecuencia para ahuyentar a sus enemigos potenciales.

La capacidad de defensa de otras mangostas es bien conocida por los encantadores de serpientes, que utilizan a las del género *Herpestes* para entablar vistosos duelos con las cobras. Una especie de este género, el meloncillo (*H. ichneumon*), no sólo se encuentra en casi toda África, excepto el Sahara y las regiones más boscosas, sino también en Asia Menor, Israel y el sur de la península Ibérica, donde actúa como depredador en el matorral y en otros ecosistemas mediterráneos.

Otro vivérrido propio de las faunas africana, arábiga e ibérica, así como de la mitad sur de Francia, es la jineta común (*Genetta genetta*), carnívoro bastante abundante en muchos ecosistemas, incluidos los de alta montaña, pero difícil de observar por sus hábitos nocturnos y esquivos. Además de la común, existen nueve especies pertenecientes al mismo género, y otra, la jineta acuática, un vivérrido de la cuenca del Congo, muy raro y casi desconocido, que pertenece al género *Osbornictis*; todas ellas son exclusivas de la región etiópica.

Las civetas verdaderas —Civettictis civetta de África subsahariana, *Viverricula indica* y las tres especies de Viverra de la fauna indomalaya— no se hallan tan diversificadas, pero resultan, en cambio, muy interesantes debido al aceite que desprenden sus glándulas odoríferas. Una vez refinado y separado de los componentes nauseabundos, este aceite se transforma en civeta o algalia, un perfume que fue apreciadí-

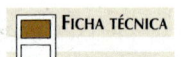

FICHA TÉCNICA

Nombre vulgar:
Jineta común
Nombre científico:
Genetta genetta
Clasificación:
Orden carnívoros.
Familia vivérridos.
Subfamilia
Viverrinae
Características:
LCC 44-54 cm;
P 1,2-2 kg;
G 56-77 d;
Nc 2-3
Distribución:
Península Ibérica,
Baleares,
S Francia,
SO península
Arábiga,
NO África,
sabanas en África
subsahariana

FICHA TÉCNICA

Nombre vulgar:
Fosa
Nombre científico:
Cryptoprocta ferox
Clasificación:
Orden carnívoros.
Familia vivérridos.
Subfamilia
Cryptoproctinae
Características:
LCC 61-80 cm;
P 7-12 kg; G 3 m;
Nc 2
Distribución:
Madagascar

Genetta genetta.

Cryptroprocta ferox.

simo durante siglos y considerado todavía hoy como el mejor fijador de perfume conocido después del almizcle.

Desde el punto de vista zoológico, no obstante, los vivérridos más interesantes son, sin duda alguna, los tres componentes de las subfamilias uniespecíficas de Madagascar. Dos de estas tres especies, en efecto, ocupan en la gran isla del Índico los nichos ecológicos que en otras regiones corresponderían a otras familias o subfamilias de carnívoros, de ahí que, por un proceso de convergencia evolutiva, adquirieran algunos de los rasgos morfológicos y anatómicos de estos últimos. Así, la fosa (*Cryptoprocta ferox*), que en Madagascar ocupa el nicho de los felinos medianos y es capaz de perseguir lemúridos de gran tamaño por los árboles, tiene unos grandes ojos frontales, unas mandíbulas cortas y unas orejas redondeadas más propias de estos últimos que de los vivérridos. Así mismo, la civeta de Madagascar (*Fossa fossa*), que se alimenta de modo oportunista de una gran variedad de pequeñas presas terrestres y que muestra una estructura y un modo de andar muy parecido al de los zorros. La tercera rareza de Madagascar, el euplero de Goudot (*Eupleres goudotii*), es similar a una mangosta por su cuerpo y morro ahusados, pero tiene garras no retráctiles y se alimenta casi exclusivamente de invertebrados terrestres. Desgraciadamente, estas tres especies se han convertido en vulnerables debido a la caza excesiva y la destrucción de sus hábitats.

FAMILIA HIÉNIDOS

Esta familia comprende tres géneros y cuatro especies: las hienas rayadas (*Hyaena*), la hiena manchada (*Crocuta*) y el proteles (*Proteles*). Todas ellas viven en espacios más bien abiertos, por donde se desplazan con un andar digitígrado o trotando de un lugar a otro aparentemente sin esfuerzo. En los tiempos prehistóricos, había hienas en Europa, entre ellas la de las cavernas, cuyo tamaño doblaba al de las grandes hienas actuales, pero hoy sólo existen en África y en el suroeste de Asia, incluidos la India, el Cáucaso y el Turquestán.

Género *Hyaena*. Este género comprende dos especies. Una de ellas es la hiena rayada (*H. hyaena*) del suroeste de Asia y el norte y este de África. Esencialmente nocturna como todos los hiénidos, la hiena rayada no sale nunca de su guarida mientras brilla la luz del sol. Si puede apoderarse de un cordero o de una cabra, no deja de hacerlo, pero es más frecuente que se nutra de carroñas, así como de insectos, pequeños vertebrados y huevos de ave. Junto con las frutas y los vegetales, que son una fuente importante de agua, estas pequeñas presas constituyen una buena parte de su dieta.

La segunda especie del género es la hiena parda (*H. brunnea*), propia de África meridional, que es de color más oscuro y con la crin muy larga y negra. Como su congénere la hiena rayada, la parda consume un gran número de invertebrados y de vertebrados pequeños, a los que suele perseguir mediante el olfato, del mismo modo que olisquea las carroñas. Además de los olores, tanto a la hiena parda como a la rayada les

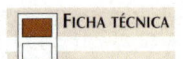

FICHA TÉCNICA

Nombre vulgar:
Meloncillo
Nombre científico:
Herpestes ichneumon
Clasificación:
Orden carnívoros.
Familia vivérridos.
Subfamilia Viverrinae
Características:
LCCm 57 cm;
Pm 3,6 kg;
G 84 d; Nc 1-4
Distribución:
África excepto Sahara y regiones boscosas; Asia Menor, Palestina y S península Ibérica

---

FICHA TÉCNICA

Nombre vulgar:
Hiena rayada
Nombre científico:
Hyaena hyaena
Clasificación:
Orden carnívoros.
Familia hiénidos
Características:
LCC 1-1,19 m;
P 25-55 kg;
G 88-92 d;
Nc 1-5
Distribución:
N y E África

Herpestes ichneumon.

Hyaena hyaena.

atraen los sonidos que producen otros depredadores y sus presas moribundas; las hienas esperan entonces con paciencia para apoderarse de los restos y a veces, cuando se alimentan en grupo, son capaces de ahuyentar al dueño de la presa. Algunas poblaciones viven en las costas, donde devoran los restos de peces y otros animales marinos que dejan las olas. Una parte importante de la población de esta especie que la UICN considera vulnerable habita en el desierto del Kalahari, donde forma «clanes» o grupos jerarquizados pero, bastante abiertos, de 7 a 11 adultos y su joven progenie.

Género *Crocuta*. La hiena manchada (*C. crocuta*), también de la fauna etiópica, aunque con un área más extensa que la rayada, es más corpulenta que ésta, tiene la crin y las orejas más cortas, y un pelaje moteado. Es social y vive en clanes de hasta 80 individuos, generalmente divididos en pequeñas manadas de caza e individuos solos, pero cuyos componentes se reconocen mutuamente y comparten el mismo territorio. Tanto en los clanes como en sus subgrupos, las hembras dominan a los machos y están fuertemente masculinizadas, hasta el punto de que su clítoris es tan semejante al pene de los machos, y sus labios vaginales al escroto de éstos, que ambos sexos resultan indistinguibles en el campo. Contrariamente a una opinión muy extendida, la hiena manchada no sólo se alimenta de carroña. Aunque, como las dos especies anteriores, es un carroñero notable, capaz de digerir despojos y restos que ningún otro mamífero ingeriría, su habilidad para la caza es tan impresionante o más que su forma de aprovechar dichos restos. Una sola hiena es capaz de abatir a un ñu de 170 kg después de perseguirlo durante 5 km a una velocidad que a veces alcanza los 60 km/h y, cuando se juntan varios individuos, abaten y devoran cebras adultas en cuestión de minutos. En algunas ocasiones, cuando el momento es propicio, las manadas de hienas manchadas no dudan en usurparles sus presas a los leones. Por lo general, sin embargo, sucede justo lo contrario: los verdaderos cazadores son las hienas y los leones se dedican a piratearlas.

Género *Proteles*. La cuarta especie de la familia hiénidos es el proteles o lobo de tierra (*P. cristatus*), que no es carroñero y se alimenta de insectos, sobre todo de termitas, a las que captura con su lengua larga, móvil y cubierta de una saliva pegajosa. El proteles es exclusivamente africano y, a diferencia de las otras hienas, tiene cinco dedos en sus pies anteriores. Pese a su escasa corpulencia (14 kg como máximo), es capaz de plantar cara a una jauría de perros, no sólo gracias a sus glándulas anales, sino también luchando con sus formidables dientes caninos.

FAMILIA FÉLIDOS

Se compone de cuatro géneros y 37 especies. Son los carnívoros por excelencia, los más especializados, llamados gatos en el lenguaje corriente. Se trata de animales ágiles y musculo-

---

FICHA TÉCNICA

Nombre vulgar:
Hiena manchada
Nombre científico:
Crocuta crocuta
Clasificación:
Orden carnívoros.
Familia hiénidos
Características:
LCC 0,95-1,66 m; P 40-86 kg; G 110 d; Nc 2
Distribución:
discontinua en África subsahariana excepto en zonas de pluvisilva ecuatorial

---

FICHA TÉCNICA

Nombre vulgar:
Proteles
Nombre científico:
Proteles cristatus
Clasificación:
Orden carnívoros.
Familia hiénidos
Características:
LCC 55-80 cm; P 9-14 kg; G 90-110 d; Nc 2-3
Distribución:
del S Egipto a Tanzania, y del S Angola a El Cabo

Crocuta crocuta.

Proteles cristatus.

sos, con la cabeza redondeada, el hocico corto y las extremidades digitígradas, las anteriores con cinco dedos y las posteriores con cuatro. Algunos de estos caracteres también los poseen los cánidos, pero los félidos difieren de éstos no sólo por la forma más redondeada del cráneo, sino también por su dentadura, con un solo molar en cada hemimandíbula, dos premolares en la hemandíbula inferior y tres en la superior, a excepción de los félidos del género *Lynx* (linces) y gato de *Pallas*, que sólo tienen dos. Además, si se exceptúa el guepardo, en todos los félidos las garras son retráctiles (lo que evita que se desafilen), grandes y con una fuerte curvatura que ayuda a sostener la presa.

Así como los cánidos están adaptados para correr, los félidos lo están para saltar y para caer de improviso sobre sus víctimas, a las que acechan o recechan y capturan por sorpresa. Todos o casi todos son nocturnos y sus ojos poseen una pupila que, ante la luz del sol, se contrae en un punto o en una línea muy estrecha; como en muchos otros mamíferos nocturnos, el fondo del ojo de los félidos está cubierto de una membrana denominada *tapetum lucidum* («tapiz lúcido»), de superficie muy brillante; cuando la pupila se dilata en la oscuridad, el menor rayo luminoso que penetra por ella es reflejado y produce un fulgor de color verdoso, amarillo o rojizo.

Esta familia tiene una distribución natural cosmpolita, a excepción de las Antillas, Madagascar, Filipinas y la región australiana. Las distintas especies se reparten en tres grupos. Por un lado está el guepardo, cuyas uñas semirretráctiles recuerdan a las de los cánidos, y por el otro, los demás gatos que poseen uñas retráctiles. Dentro de estos últimos, cabe separar a los félidos maulladores de los félidos rugidores, ya que la diferencia de voz corresponde a una notable diferencia anatómica. En los félidos que maúllan, el hioides o hueso de la garganta (el que en el hombre se manifiesta exteriormente en la nuez) se articula de manera directa con el cráneo, mientras que en los félidos que rugen dicho hueso se halla suspendido por medio de dos ligamentos elásticos. A causa de la estructura de su hioides, los félidos rugidores no sólo no pueden maullar sino que tampoco ronroenan.

Género *Felis*

Gato doméstico. Todos los félidos que rugen son animales de gran tamaño, en tanto que los que maúllan suelen ser especies pequeñas. De éstos, el más conocido es el gato doméstico (*Felis catus*). Se ha discutido mucho acerca del origen de este animal. Buffon, que lo describe de manera poco halagüeña, lo consideraba descendiente del gato montés europeo (*F. silvestris silvestris*), hipótesis que luego se abandonó en favor de otra que postula que es originario de Egipto y tiene su antecesor silvestre en el gato montés africano (*F. s. lybica*). Esta hipótesis todavía se mantiene hoy y se supone que su domesticación, que se produjo hace unos 4 000 años, tuvo probablemente un origen religioso, ya que este animal era objeto de un apasionado culto en el antiguo Egipto.

FICHA TÉCNICA

Nombre vulgar:
Gato doméstico
Nombre científico:
Felis catus
Clasificación:
Orden carnívoros.
Familia félidos
Características:
LCCm 46 cm;
Pm 4 kg;
Gm 65 d; Ncm 4
Distribución:
cosmopolita

FICHA TÉCNICA

Nombre vulgar:
Gato montés
euroasiático
Nombre científico:
*Felis silvestris
silvestris*
Clasificación:
Orden carnívoros.
Familia félidos
Características:
LCC 50-75 cm;
P 3-8 kg;
Gm 66 d; Ncm 4
Distribución:
la península
Ibérica hasta
China y
C de India

Felis catus.

Felis silvestris silvestris.

Gato montés. No son raros los gatos domésticos que huyen del hogar y que, al reproducirse en la naturaleza, forman poblaciones asilvestradas. Pero no hay que confundir a estos gatos cimarrones con el verdadero gato montés (*F. s. silvestris*), que es mayor y más robusto, con la cola muy gruesa, casi en forma de maza. Esta subespecie se distribuye por toda Europa y Asia hasta la India y China, donde todavía abunda en algunos parajes boscosos o de vegetación densa.

El gato montés es un animal solitario que establece su guarida en árboles huecos, grietas rocosas y espesuras. Es principalmente arborícola y caza al acecho roedores, otros mamíferos pequeños y, en menor medida, aves, reptiles e insectos. No está propiamente amenazado, pero muchas de sus poblaciones padecen de un grave problema de contaminación genética porque se hibridan con gatos domésticos.

Gatos africanos. En África, la subespecie nominal del gato montés es sustituida por el gato montés africano (*F. s. lybica*), una subespecie antes considerada especie que puebla casi todo el continente, excepto la gran selva ecuatorial.

Otras especies de gatos africanos son el gato dorado (*F. aurata*), que habita en África tropical desde Senegal hasta Kenia y norte de Angola, y el serval (*F. serval*), elegante félido de patas largas, orejas grandes y redondeadas, cola corta y piel moteada, que vive o vivía en las zonas de sabana de gran parte de África. Esta última especie prefiere las zonas ricas en agua, donde abundan las aves y sobre todo los roedores de los que se alimenta; su piel es muy apreciada y ello le ha convertido en una especie rara.

Gatos asiáticos. El género *Felis* está especialmente diversificado en Asia. Una de las especies más curiosas por su cabeza ancha y aplanada, por su pupila, que se contrae en forma de círculo, y por su abundante pelaje, con los pelos del vientre dos veces más largos que en el dorso y costados, es el gato de Pallas (*F. manul*). Este félido vive en las estepas, desiertos y laderas rocosas de Asia central, desde Irán hasta el SE de Siberia y el Tíbet, donde su extraño pelaje le aísla de la nieve y del suelo helado, y se alimenta sobre todo de roedores y pikas. Otra especie notable es el gato pescador (*F. viverrina*), que vive en el sur de Asia, desde Pakistán hasta Indochina, Sumatra y Java. Este gato habita en manglares, espesuras pantanosas y junto a arroyos con densa vegetación, donde se alimenta de moluscos, crustáceos, serpientes y sobre todo peces que captura con destreza, utilizando una de sus patas delanteras como un cucharón. Otras especies asiáticas son el gato de Borneo (*F. badia*), que sólo se encuentra en esta isla; el vulnerable gato dorado asiático (*F. temmincki*); el gato de la jungla (*F. chaus*), propio de los bosques y espesuras desde Egipto hasta el delta del Volga, Sri Lanka e Indochina; el raro gato de cabeza plana (*F. planiceps*), que frecuenta las espesuras ribereñas de Borneo, Sumatra y Malaysia peninsular; y el amenazado gato de Iiriomote (*F. liriomotensis*) de la isla homónima en el archipiélago japonés de Ryukyu.

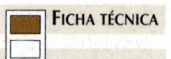

FICHA TÉCNICA

Nombre vulgar: Serval
Nombre científico: *Felis serval*
Clasificación: Orden carnívoros. Familia félidos
Características: LCC 67-100 cm; P 8,7-18 kg; Gm 74 d; Nc 1-4
Distribución: Marruecos, Argelia y la mayor parte de África subsahariana

---

FICHA TÉCNICA

Nombre vulgar: Gato dorado asiático
Nombre científico: *Felis temmincki*
Clasificación: Orden carnívoros. Familia félidos
Características: LCC 73-105 cm; P 12-15 kg; G 95 d; Nc 1-2
Distribución: desde el Tíbet y Nepal hasta el SE de China, la península Malaya y Sumatra

Felis serval.

Felis temmincki.

Gatos americanos. El Nuevo Mundo posee también varios gatos silvestres, muy distintos entre sí. El tigrillo (*F. tigrina*), por ejemplo, es un félido más bien pequeño, de larga cola y pelaje con manchas oceladas, mientras que el gato de las pampas (*F. colocolo*) tiene la cola corta y bandas oblicuas en los flancos, y el gato de Geoffroy (*F. geoffroyi*) está cubierto de numerosas manchas pequeñas y negras. La primera de estas especies habita en los bosques de América tropical, desde Costa Rica hasta el norte de Argentina, en tanto que las otras dos viven en bosques y espesuras de zonas más frías: el gato de Geoffroy, en las tierras arboladas y espesuras de montaña y de tierras bajas frías, desde Bolivia hasta la Patagonia; y el gato de las pampas sobre todo en herbazales, pero también en bosques húmedos de montaña o de tierras australes, desde Ecuador hasta el sur de Argentina. La primera de estas tres especies también ha sido la más perseguida por la belleza de su pelaje, y hoy está considerada como vulnerable por la UICN.

Otras especies que la UICN (Unión Internacional para la Conservación de la Naturaleza) considera vulnerables son el ocelote y el margay. El ocelote (*F. pardalis*) es un gato bastante grande —hasta 1 m de longitud, sin contar los 45 cm de cola— que ocupa una amplia variedad de hábitats, desde la selva húmeda de América tropical hasta las zonas de matorral seco de Arizona y Texas. Suele ser nocturno y principalmente terrestre pero trepa, salta y nada con destreza. Se alimenta de una amplia gama de presas —roedores, conejos, jóvenes ciervos y pecaríes, aves, serpientes y peces— pero, a pesar de su gran tolerancia ecológica, la mayoría de sus poblaciones han declinado drásticamente debido a la persecución humana y a la destrucción de sus hábitats.

El margay (*F. wiedii*) es más pequeño —entre 45 y 70 cm de longitud corporal, más la cola, de 35 a 50—, vive o vivía en los bosques y en las zonas de monte bajo de casi toda América tropical y, como el ocelote, es muy apreciado en peletería por su piel muy vistosa. El margay es el más acrobático de los félidos: capaz de descender al galope de los árboles con la cabeza por delante, también trepa sin esfuerzo y salta de una rama a otra con gran agilidad. Sus pies anchos y lisos, con metatarsos móviles, especialmente los posteriores, que pueden girar 180°, le permiten todas estas proezas.

El futuro de todas estas especies moteadas, todavía muy perseguidas por su piel, no parece muy halagador, a menos que se impongan medidas muy pronto. Por desgracia, tampoco está claro el futuro de otras que tienen un pelaje menos vistoso, como, por ejemplo, el gato de Geoffroy, del que cada año se abaten más de 20 000 ejemplares y cuya piel se comercializa con el nombre algo engañoso de gato-tigre.

Una especie americana muy interesante es el jaguarundi (*F. yagouarundi*), descubierto en las orillas del Río de la Plata por Azara y cuya área se extiende hacia el norte hasta México y Texas. Su nombre específico deriva del guaraní y significa «gato-lagarto», lo que alude a sus patas muy cortas y a su cuerpo muy largo. Pero lo más curioso de este gato es que ofrece dos fases de color diferentes, siendo algunos ejempla-

FICHA TÉCNICA

Nombre vulgar:
Tigrillo
Nombre científico:
Felis tigrina
Clasificación:
Orden carnívoros.
Familia félidos
Características:
LCC 40-55 cm;
Pm 1,75 kg-2,75 kg; G 74-76 d;
Nc 1-2
Distribución:
de Costa Rica
al N Argentina

FICHA TÉCNICA

Nombre vulgar:
Margay
Nombre científico:
Felis wiedii
Clasificación:
Orden carnívoros.
Familia félidos
Características:
LCC 46-79 cm;
Nc 1-2
Distribución:
del N México
al N Argentina
y Uruguay

FICHA TÉCNICA

Nombre vulgar:
Ocelote
Nombre científico:
Felis pardalis
Clasificación:
Orden carnívoros.
Familia félidos
Características:
LCC 55-100 cm;
P 11,3-15,8 kg;
G 70 d; Nc 2
Distribución:
de Arizona y
Texas (EE UU)
al N Argentina

Felis tigrina.

Felis wiedii.

Felis pardalis.

res leonado-rojizos y otros grises oscuros, lo que hizo creer durante mucho tiempo que se trataba de dos especies distintas. Aunque es principalmente terrestre, el jaguarundi trepa ágilmente a los árboles para perseguir a los monos; sus presas más frecuentes son, sin embargo, conejos, roedores y pequeñas aves.

Linces (género *Felis*, subgéneros *Lynx* y *Caracal*). Los linces se distinguen externamente de las demás especies de *Felis* por tener la cola más corta y las orejas adornadas con un característico pincel de pelos largos.

El nombre que aparece entre corchetes alude a una opinión compartida por algunos zoológos según la cual los linces, excepto el caracal (ver la ficha), deberían clasificarse en un género aparte: *Lynx*. En esta obra, no obstante, consideramos que pertenecen al género *Felis*, si bien a un subgénero distinto del de otros gatos. Aunque el género Felis comprende varios otros subgéneros, para simplificar sólo se mencionan aquí *Lynx*, *Puma* y *Caracal*.

Uno de los miembros más interesantes de este grupo, por ser el único gran felino de la fauna mediterránea, es el lince ibérico (*Felis [Lynx] pardina*). Hace unos cincuenta años, esta especie todavía era omnipresente en los montes de la mitad sur de la península Ibérica, pero a finales de los años 1970, se convirtió en el carnívoro más amenazado de Europa según la UICN y desde entonces figura en el Libro Rojo de los animales en peligro de extinción. Según un estudio realizado por los zoólogos A. Rodríguez y M. Delibes, y publicado en 1990 por Icona-MAPA, en España sólo quedaban unos 1 100 ejemplares repartidos por una decena de poblaciones aisladas entre sí, que se compartimentaban de forma acelerada. Las causas principales de esta situación eran: la caza, directa o indirecta; la destrucción de los hábitats; y las enfermedades que afectan a la población de conejos, sus principales presas. Especialmente graves son los efectos de la caza, no ya directa como en las esquilmadoras monterías de hace unas décadas, sino por el impacto de los cepos contra los conejos o contra esta categoría tan absurda como anticuada de las llamadas «alimañas».

Antaño, el lince ibérico actuaba como controlador de las poblaciones de ciertos depredadores, en especial de los zorros que hoy tanto abundan, pero en la actualidad sólo se encuentra en unos pocos macizos montañosos y en el delta del Guadalquivir, y su papel como superdepredador en el bioma mediterráneo es obviamente mínimo.

Otras especies de este grupo son el lince boreal (*Felis [Lynx] lynx*), que habita en casi toda Eurasia templada y fría, Alaska, Canadá y norte de Estados Unidos, y el lince rojo (*Felis [Lynx] rufus*), algo menor que aquél y de pelaje más rojizo, distribuido desde Canadá hasta el centro de México. Ambas especies se alimentan de liebres (de liebres árticas el boreal y de liebres americanas el rojo), conejos, roedores y pequeños ungulados; a veces, se atreven incluso con ciervos y otros ungulados de gran tamaño, y algunas poblaciones de

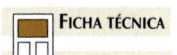

FICHA TÉCNICA

Nombre vulgar: Lince ibérico
Nombre científico: *Felis [Lynx] pardina*
Clasificación: Orden carnívoros. Familia félidos
Características: LCC 85-110 cm; G 63-73 d; Nc 2-3
Distribución: Sierra Morena, Montes de Toledo y delta del Guadalquivir (España)

FICHA TÉCNICA

Nombre vulgar: Lince caracal
Nombre científico: *Felis [Caracal] caracal*
Clasificación: Orden carnívoros. Familia félidos
Características: LCCm 60 cm; P 16-19 kg; G 60-64 d; Nc 2-4
Distribución: África subsahariana; N África; Próximo Oriente; costa Índico y Bangladesh por S

FICHA TÉCNICA

Nombre vulgar: Lince rojo
Nombre científico: *Felis [Lynx] rufus*
Clasificación: Orden carnívoros. Familia félidos
Características: LCC 0,65-1,05 m; P 4,1-15,3 kg; G 60-70 d; Nc 3
Distribución: desde Canadá hasta el C de México

Felis [Lynx] pardina.

Felis [Caracal] caracal.

Felis [Lynx] rufus.

ambos linces llegan a hacer de estas presas su principal alimento invernal.

Puma (género *Felis*, subgénero *Puma*). El puma (*Felis [Puma] concolor*) es el mayor de todos los félidos no rugidores. Su carácter más notable consiste en la coloración uniforme del pelaje en el adulto, mientras que los individuos muy jóvenes presentan manchas oscuras, que luego desaparecen.

El puma es el mamífero salvaje americano de distribución geográfica más extensa. Se le encuentra tanto en las escabrosidades de las Montañas Rocosas como en las pampas de Argentina o en las espesas selvas del Amazonas. Es un animal ágil, vigoroso y extremadamente adaptable, que con la misma facilidad persigue sobre el ramaje de los árboles a los diestros monos americanos que se lanza a grandes saltos sobre los venados, los guanacos o los ñandúes.

Para encaramarse a los árboles, el puma a veces da saltos de hasta 5,5 m desde el suelo. Esta capacidad para el salto le es de gran utilidad para abatir a sus víctimas, ya que no utiliza el acecho, sino un deambular silencioso y atento que precede a un sigiloso rececho; cuando llega a unos pocos metros de la presa, salta sobre su dorso, matándola en el acto con un zarpazo lateral en las vértebras cervicales o un mordisco en la carótida. Una vez muerta la presa, el puma la arrastra hasta un refugio seguro, donde la devora parcialmente. Acto seguido, cubre el cadáver con hojas y ramas para poder consumirlo en comidas sucesivas.

Aunque el puma caza animales tan diversos como liebres, castores y ursones (América del Norte), o zarigüeyas, agutíes y pacas (América tropical), éstas no son sus presas principales. En todos los lugares en los que no debe competir con el jaguar, muestra una gran preferencia por los cérvidos, un recurso alimentario que en el Nuevo Mundo presenta formas y tamaños muy variados, desde los enormes wapitís de la región neártica hasta los diminutos pudús del cono sur.

Tras 90 a 96 días de gestación, la hembra pare de 1 a 6 cachorros, generalmente de 3 a 4. Las jóvenes hembras alcanzarán la madurez hacia los dos años y medio de edad y los machos después de los tres. Pasada esta edad, vivirán en solitario hasta el breve período de formación de la pareja, que nunca se extiende más allá de la fecundación.

Género *Panthera*
León. El león (*Panthera leo*) es bien conocido por el acentuado dimorfismo sexual que se manifiesta en la gran diferencia de tamaño entre ambos sexos, así como en la melena que lucen los machos adultos.

En épocas pasadas, el reino de este animal se extendía por el sur y el centro de Asia, por casi toda África y por el este de Europa. En tiempos de Aristóteles (siglo IV a.C.) incluso podía oírse el rugido de los leones en las puertas de Atenas, y tres siglos después, cuando estos animales ya habían desaparecido de Europa, los romanos continuaban importándolos en gran

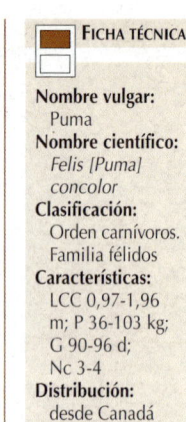

FICHA TÉCNICA

Nombre vulgar:
Puma
Nombre científico:
Felis [Puma] concolor
Clasificación:
Orden carnívoros.
Familia félidos
Características:
LCC 0,97-1,96 m; P 36-103 kg; G 90-96 d; Nc 3-4
Distribución:
desde Canadá hasta el S del continente americano

FICHA TÉCNICA

Nombre vulgar:
León
Nombre científico:
Panthera leo
Clasificación:
Orden carnívoros.
Familia félidos
Características:
LCC 1,4-2,5 m; P 120-250 kg; G 100-119 d; Nc 3-4
Distribución:
África subsahariana y bosque de Gir en Gujarat (India)

Felis [Puma] concolor.

Panthera leo.

número del norte de África. Pero la progresiva roturación de las tierras, la desaparición de los grandes herbívoros y la persecución directa fueron expulsando al león de zonas cada vez más amplias, hasta acantonarlo finalmente en los grandes parques y reservas del África subsahariana (y una pequeña población en el oeste de la India).

Contrariamente a otros felinos que cazan en solitario presas relativamente pequeñas, este carnívoro se alimenta de ungulados medianos y grandes —gacelas, impalas, topis, ñúes, cebras y, en ocasiones, búfalos, crías de elefante y jirafas—, a los que suele cazar en grupo. Estas presas son especialmente abundantes en las sabanas y en otros ambientes abiertos y únicamente cuando escasean o emigran debido a la sequía, los leones se adentran en los bosques de galería para dar caza a los facoceros, diks-diks y pequeños roedores que abundan allí. Otras presas en épocas de escasez o de sequía son aves, serpientes e incluso cocodrilos, no siendo desdeñable el consumo de animales muertos por enfermedad o abatidos por leopardos, guepardos y hienas manchadas. En el Serengeti de Tanzania, las leonas cazan el 80-90 por ciento de las presas, mientras que los machos se alimentan sobre todo de presas arrebatadas a aquéllas (75 %) y a otros carnívoros (12 %), siendo únicamente del 13 por ciento las presas que abaten ellos mismos. En otras zonas, como el Savuti de Botswana, el porcentaje de presas abatidas por los machos no es mucho menor que el de las hembras.

Los leones del Savuti también tienen la particularidad de atacar presas tan peligrosas como búfalos cafres, jóvenes elefantes e incluso grandes hipopótamos, y es posible que la relativa impunidad de que gozan estos leones se deba a su preferencia a cazar las noches sin luna.

El león es el único félido que vive en grupos sociales, lo que probablemente obedece a la necesidad de cazar en cooperación. La manada, que es el grupo social más frecuente, se compone de uno a seis machos adultos, de cuatro a doce hembras adultas y de sus crías. Las leonas están todas emparentadas entre sí y, contrariamente a los machos, suelen permanecer en la misma manada durante toda su vida. La reproducción tiene lugar en cualquier época del año. Los cachorros, que nacen en un resalte rocoso o en un escondrijo de la maleza donde se refugia la hembra para evitar el posible canibalismo de los machos, no abren los ojos hasta los diez o quince días de edad. A las tres semanas les salen los dientes deciduos y a las seis empiezan a saborear los primeros alimentos sólidos. Cuatro meses después, la madre y sus crías se unen a la manada.

Tigre. El tigre (*Panthera tigris*) sólo se encuentra en Asia, pero lejos de ser exclusivo de las selvas de la India, ocupa (u ocupaba) gran parte de aquel continente, desde Irán hasta Siberia y Manchuria, así como las islas de Java y Sumatra. Al igual que otras especies homeotermas, este félido es tanto más corpulento cuanto más lejos se halla del ecuador (regla ecoló-

FICHA TÉCNICA

Nombre vulgar:
León
Nombre científico:
Panthera leo
Clasificación:
Orden carnívoros.
Familia félidos
Características:
LCC 1,4-2,5 m;
P 120-250 kg;
G 100-119 d;
Nc 3-4
Distribución:
África subsahariana y bosque de Gir en Gujarat (India)

FICHA TÉCNICA

Nombre vulgar:
Tigre de Bengala
Nombre científico:
Panthera tigris tigris
Clasificación:
Orden carnívoros.
Familia félidos
Características:
LCC 1,45-2,15 m; P 100-258 kg
Distribución:
O Birmania y subcontinente indio

Panthera leo.

Panthera tigris tigris.

EUTERIOS

217

ecuador (regla ecológica de Bergman). Mientras que los tigres de Malaysia apenas alcanzan 80 cm de altura, la subespecie del SE de Siberia (*P. t. altaica*) mide más de 90 cm hasta la cruz. Esta subespecie, que se distingue además por su robustez y por su pelaje espeso y apretado, adaptado al duro clima siberiano, es, con sus 306 kg de peso máximo, el mayor félido de la actualidad.

Tras la fuerte persecución de que ha sido objeto durante siglos, el tigre se ha convertido hoy en una especie amenazada de extinción. El subcontinente indio, Indochina y, en menor medida, Sumatra son las únicas regiones en las que actualmente existen poblaciones de cierta importancia. En el subcontinente indio quedan unos 5 000 ejemplares; en Indochina, unos 2 000, y en Sumatra de 600 a 800. Las otras subespecies se hallan todavía más amenazadas: el tigre de Siberia cuenta apenas con 350 individuos en libertad; el de China meridional, con una treintena, y los tigres del Caspio, de Bali y de Java se han extinguido por completo. En la India, con la puesta en marcha del Proyecto Tigre en 1972, se dio un paso muy importante para la conservación de este félido. Gracias a ello, se consiguió aumentar la población desde los 1 800 ejemplares de 1972 hasta los 4 015 de 1986. En los años sucesivos, la población total del tigre de Bengala fue creciendo a un ritmo muy esperanzador, pero en 1995 comenzó a disminuir al intensificarse la caza furtiva.

El tigre de Bengala (*P. t. tigris*) ocupa una gran diversidad de hábitats, desde los bosques de coníferas del Himalaya hasta los manglares de los Sundarbans, pasando por los pantanosos cañizares de la cuenca del Ganges, las selvas húmedas del nordeste y del sur, y los bosques espinosos y áridos del Rajastán. En todos ellos es el superdepredador por excelencia. A diferencia de la subespecie siberiana, que a menudo caza de día, el tigre de Bengala es casi siempre nocturno. Cuando el sol se esconde, comienza a avanzar en silencio, dejándose guiar por la vista y el oído; tan pronto como localiza a una presa, se pone al acecho, completamente inmóvil y camuflado entre la espesura gracias a su pelaje críptico. Si avanza, lo hace paso a paso, de manera furtiva y contra el viento, aunque por lo general prefiere que sea su víctima la que se le acerque. Cuando la distancia se acorta hasta unos 5 o 6 m, el tigre salta como un resorte sobre el lomo de su víctima y le rompe la espina cervical de un mordisco; si la presa es demasiado grande, el tigre la derriba y le aprieta la tráquea con sus fauces hasta que muere de asfixia.

Aunque el ataque final sigue siempre estas dos grandes líneas, el tigre suele improvisar su asalto según la situación de la presa y la configuración del terreno. Cuando el ataque fracasa —lo que en muchas zonas sucede el 95 % de las veces—, el felino no persigue a su presa, sino que prefiere buscar una nueva. Si la captura se salda con éxito, el tigre no devora a su víctima de inmediato, sino que la traslada a un sitio resguardado, donde la come poco a poco, empezando por los cuartos traseros. El consumo de una presa de tamaño medio dura aproximadamente uno o dos días, mientras que la ingestión comple-

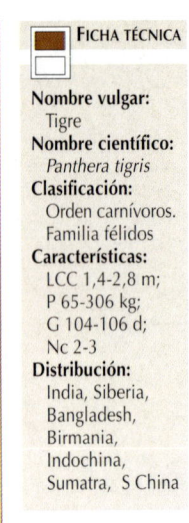

FICHA TÉCNICA

Nombre vulgar:
Tigre
Nombre científico:
Panthera tigris
Clasificación:
Orden carnívoros.
Familia félidos
Características:
LCC 1,4-2,8 m;
P 65-306 kg;
G 104-106 d;
Nc 2-3
Distribución:
India, Siberia,
Bangladesh,
Birmania,
Indochina,
Sumatra, S China

FICHA TÉCNICA

Nombre vulgar:
Tigre de Siberia
Nombre científico:
Panthera tigris altaica
Clasificación:
Orden carnívoros.
Familia félidos
Características:
P 100-306 kg
Distribución:
SE de Siberia

Panthera tigris.

Panthera tigris altaica.

EUTERIOS

ta de un búfalo o de un gaur —animales que a veces superan en un cincuenta por ciento el peso del felino— puede prolongarse hasta cuatro o cinco. Mientras dura este período, el tigre interrumpe con frecuencia su banquete para beber o para echar una breve siesta, no sin antes enterrar a su presa, hundirla en el agua o esconderla con maleza. Esta precaución es necesaria para protegerla de los carroñeros, en especial de los buitres, que, cuando llegan en tropel, son capaces de devorar la presa en menos de media hora.

Pese a sus hábitos solitarios, el tigre no es insociable. Los estudios realizados por George Schaller durante los años 1960 revelaron que los animales que vivían en una cierta zona se conocían unos a otros y solían mantener relaciones amistosas. La organización social varía en función del tipo de hábitat y de la abundancia relativa de presas. Los machos adultos ocupan grandes territorios que marcan con su orina y con el olor penetrante de sus glándulas anales. Cuando la densidad de presas es alta, varias hembras ocupan el territorio del macho y defienden subterritorios que se excluyen mutuamente; ello les permite asegurar el suministro alimentario propio y el de su progenie, así como la protección de sus cachorros frente a los demás machos rivales.

Leopardo. El leopardo o pantera (*Panthera pardus*) no sólo se encuentra en el África subsahariana, sino también en el sur de Asia, desde Arabia hasta Sumatra, existiendo aún algunas poblaciones residuales en el N de África, en el Próximo y Medio Oriente, y en Manchuria, Corea y SE de Siberia. En la selva ecuatorial africana, donde no hay leones, es el superdepredador por excelencia. Menos vigoroso que el tigre o el león, es, en cambio, más ágil, y tiene sobre ellos la ventaja de trepar con gran destreza a los árboles.

El leopardo, carnívoro muy adaptable, caza una gran variedad de animales de tamaño mediano. Algunas veces ataca animales de mayor porte, como bueyes o caballos, pero lo corriente es que capture jabalíes, monos, venados y antílopes, o que entre en los poblados para llevarse ovejas, cabras o perros. Al igual que los restantes grandes felinos, deja las sobras de un día para otro, con la particularidad de que casi siempre (incluso cuando la presa le supera en peso) coloca el cadáver en las ramas de un árbol para ponerlo fuera del alcance de hienas y chacales. Aunque con mucha menor frecuencia que el león o el tigre, el leopardo también puede convertirse en un devorador de hombres. Mucho más peligroso es, sin embargo, el hombre para el leopardo, ya que todavía le da caza por su pelaje y por su valor como trofeo, habiendo llevado muchas de sus subespecies al umbral de la extinción.

Las panteras negras, consideradas en otros tiempos como una especie distinta, son sólo leopardos afectados de melanismo; estos leopardos melánicos son especialmente comunes en bosques húmedos y densos.

Jaguar y pantera de las nieves. El jaguar (*Panthera onca*) es más robusto y corpulento que el leopardo. Posee, así mismo,

---

FICHA TÉCNICA

Nombre vulgar:
Leopardo o pantera
Nombre científico:
Panthera pardus
Clasificación:
Orden carnívoros.
Familia félidos
Características:
LCC 0,91-1,91 m; P 28-90 kg; G 90-105 d; Nc 1-6
Distribución:
casi toda África; desde península Arábiga, Anatolia y el Cáucaso hasta SE Siberia y Sri Lanka; Sumatra y Java

Panthera pardus.

Panthera pardus.

un área de distribución muy amplia, que se extiende desde el sur de EE UU hasta el norte de Argentina, aunque está prácticamente extinguido en México, en gran parte de Centroamérica y en casi toda la parte más sudoriental de su área.

El jaguar suele encontrarse en bosques y sabanas, pero en el norte de su área se adentra en terrenos de matorral e incluso en desiertos. Por lo general, sin embargo, depende en gran medida de la presencia de masas de agua dulce, en las que nada con destreza. También es un buen trepador y es casi tan arborícola como el leopardo, aunque la mayor parte de la caza se efectúa en el suelo, durante la noche y tanto al acecho como al rececho. Como los demás grandes felinos, guarda las sobras de un día para otro y, dotado de una fuerza enorme, arrastra a su presa hacia lo más impenetrable de la espesura. Por lo general, se encuentra al jaguar cerca del agua, donde captura peces, caimanes y tortugas, así como capibaras o carpinchos. Estos últimos constituyen, en efecto, una de sus presas favoritas junto con los pecaríes; sin embargo, los pecaríes barbiblancos, que suelen ir en manadas numerosas, saben defenderse bien y con frecuencia escarmientan a la fiera.

La pantera de las nieves (*P. uncia*) es el único representante del género *Panthera* que vive en las más altas montañas de Asia Central, y su pelaje, de un gris muy pálido con grandes manchas en roseta, es largo y lanoso, adaptado al ambiente que le rodea. En verano, la pantera de las nieves llega hasta unos 6 000 m de altitud y en los inviernos más crudos no baja de los 1 800 m. Algo menor que el leopardo en promedio, se alimenta de íbices, markhors, tahrs, muflones, ciervos almizcleros, marmotas, pikas y aves, y en invierno también de ciervos, jabalíes, gacelas y liebres.

Aunque también caza a menudo al acecho, la pantera de las nieves suele rececharr a sus presas y saltar sobre ellas, a menudo desde distancias de seis a quince metros. Con frecuencia sigue a las manadas de presas en sus migraciones, desplazándose entonces a distintas alturas, y a veces ataca también al ganado, rasgo que no ayuda precisamente a su popularidad y que, junto con el valor comercial de su piel, la ha convertido en una especie amenazada de extinción. Como el tigre y el jaguar, este félido es solitario —aunque no insociable—, excepto durante el período reproductor (de enero a mayo), cuando ambos sexos cazan juntos, o en primavera, cuando la hembra tiene a sus crías.

Género *Neofelis*
Pantera nebulosa. Otro gran félido asiático que corre el peligro de convertirse en una especie amenazada —de momento, la UICN la clasifica tan sólo como vulnerable— es la pantera nebulosa (*N. nebulosa*), del Sudeste Asiático, un félido intermedio entre las grandes especies del género *Panthera* y los gatos y linces del género Felis. De los grandes felinos le separa la existencia de un rígido hueso hioides en el aparato vocal, lo que le impide rugir, y su postura de descanso, con las patas delanteras extendidas y la cola estirada hacia atrás.

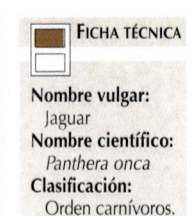

FICHA TÉCNICA

Nombre vulgar:
Jaguar
Nombre científico:
Panthera onca
Clasificación:
Orden carnívoros.
Familia félidos
Características:
LCC 1,1-1,8 m;
P 36-158 kg;
G 93-105 d; Nc 2
Distribución:
desde S de
EE UU hasta
N Argentina

FICHA TÉCNICA

Nombre vulgar:
Pantera o
leopardo de las
nieves
Nombre científico:
Panthera uncia
Clasificación:
Orden carnívoros.
Familia félidos
Características:
LCC 1-1,3 m;
P 25-75 kg;
G 90-103 d;
Nc 2-3
Distribución:
alta montaña
de Asia Central

Panthera onca.

Panthera uncia.

Aunque antes se consideraba que la pantera nebulosa era casi exclusivamente arborícola, investigaciones recientes sugieren que sus hábitos son mucho más terrestres y diurnos. Algunos zoólogos afirman incluso que se desplaza casi siempre por el suelo del bosque y que sólo utiliza los árboles para descansar o dormir, lo que explicaría el hecho de que capture a veces presas terrestres en puntos bastante alejados de las fragmentadas y menguadas selvas que constituyen su hábitat. En todo caso, no deja de ser un excelente trepador, capaz de bajar boca abajo por los troncos de los árboles y de encaramarse por las ramas, colgándose de ellas patas arriba mientras acecha a los monos, ardillas, aves y otras presas arbóreas.

Género *Acinonyx*

Guepardo. El guepardo (*Acinonyx jubatus*) es el animal más veloz de la Tierra. Es capaz de correr a más de 110 km/h y su cuerpo, de estilizada y elegante estructura, ofrece una imagen de rapidez y agilidad que la realidad no desmiente. Pero la flexible estructura de este félido y su increíble adaptación a la carrera, a la que no sólo contribuyen sus largas patas sino también sus garras semirretráctiles, es también su punto débil. Su resistencia limitada le obliga a cazar en terrenos despejados, aunque con la cobertura vegetal suficiente para un rececho efectivo, lo que limita en gran medida la cantidad de hábitats posibles. Contrariamente a la mayoría de félidos, el guepardo no acecha casi nunca a sus presas, ni se les acerca a una distancia suficiente para saltar encima de ellas, sino que las rececha hasta unos 70 a 100 m de distancia y entonces las persigue en una frenética carrera que, como sucede en otras cazas felinas, pocas veces se salda con el éxito.

El guepardo fue domesticado y utilizado para abatir piezas de caza hace más de cuatro mil años. Tuvo este uso en el antiguo Egipto, en Sumeria y Asiria; más recientemente, fue utilizado por los miembros de la realeza en Europa, India, Arabia y Etiopía. Esta captura de ejemplares en edad reproductora contribuyó en gran medida al declive de la especie, sobre todo en Asia, donde ha desaparecido casi por completo. El último guepardo de la India fue abatido a tiros en los años 1950 y en la actualidad sólo sobreviven algunos individuos de la subespecie asiática (*A. j. venaticus*) en Irán y quizás en Pakistán o Afganistán.

En el continente africano, el guepardo aún se halla bastante difundido, pero ha desaparecido de casi toda África del sur y de gran parte de África oriental, donde ha sido diezmado por cazadores furtivos. Tan sólo en los grandes parques nacionales de Kenia y de algunos otros países africanos se mantienen sus poblaciones en bastante buen estado, ya que el guepardo ha demostrado un notable grado de adaptación ante la invasión turística. Una de los últimos cálculos de la población total de esta especie vulnerable sitúa el número de individuos entre 10 000 y 15 000. Las principales amenazas que todavía se ciernen sobre ella son: la desaparición de sus principales presas —gacelas y otros antílopes— bajo el fuego de los cazadores y el peligro de consanguinidad de sus últimas poblaciones.

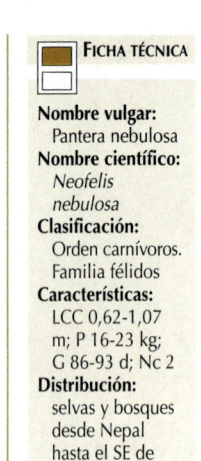

FICHA TÉCNICA

Nombre vulgar: Pantera nebulosa
Nombre científico: *Neofelis nebulosa*
Clasificación: Orden carnívoros. Familia félidos
Características: LCC 0,62-1,07 m; P 16-23 kg; G 86-93 d; Nc 2
Distribución: selvas y bosques desde Nepal hasta el SE de China y Taiwán, Sumatra y Borneo

---

FICHA TÉCNICA

Nombre vulgar: Guepardo
Nombre científico: *Acinonyx jubatus*
Clasificación: Orden carnívoros. Familia félidos
Características: G 90-95 d; Nc 3-5
Distribución: Irán y algunas regiones adyacentes; discontinua en África subsahariana

Neofelis nebulosa.

Acinonyx jubatus.

ORDEN PINNÍPEDOS

Los pinnípedos son mamíferos placentarios de régimen carnívoro muy bien adaptados a la vida acuática. Presentan muchas similitudes anatómicas con los carnívoros terrestres, de los que en realidad descienden, pero son muy distintos exteriormente. La principal diferencia está en sus miembros transformados en aletas, aptas para la natación. La mayoría de autores actuales consideran que los pinnípedos tienen un origen bifilético: otaríidos y odobénidos descienden, según ellos, de los ancestros de los osos, mientras que los fócidos evolucionaron a partir de los antepasados de las nutrias.

Aunque salen a tierra con bastante frecuencia, los pinnípedos se mueven en ella con dificultad y no se alejan de la línea de costa. En el agua, en cambio, se mueven con gran agilidad y encuentran su alimento, compuesto de peces, crustáceos y moluscos, que devoran en gran cantidad. La vida acuática impone una serie de rasgos comunes a todos los pinnípedos, como unas formas hidrodinámicas y una espesa capa de grasa que confiere energía, aislamiento y flotabilidad.

Clasificación

Los pinnípedos se dividen en tres familias (otaríidos, odobénidos y fócidos), 17 géneros y 33 especies, en su mayoría propias de las zonas costeras o de hielos flotantes de los océanos templados y polares. Existen tres especies que habitan permanentemente en áreas tropicales, otras que visitan ocasional o temporalmente aguas subtropicales y dos que viven en masas de agua continentales.

FAMILIA OTARÍIDOS

Esta familia se compone de siete géneros y 14 especies. Dos características importantes son que están provistos de orejas bien aparentes y que, durante la marcha, vuelven las extremidades posteriores hacia delante y andan, en el verdadero sentido de la palabra, levantándose sobre los cuatro miembros en vez de arrastrarse como hacen las verdaderas focas. Sus dedos presentan prolongaciones cutáneas que sobresalen mucho de las uñas, como los dedos de un guante vacíos. En algunos géneros de otaríidos (*Neophoca*, *Phocarctos*, *Otaria*, *Eumetopias*, *Zalophus*), el pelaje sólo se compone de pelo corto y sedoso, muy apretado, mientras que en otros (*Callorhinus* y *Arctocephalus*) bajo el pelo hay una especie de borra o lana muy fina y espesa. Los primeros se denominan leones marinos, mientras que los segundos reciben el nombre de osos marinos.

Leones marinos. El león marino de Sudamérica (*Otaria flavescens*) es de tamaño bastante grande y los machos adultos alcanzan 2,60 m de longitud. Es un hermoso animal cuyo cuello muy grueso está cubierto de una corta melena a la que debe su nombre y también el de «lobo peluca» que se le da en Uruguay. La hembra es bastante más pequeña y carece de

---

FICHA TÉCNICA

Nombre vulgar:
León marino de California
Nombre científico:
Zalophus californianus
Clasificación:
Orden pinnípedos.
Familia otaríidos
Características:
LCC 1,5-2,5 m;
P 50-400 kg;
G 11 m; Nc 1
Distribución:
costa del Pácifico en Japón, Corea, de Vancouver (Canadá) a Nayarit (México) y Galápagos

---

FICHA TÉCNICA

Nombre vulgar:
León marino de Nueva Zelanda
Nombre científico:
Phocarctos hookeri
Clasificación:
Orden pinnípedos.
Familia otaríidos
Características:
LCC 1,6-2,5 m;
G 11,75 m; Nc 1
Distribución:
islas Stewart, Snares, Auckland, Campbell y Macquarie (Nueva Zelanda).

Zalophus californianus.

Phocarctos hookeri.

melena. El color varía mucho, aunque siempre dentro de los matices pardos y leonados. Habita en las costas del Cono Sur, extendiéndose por las aguas del Atlántico hasta Recife das Torres (29° Sur), en Brasil, y por las del Pacífico hasta Perú (6° 30′ Sur). Existen otros representantes de géneros afines en la parte boreal del Pacífico, como el león marino de Steller (*Eumetopias jubatus*) y el otario o león marino de California (*Zalophus californianus*), cuya área principal se extiende por el sur hasta Nayarit (México) y que también cuenta con una subespecie en las Galápagos. Todos ellos son animales gregarios, incluso cuando no crían, y en ciertas épocas del año, en particular desde que comienza el celo hasta que las crías pueden seguir a sus madres a alta mar, se reúnen en número considerable en determinados puntos de la costa que en América del Sur se denominan «loberías».

En las loberías de *O. flavescens* no es raro que se congreguen varios miles de individuos, cuya presencia se advierte desde muy lejos por el bramido fuerte y prolongado de los machos y por el fuerte olor que se desprende de este hacinamiento de animales. En diciembre, cuando empiezan a reunirse en la península Valdés —una de las loberías más importantes—, los machos luchan entre sí por la posesión de las hembras, procurando cada cual adjudicarse el mayor número posible. Sin embargo, y contrariamente a otros otáridos que forman grandes harenes laxos o «libres», el macho de esta especie no reúne nunca más de 18 hembras, y tan pocas como 2,8 hembras como media. «Obsesionado» como está por controlar a todas sus hembras en celo o a punto de estarlo, se ve obligado a zarandearlas o transportarlas incesantemente para evitar que se escapen, o a luchar sin descanso contra los numerosos machos solteros que intentan arrebatárselas, desplegando así una actividad mucho más extenuante que los machos de otras especies de la familia. Tras casi doce meses de una gestación que probablemente incluye implantación diferida, los cachorros, generalmente uno por madre, nacen entre diciembre y febrero (la mayoría a mediados de enero), pero no se destetan hasta el parto siguiente, un año después.

El león marino de Sudamérica se alimenta principalmente de peces, calamares y crustáceos, y también consume a veces osos marinos.

Osos marinos. El oso marino del Norte (*Callorhinus ursinus*) vive en el Pacífico Norte y su dieta consiste principalmente en carboneros, *Pollachius virens*, un pez de la familia gádidos muy similar al abadejo, capelines, arenques y muchas otras especies de peces, aunque también incluye cefalópodos en las zonas más alejadas de la costa. Como en otras especies de otáridos, la actividad alimentaria varía según la temporada, el sexo y la zona, y así, mientras las hembras ya se alimentan una semana después de dar a luz, los machos reproductores pueden pasar dos meses en tierra sin comer, sobreviviendo de sus reservas de grasa durante todo el período reproductor. En los territorios de cada uno de los machos,

FICHA TÉCNICA

Nombre vulgar:
Oso marino de Alaska, oso marino del Norte
Nombre científico:
Callorhinus ursinus
Clasificación:
Orden pinnípedos. Familia otáridos
Características:
LCC 1,1-2,2 m; P 38-270 kg; G 12 m; Nc 1
Distribución:
Pacífico Norte

Callorhinus ursinus.

que son cinco veces más corpulentos que las hembras, suelen, haber más de un centenar de ellas; sin embargo, no se trata de verdaderos harenes, ya que los machos son incapaces de controlar a tantas hembras y de evitar que se desplacen hacia el mar o que se salgan de los límites territoriales. La piel de esta especie, muy valiosa por la fina lana que posee bajo el pelo, fue durante muchos años objeto de una importante industria. Las islas Pribilof, donde el oso marino del Norte posee sus mayores criaderos, fueron durante un siglo y medio escenario de verdaderas carnicerías. En la actualidad, la población de esta especie está mejor administrada, pero todavía padece de una excesiva matanza de hembras y de un excesivo desarrollo de la pesca de carboneros, sus presas principales.

El oso marino de Sudamérica (*Arctocephalus australis*), que tiene una distribución similar al león marino de Sudamérica, no fue perseguido con tal intensidad, aunque su explotación data de muy antiguo (se remonta al siglo XVI); sin embargo, también hubo que dictar leyes especiales para su protección a principios del siglo XX. Hoy su población total asciende a unos 330 000 ejemplares. Menos corpulento que este y otros osos marinos —y con un dimorfismo sexual mucho menos acusado— es el oso marino de las Galápagos (*A. galapagoensis*), que sólo vive en dichas islas ecuatoriales, siempre junto a costas accidentadas en las que puede refugiarse del sol.

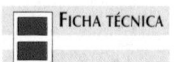

FICHA TÉCNICA

Nombre vulgar: Morsa
Nombre científico: *Odobaenus rosmarus*
Clasificación: Orden pinnípedos. Familia odobénidos
Características: LCC 2,25-3,56 m; P 400-1.700 kg; G 15-16 m; Nc 1
Distribución: Ártico, mares de Chukchi y de Bering, y N del Atlántico.

FAMILIA ODOBÉNIDOS

Cuenta únicamente con un género, y una especie, la morsa (*Odobaenus rosmarus*), con dos subespecies principales: la morsa del océano Atlántico (*O. r. rosmarus*) y la del Pacífico (*O. r. divergens*), la primera confinada en el extremo boreal del océano Atlántico y el mar Ártico, y la segunda propia del Pacífico Norte.

Las morsas son muy gregarias y viven en grupos numerosos, en o junto a los hielos flotantes que se desplazan a la deriva sobre las aguas someras de la plataforma continental. Dependen, en efecto, de los moluscos y otros animales bentónicos que encuentran a menos de 100 m de profundidad y a los que detectan con las sensibles cerdas de su hocico. Una vez detectados éstos, los desentierran hozando el fondo con el borde superior del hocico, o bien inyectando agua a presión en los escondrijos de los que se hallan a mayor profundidad; acto seguido, las presas de cuerpo blando son tragadas enteras, mientras que los moluscos con concha son sostenidos entre los labios y su interior es absorbido por succión. La antigua creencia según la cual las morsas excavan el sedimento con los colmillos o arrancan los moluscos de las rocas con estas defensas es absolutamente inexacta; el tamaño de los colmillos, cuya utilidad es sobre todo social, ayuda a establecer las relaciones de dominio del mismo modo que las astas de los ciervos o los cuernos de los carneros.

Odobaenus rosmarus.

Odobaenus rosmarus.

Sí es cierto, en cambio, que las morsas utilizan sus colmillos para defenderse de otras morsas, para abrirse paso a través del hielo, anclarse en él mientras duermen o para subirse a los témpanos de hielo.

Los inuit y otros pueblos del Ártico emplean la piel y la grasa de la morsa, se alimentan con su carne desde hace siglos y con el marfil de sus colmillos elaboran diversos objetos. Esta actividad apenas afecta a las poblaciones de morsas, pero a partir del siglo XVI se comenzó a intensificar la explotación comercial del marfil prosiguiendo las matanzas hasta bien entrado el siglo XX. La protección legal llegó a tiempo para salvar de la extinción a las morsas atlánticas, pero las poblaciones no han podido restablecerse hasta niveles que garanticen su supervivencia. La subespecie del Pacífico empezó a sufrir la presión comercial en el siglo XVIII, pero el mayor problema se presentó a finales de los años 1980 con el incremento de la demanda de marfil debido a la disminución de los efectivos del elefante africano. Esta situación provocó un aumento considerable del furtivismo, por lo que el futuro de esta subespecie también es preocupante.

FAMILIA FÓCIDOS

La forman 10 géneros y 19 especies, distribuidas fundamentalmente por las líneas de costa de las partes templadas-frías y polares de los océanos, aunque algunas especies viven en aguas tropicales y continentales. Son las focas propiamente dichas, que se caracterizan por carecer de orejas aparentes y porque sus extremidades no presentan prolongaciones cutáneas en los dedos, de modo que éstos terminan bajo las uñas. Además, las extremidades posteriores se hallan siempre extendidas a los lados de la cola y resultan, por tanto, inútiles para andar. Otra diferencia anatómica estriba en el gran desarrollo de las vértebras lumbares y su gran flexibilidad, lo que permite una gran movilidad de la columna vertebral. Por el contrario, las focas no tienen las vértebras torácicas y cervicales bien desarrolladas, lo que dificulta su locomoción en tierra.

Género *Phoca*

Una de las especies más difundidas de la familia es la foca común (*P. vitulina*), que se encuentra en muchas aguas costeras del Atlántico y del Pacífico septentrionales. Es más bien pequeña y su pelaje, como en toda la familia, carece casi por completo de capa inferior. Contrariamente a otras especies del género, las crías no suelen nacer cubiertas de un lanugo blanquecino y brillante sino con un pelaje similar al del adulto.

La foca común no es migratoria y, contrariamente a la mayoría de los fócidos norteños, su biología no depende de los hielos que se forman en la superficie del mar. Habita principalmente en playas protegidas, bahías y estuarios, remontando a veces los ríos hasta muy lejos de su desembocadura, y sus poblaciones más norteñas suelen permanecer en zonas donde las corrientes y mareas evitan la formación de hielo. Aunque

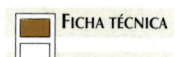

FICHA TÉCNICA

Nombre vulgar:
Foca común
Nombre científico:
Phoca vitulina
Clasificación:
Orden pinnípedos.
Familia fócidos
Características:
LCC 1,2-2 m;
P 50-170 kg;
Nc 1
Distribución:
Atlántico, desde Islandia, Groenlandia y bahía de Hudson hasta Portugal y Carolina del Sur (EE UU); Pacífico desde Hokkaido hasta California

FICHA TÉCNICA

Nombre vulgar:
Foca pía
Nombre científico:
Phoca groenlandica
Clasificación:
Orden pinnípedos.
Familia fócidos
Características:
LCC 1,68-1,9 m;
Pm 120-135 kg;
G 11,5 m; Nc 1
Distribución:
aguas costeras y «pack ice» del Ártico

Phoca vitulina.

Phoca groenlandica.

suele ser solitaria, puede formar agrupaciones de varios centenares de individuos durante la estación de cría, así como grupos menos numerosos en las zonas favorables de acceso a tierra. Como en las demás especies de fócidos, los machos son polígamos y luchan a menudo por las hembras. En las costas de Europa, del Atlántico ártico y del Pacífico norte, al comenzar el verano, la hembra pare una cría a la que cuida y defiende con gran esmero pero que abandona sin contemplaciones poco después del destete.

La foca anillada (*P. hispida*), de la que se ha hablado anteriormente por ser una de las presas importantes del oso polar y (sus cachorros) del zorro ártico, tiene una distribución más norteña que la común, pero muchos individuos se extravían ocasionalmente hasta el NE de China, Gran Bretaña o incluso Portugal. Pese a estas largas incursiones, esta especie depende estacional o permanentemente de las aguas cubiertas de hielo. A finales de otoño y en invierno, mantiene agujeros abiertos para respirar y salir a tierra, aprovechando siempre los agujeros naturales ya formados —y agrandándolos si es necesario—, y en la nieve que se acumula por encima de los témpanos construye guaridas poco elaboradas para descansar. En estas mismas nieves, las hembras preñadas construyen madrigueras más elaboradas en las que paren y cuidan con esmero a sus crías únicas.

La foca pía (*P. groenlandica*) adquirió notoriedad en los medios de comunicación durante las campañas que condenaban las matanzas a palos de sus blancos e indefensos cachorros. Sin embargo, la principal amenaza para esta especie que vive sobre todo en aguas costeras y en hielos flotantes del Ártico no es tanto la caza como la intensificación de la pesca del capelín, su presa principal. La foca pía depende por completo del hielo para criar, mudar y a menudo para alimentarse. Como la foca anillada, mantiene agujeros en el hielo, pero, a diferencia de ésta, es gregaria y no sólo se asocia para perseguir a los bancos de peces sino también para compartir las zonas de muda primaverales y los agujeros invernales de respiración.

Al género *Phoca* pertenecen también dos especies de pequeño tamaño (150 cm de longitud como máximo) que pueblan las masas de agua del centro de Eurasia que en otros tiempos estuvieron unidas al mar. Una de ellas es la foca del Baikal (*P. sibirica*), que es el único pinnípedo restringido al agua dulce y cuyos movimientos y actividad estacional dependen en gran medida del hielo que se forma en el profundísimo lago siberiano. La otra es la foca del Caspio (*P. caspica*), que, también dependiente de la capa de hielo, durante la época de cría se concentra en el norte de este mar y durante el verano en aguas más frías del centro y del sur.

Foca de casco y foca barbuda. Junto a los témpanos de hielo del extremo norte del Atlántico vive una foca de gran tamaño, la foca de casco (*Cystophora cristata*), cuyo rasgo más conspicuo consiste en tener sobre la cabeza una bolsa a modo de gorro que, entre otras ocasiones, se hincha cuando el animal demuestra su agresividad. Este carácter que sólo presentan los

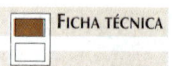

FICHA TÉCNICA

Nombre vulgar:
Foca de casco
Nombre científico:
Cystophora cristata
Clasificación:
Orden pinnípedos.
Familia fócidos
Características:
LCC 2-2,7 m;
P 145-400 kg;
G 11,5 m; Nc 1
Distribución:
N del Atlántico, junto al hielo flotante

FICHA TÉCNICA

Nombre vulgar:
Foca barbuda
Nombre científico:
Erignathus barbatus
Clasificación:
Orden pinnípedos.
Familia fócidos
Características:
LCC 2-2,6 m;
P 200-360 kg;
G 11 m; Nc 1
Distribución:
costas y hielos del Océano Ártico y mares adyacentes

Cystophora cristata.

Erignathus barbatus.

machos es el que le ha valido su nombre. A pesar de la persecución que sufrió en el pasado, en la actualidad esta foca continúa siendo una especie bastante abundante, ya que su población actual es de unos 300.000 individuos.

La foca barbuda (*Erignathus barbatus*) recibe este nombre por las cerdas altamente sensibles que forman su poblado bigote y que probablemente le ayudan a encontrar los invertebrados bentónicos de los que se nutre. Esta especie vive en las costas y témpanos de aguas someras del océano Ártico y mares adyacentes, y mide 2,6 m de longitud como máximo en ambos sexos. En ciertas ocasiones se dispersa mucho más hacia el sur, hasta el punto de que se han observado ejemplares en la bahía de Tokio, en Normandía y en el norte de España.

Focas fraile. Muchos ignoran que en el Mediterráneo existen focas y, más aún, que las hay en Hawai y las hubo en el Caribe hasta 1952. Se trata de las focas fraile o focas del género *Monachus*, una de cuyas especies es la foca fraile del Mediterráneo (*M. monachus*). Este animal, muy frecuente en otro tiempo en las costas del Levante español, se halla hoy en peligro de extinción —sólo quedan entre 500 y 1 000 ejemplares en todo el mundo—, con núcleos reproductores viables únicamente en Grecia, Turquía, Argelia, Marruecos y Mauritania.

La foca fraile de las Antillas (*M. tropicalis*), descubierta en 1494 en la isla de Alta Vela por los marineros de Colón, fue a partir de entonces objeto de una intensa caza que finalmente causó su extinción. La especie de Hawai (*M. shauinslandi*), por su parte, está tan amenazada de extinción como la del Mediterráneo —aunque, como en el caso de ésta, se están realizando serios esfuerzos para su recuperación— y su población total es también de 500 a 1 000 individuos.

Focas antárticas. Otras especies de esta familia son propias de las costas y hielos flotantes antárticos y subantárticos. Una de ellas es la foca de Weddell (*Leptonychotes weddelli*), la más meridional de la familia -y probablemente de todos los mamíferos-, ya que se reproduce y a menudo permanece todo el año en los hielos temporales que rodean la Antártida y las islas subantárticas más sureñas. Estas focas se alimentan de peces, a los que persiguen a veces durante ocho o nueve horas seguidas, y su capacidad de inmersión es muy notable, pues se sabe de ejemplares que llegaron a 600 m de profundidad en inmersiones de 70 minutos de duración. Otra especie propia de estos mares es la foca cangrejera (*Lobodon carcinophagus*), la cual, con una población total que oscila entre quince y cuarenta millones de individuos, es el mamífero de gran tamaño más abundante del planeta. A pesar de su nombre, la foca cangrejera se alimenta principalmente de krill (crustáceos eufausiáceos) que filtra a través de sus dientes numerosos y puntiagudos. Una tercera especie antártica, la foca de Ross (*Ommatophoca rossi*), se alimenta principalmente de cefalópodos, a los que persigue bajo el hielo con su aguzada vista. Estas tres especies son, a su vez, presa de la foca leopardo (*Hydrurga leptonyx*), el gran depredador del

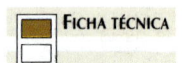

FICHA TÉCNICA

Nombre vulgar:
Foca fraile
Nombre científico:
Monachus monachus
Clasificación:
Orden pinnípedos.
Familia fócidos
Características:
LCC máx 3 m;
P 250-300 kg;
G 11 m; Nc 1
Distribución:
Grecia, Turquía, Argelia, Marruecos y Mauritania

FICHA TÉCNICA

Nombre vulgar:
Foca de Weddell
Nombre científico:
Leptonychotes weddelli
Clasificación:
Orden pinnípedos.
Familia fócidos
Características:
LCCm 2,5-3,29 m; P 400-450 kg;
G 9-11 m; Nc 1
Distribución:
costas y hielos antárticos y subantárticos

Monachus monachus.

Leptonychotes weddelli.

océano Antártico. La foca leopardo es la mayor de las focas antárticas (el macho mide unos 3 m de longitud y pesa unos 270 kg; la hembra, mayor que el macho en promedio, alcanza los 3,80 m de longitud y los 500 kg de peso) y la única que se alimenta con regularidad de animales homeotermos. Como muchos carnívoros, es un depredador oportunista en cuya dieta, muy variada, se incluyen krill que captura por filtración, peces, calamares, pingüinos y otras aves marinas, además de focas.

Elefantes marinos. Los fócidos más notables son los elefantes marinos, que deben su nombre a su corpulencia y al hecho de que los machos poseen una trompa corta, aunque gruesa y eréctil. Después de los grandes cetáceos, son los mayores mamíferos que se conocen, ya que algunos machos viejos miden hasta 6 m de longitud y existe un récord de peso de 5 tm.

Existen dos especies de elefantes marinos: el del Norte (*Mirounga angustirostris*), de color plomizo y trompa muy desarrollada, y el del Sur (*M. leonina*), de color pardo, con la trompa más corta y de dimensiones bastante mayores. Ambas fueron tan perseguidas que estuvieron a punto de extinguirse a finales del siglo XIX. Afortunadamente, la pérdida del interés económico por estas dos especies permitió que se recuperaran hasta niveles aceptables y hoy la población total de la especie del Norte supera los 100.000 individuos y ocupa gran parte de su área de distribución original. Las poblaciones de la especie del Sur, por su parte, forman en la actualidad tres grupos separados (el cuarto grupo, el de la isla Juan Fernández, fue eliminado por completo): el primero cría en Georgia del Sur, las Malvinas, las Gough, las Shetland del Sur, la península Antártica e islas adyacentes, y el norte de Patagonia hasta la península Valdés; el segundo, en las islas Kerguelen, Heard, Marion y Crozet; y el tercero, en las islas Macquaire y Campbell. En total suman unos 750 000 individuos, sin contar las crías del año.

Los enormes machos, cuyo peso triplica o cuadruplica al de las hembras, llegan a tierra en noviembre o diciembre —la especie del Norte— y en agosto o septiembre —la del Sur— y, tras librar entre ellos combates ritualizados y a veces sangrientos, pero rara vez mortales, establecen una jerarquía de dominio. Los pocos machos que alcanzan la categoría dominante monopolizan la cópula con las hembras que van llegando a tierra una vez establecida la jerarquía de los primeros. Los machos dominantes, en especial el macho alfa (el más dominante de todos), que es capaz de inseminar a más de 100 hembras en una sola temporada, las persiguen y copulan con ellas por la fuerza. Si la hembra intenta escapar o se resiste, el macho la sujeta y carga todo el peso de su cabeza y de sus cuartos delanteros sobre la espalda de ella, al tiempo que acentúa el mordisco sobre la nuca con el cual la había inmovilizado. La hembra, una vez fecundada, deberá ocuparse ella sola de su cría. Luego, cuando intente regresar al agua, habrá de atravesar el cerco de los machos que rodean la periferia del harén, a veces con peligro de su propia vida. ■

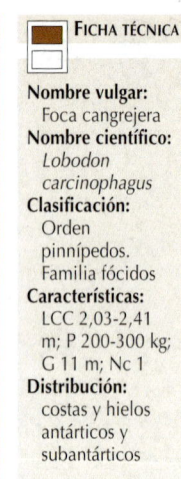

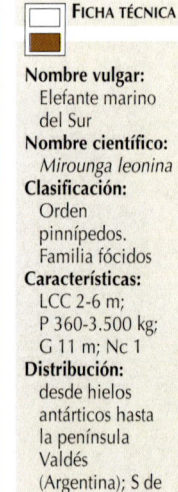

FICHA TÉCNICA

Nombre vulgar: Foca cangrejera
Nombre científico: *Lobodon carcinophagus*
Clasificación: Orden pinnípedos. Familia fócidos
Características: LCC 2,03-2,41 m; P 200-300 kg; G 11 m; Nc 1
Distribución: costas y hielos antárticos y subantárticos

FICHA TÉCNICA

Nombre vulgar: Elefante marino del Sur
Nombre científico: *Mirounga leonina*
Clasificación: Orden pinnípedos. Familia fócidos
Características: LCC 2-6 m; P 360-3.500 kg; G 11 m; Nc 1
Distribución: desde hielos antárticos hasta la península Valdés (Argentina); S de África y Australia

Lobodon carcinophagus.

Mirounga leonina.

ORDEN TUBULIDENTADOS

Este orden debe su nombre a la estructura de sus dientes, compuestos por numerosos prismas de dentina que rodean cavidades tubulares de la pulpa. Aunque los dientes embrionarios son muy numerosos, el adulto sólo tiene dientes en las mejillas; éstos crecen continuamente, carecen de esmalte y están cubiertos en cambio por una capa de cemento. Exteriormente, los tubulidentados se distinguen por sus formas rechonchas, su hocico largo y cilíndrico, truncado en la punta, sus orejas largas, sus patas cortas con robustas uñas idóneas para excavar, y su cola larga y cónica. Al igual que en los pangolines y hormigueros, la lengua es larga, protráctil y viscosa.

El orden tubulidentados se compone de una única familia monoespecífica.

FAMILIA ORICTERÓPIDOS

La única especie actual vive en gran parte del África subsahariana y se la conoce con los nombres de oriceropo o cerdo hormiguero (*Orycteropus afer*). Mide unos 2 m de longitud, incluida la cola, y pesa de 50 a 70 kg. Se le encuentra en todos los sitios donde abundan las hormigas y sobre todo los termes, cuyos grandes termiteros destruye con sus uñas, recogiendo los insectos con la lengua. También captura a estas presas excavando el suelo o buscándolas activamente, con el olfato y el oído, mientras se desplazan por el suelo. Es principalmente nocturno y durante el día permanece escondido en el fondo de un profundo agujero que excava en el suelo, aunque algunas veces toma el sol de la mañana en la entrada de su madriguera.

La piel del oriceropo es tan gruesa que a menudo le salva de los ataques de los depredadores. Sin embargo, el medio más usual para evitar la depredación cuando la fuga no es posible consiste en excavar a toda prisa y desaparecer bajo tierra. Por lo demás, su fuerza es tan prodigiosa que en una ocasión un hombre que tiraba a uno de ellos por la cola y a su vez era agarrado por otros dos hombres, tuvo que soltarlo para no desaparecer dentro de la madriguera. ■

FICHA TÉCNICA

Nombre vulgar:
Cerdo hormiguero, oriceropo
Nombre científico:
Orycteropus afer
Clasificación:
Orden tubulidentados. Familia oricterópidos
Características:
LCC 1-1,58 m;
P 50-70 kg;
G 7 m; Nc 1
Distribución:
África subsahariana

ORDEN PROBOSCÍDEOS

Los más corpulentos de todos los animales terrestres son los elefantes, pertenecientes al orden proboscídeos, así llamados por su nariz prolongada en una larga trompa o probóscide muscular, flexible y prensil, en cuyo extremo se abren los orificios nasales. Sus extremidades poseen cinco dedos, sostenidos por una especie de almohadilla elástica común; las pezuñas son anchas y planas. La piel está casi desnuda y desprovista de glándulas sebáceas, razón por la cual el baño periódico constituye una necesidad a la vez que un placer.

Orycteropus afer.

Loxodonta africana (ver ficha técnica en página 245).

El nombre de colmillos que suele darse a las defensas de los elefantes no es muy apropiado, porque carecen de caninos; son en realidad incisivos, de los cuales tienen sólo un par en la mandíbula superior. Las enormes defensas carecen de raíz, crecen continuamente y están compuestas de dentina, o marfil, ya que el esmalte, que sólo existe en la punta, se desgasta con rapidez y desaparece.

Los proboscídeos se componen de una única familia con dos géneros y sendas especies, el elefante asiático y el africano.

FAMILIA ELEFÁNTIDOS

El elefante asiático (*Elephas maximus*) tiene las orejas mucho más pequeñas que el africano, la frente en forma de cúpula y el dorso convexo, y su trompa termina en un lóbulo único en forma de dedo. Por lo demás, a diferencia del elefante africano, la hembra del asiático tiene unos colmillos muy pequeños, característica que comparte con una elevada proporción de machos. Pese a ello, esta especie ha sido perseguida por su marfil durante siglos —en la India desde hace más de 4 000 años— y, si desde hace unas décadas la persecución se ha centrado sobre todo en el elefante africano, es sobre todo porque el asiático está en peligro de extinción.

La principal amenaza actual para el elefante asiático es la disminución y la fragmentación del hábitat. Esta especie consume unos 200 kg de vegetales al día e invierte unas 18 horas diarias en su alimentación. Por lo demás, su sistema digestivo no rumiante y por tanto poco efectivo, le obliga a escoger los alimentos más nutritivos por lo que sus áreas de deambulación han de ser muy extensas y diversas.

Antiguamente, esta especie ocupaba los hábitats más variados, desde las selvas y manglares más espesos hasta las altas laderas del Himalaya, aunque nunca vivió en los desiertos debido a su necesidad de pasar varias horas diarias a la sombra. Hoy, sin embargo, sus poblaciones habitan casi exclusivamente en el ecotono o zona fronteriza entre el bosque y los terrenos herbosos, incluidas las tierras de cultivo.

El elefante asiático es muy social, las hembras siempre se agrupan en manadas o grupos familiares compuestos de madres, hijas y hermanas, más un número variable de crías y subadultos. Estos grupos que en el pasado podían comprender más de cien individuos y que hoy rara vez superan la veintena son claramente matriarcales; la manada, en efecto, está dominada por una hembra, generalmente la más vieja y corpulenta del grupo, que es la que tiene mayor experiencia. Con su memoria proverbial, la matriarca es capaz de recordar durante años las sendas de su territorio y encontrar, en cada momento, las zonas donde los fluctuantes alimentos son más abundantes. Cualquier acontecimiento traumático, como una inundación o la captura de algún miembro del grupo, queda en su memoria y se transmite a su descendencia, lo que permite hablar de culturas que varían de unas poblaciones a otras.

Cuando llegan a la edad adulta, los machos son expulsados del grupo y suelen vivir en solitario, aunque a veces forman

---

FICHA TÉCNICA

Nombre vulgar:
Elefante asiático
Nombre científico:
Elephas maximus
Clasificación:
Orden proboscídeos
Características:
LCC 5,5-6,4 cm;
Pm 2,7-5,4 Tn;
G 615-668 d;
Nc 1
Distribución:
Sri Lanka, Birmania, Tailandia, Indochina, península Malaya, Sumatra y N de Borneo

Elephas maximus.

grupos temporales. Sólo se reúnen con las hembras cuando éstas entran en celo, abandonando la manada matriarcal al cabo de una semana o dos, cuando termina el período reproductor. La gestación dura 20-22 meses y casi siempre nace una cría única. El intervalo entre partos es de 2,5 años como mínimo —puede llegar a 8 años en zonas desfavorables— y las hembras no suelen tener su primer parto hasta los 15-16 años. La similitud con la especie humana se extiende también a la longevidad, que alcanza los 75 años en individuos cautivos, pero no a la edad fértil de la hembra, que puede superar los 60 años.

Con una altura en la cruz que alcanza los 3,55 m y un peso máximo de 10 Tn, el elefante (*Loxodonta africana*) africano es el mayor mamífero terrestre vivo.

Más gregario que el asiático, el elefante africano puede formar enormes agrupaciones de más de 400 individuos, pero el grupo unitario típico es el matriarcal, compuesto por la gran hembra dominante, las hembras emparentadas con ella, las crías y los machos subadultos. En ocasiones, se juntan dos, tres o cuatro de estos grupos familiares, formando clanes de 50 elefantes o más, en los que continúa dirigiendo una hembra dominante. Los machos adultos, por su parte, pueden vivir en solitario, especialmente si son viejos, o bien en grupos temporales donde compiten entre sí para el dominio jerárquico dentro de su grupo y para acceder a las hembras en celo. En este último caso, el macho vencedor suele ser el que está en musth, es decir en un estado de desequilibrio fisiológico y psicológico que aumenta considerablemente su agresividad y que le permite superar en combate incluso a machos que ostentan un rango jerárquico más alto. Las hembras, que atraen a sus potenciales compañeros con reclamos de baja frecuencia, inaudibles para los oídos humanos, evitan la mayoría de machos que les cortejan y tienden a elegir algún individuo en musth de gran tamaño, preferentemente el de más edad y por tanto más adaptado a la supervivencia. Desgraciadamente, este notable proceso de selección se está perdiendo porque los machos viejos, es decir los que tienen mayores defensas, son las primeras víctimas del tráfico de marfil. Junto con ellos desaparecen las viejas matriarcas, igualmente dotadas de grandes «colmillos», lo que significa la desaparición de la memoria colectiva del grupo y, por consiguiente, una gran amenaza para la supervivencia de éste.

En fechas anteriores a la reciente explosión demográfica humana, cuando sus números poblacionales y sus movimientos estacionales se mantienen aún en su estado natural, el elefante africano tenía un papel ecológico fundamental en la regulación de las sabanas y los bosques tropicales. En las primeras, evita la proliferación del bush espinoso y en los segundos, la del sotobosque; por lo demás, al abrir calveros en la selva, permitía que proliferase una gran variedad de especies vegetales, lo que a su vez favorecía la diversidad faunística.

Más que cualquier otra especie, el elefante ha dado forma a la ecología y al paisaje de África, y si este papel regulador se pierde, lo que ya parece inevitable, el resultado será un empobrecimiento de la biodiversidad en gran parte del continente.

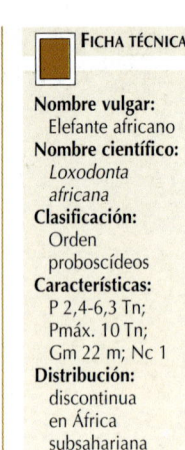

FICHA TÉCNICA

Nombre vulgar:
Elefante africano
Nombre científico:
Loxodonta africana
Clasificación:
Orden proboscídeos
Características:
P 2,4-6,3 Tn; Pmáx. 10 Tn; Gm 22 m; Nc 1
Distribución:
discontinua en África subsahariana

Loxodonta africana.

ORDEN HIRACOIDEOS

Los hiracoideos son mamíferos de pequeño tamaño, con cuatro dedos en las extremidades anteriores y tres en las posteriores, provistos de pequeñas pezuñas. La cola es corta y la planta de los pies presenta amplias almohadillas.

Las relaciones de los hiracoideos con los demás mamíferos han sido objeto de numerosas controversias. En la actualidad, la evidencia fósil indica que están relacionados con los ungulados primitivos, con los tubulidentados y con los sirenios.

El orden comprende una única familia repartida por gran parte de África y por el SO de Asia.

FAMILIA PROCÁVIDOS

Consta de tres géneros y seis especies. Los damanes terrestres o damanes propiamente dichos pertenecen a los géneros *Procavia* y *Heterohyrax*, en tanto que las niebas o damanes de los árboles, que son los únicos ungulados realmente arborícolas, pertenecen al género *Dendrohyrax*.

El género *Procavia*, que la mayoría de autores consideran uniespecífico, se extiende por gran parte de África, el sur de la península Arábiga, Jordania, Israel, Líbano y Siria. La especie única, *P. capensis* (damán de El Cabo), habita en zonas rocosas recubiertas de matorral, donde se refugia entre o bajo las rocas, o excavando madrigueras. Es diurna y se nutre de materias vegetales que pace o ramonea, predominando según las zonas un modo de alimentación u otro. Tiene una estructura social y unos hábitos similares a los pikas (género *Ochotona*), pero se distingue inmediatamente de estos lagomorfos por la peculiar estructura de las plantas de sus pies, húmedas y con una consistencia de goma, que le permite correr por las peñas más escurridizas y sostenerse en superficies casi verticales.

El damán de las rocas forma colonias que, según la extensión del hábitat, se limitan a una familia única o comprenden centenares de individuos. La unidad familiar se compone de un macho territorial adulto, a veces un macho subordinado, y varias hembras adultas con sus crías. El macho territorial es el miembro dominante y el más vigilante de la colonia. Más a menudo que las hembras, en él recae la tarea de hacer de centinela desde lo alto de una roca o de una rama mientras los demás miembros del grupo se alimentan o toman el sol, y de avisar con sus ásperos silbidos la amenaza de un depredador. Los principales depredadores de esta especie son el leopardo, las águilas y en algunas zonas los seres humanos; otros depredadores de menor importancia son los zorros, mangostas y comadrejas.

Las tres especies del género *Heterohyrax* se encuentran únicamente en el continente africano, donde colonizan los kopjes o afloramientos rocosos y los montones de cantos rodados con arbustos y árboles próximos donde puedan alimentarse. Como el damán de las rocas con el que a menudo se asocian, tienen las plantas de los pies húmedas y mullidas, adaptadas

---

FICHA TÉCNICA

Nombre vulgar:
Damán de El Cabo
Nombre científico:
Procavia capensis
Clasificación:
Orden hiracoideos.
Familia procávidos
Características:
LCC 30,5-55 cm;
Pm 3,6-4 kg;
G 202-245 d;
Nc 1-6
Distribución:
África;
S península Arábiga, Jordania, Israel, Líbano y Siria

Procavia capensis.

Procavia capensis.

para correr por superficies resbaladizas, pero a diferencia de este damán, no ocupan los afloramientos y montones de piedras más pequeños. Son más ramoneadoras que pacedoras y, por consiguiente, algo más arborícolas que el damán de las rocas, aunque no tanto como las niebas. La estructura social es similar a la de *P. capensis*, con unidades poligínicas dominadas por un macho centinela que no sólo avisa sobre los peligros sino que también lucha contra los machos intrusos. El depredador principal es la pitón de las rocas, seguida del leopardo y las aves rapaces.

A diferencia de los damanes terrestres, las niebas son nocturnas y poco gregarias, viviendo en solitario o formando pequeños grupos familiares que se refugian en huecos de árboles y en el follaje denso. Estrictamente arbóreas, las tres especies del género se distribuyen por las zonas forestales de África occidental, incluida la isla de Bioko (*Dendrohyrax dorsalis*), del E de Zaire, centro de Kenia y E de Sudáfrica (*D. arboreus*), y E de Tanzania, incluidas las islas de Zanzíbar, Pemba y Tumabtu (*D. validus*). Como los damanes terrestres, se mueven con rapidez y son extremadamente ágiles en las superficies más resbaladizas y empinadas gracias a la especial estructura almohadillada de sus pies. ∎

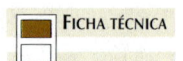

FICHA TÉCNICA

Nombre vulgar: Dugongo
Nombre científico: *Dugong dugon*
Clasificación: Orden sirenios. Familia dugóngidos
Características: LCC 2,4-2,7 m; P 230-260 kg; G 13-14 m; Nc 1
Distribución: mar Rojo; costa del Índico, del SE de Asia hasta las islas Ryukyu (Nueva Guinea), N de Australia y O de Oceanía

ORDEN SIRENIOS

Los sirenios son mamíferos acuáticos que carecen de extremidades posteriores y tienen las anteriores transformadas en aletas, mientras que la cola, ancha y aplastada como una pala, forma también una especie de aleta caudal. Otros rasgos característicos son la ausencia de orejas y la presencia en los orificios nasales de unos esfínteres que impiden la entrada del agua. Pese a su apariencia «cetácea», estos mamíferos nadadores muestran varias analogías anatómicas con los proboscídeos, como la ausencia de caninos, la estructura de molares y premolares y la existencia de un único par de mamas en el pecho. Los sirenios pasan su vida en el agua, marina o de agua dulce, según las especies, ya que son incapaces de moverse en tierra firme. Se alimentan de plantas acuáticas y sus movimientos son lentos y pesados.

FAMILIA DUGÓNGIDOS

Está formada por una única especie viva, el dugongo (*Dugong dugon*), que habita en el mar Rojo, las zonas costeras de gran parte del Índico, y del Pacífico occidental tropical. El dugongo se alimenta casi exclusivamente de plantas vasculares pertenecientes a las familias *Potamogetonaceae* e *Hydrocharitaceae*, de las que aprovecha sobre todo los rizomas ricos en carbohidratos, aunque también consume ocasionalmente algas y crustáceos. Su hábitat preferido son las aguas marinas poco profundas, con frecuencia cerca de arrecifes coralinos y siempre en zonas donde abunda la vegetación. Cuando hoza

FICHA TÉCNICA

Nombre vulgar: Manatí del Amazonas
Nombre científico: *Trichechus inunguis*
Clasificación: Orden sirenios. Familia triquéquidos
Características: LCCmáx 2,8 m; Pmáx 480 kg; Gm 12 m; Nc 1
Distribución: cuenca del Amazonas

Dugong dugon.

Trichechus inunguis.

el fondo en busca de rizomas o ramonea por entre las hojas acuáticas, utiliza su disco facial musculoso, en forma de herradura y provisto de una serie de cerdas de diversos grosores, como si fuera un rastrillo mecánico.

Aunque a veces vive en solitario, el dugongo suele ser muy gregario. En épocas pasadas no era raro observar agrupaciones inmensas compuestas por varios millares de individuos —en el E de Australia, se observó una manada que medía 5 km de longitud y 100 m de anchura— y todavía hoy, si bien con mucha menos frecuencia, pueden verse manadas que cuentan con centenares de animales. Es posible que estos grandes grupos tengan una finalidad defensiva, sobre todo contra los tiburones, que son los principales depredadores naturales del dugongo, pero también es posible que su finalidad sea educativa: según esta última hipótesis, ello permitiría a los individuos más jóvenes aprender a moverse y a nadar del modo más ventajoso y eficaz.

Debido a la baja tasa reproductora, a la persecución de la que han sido objeto por los pequeños «colmillos» (incisivos) del macho, por sus pretendidas virtudes medicinales o afrodisíacas, su aceite, su cuero excelente y su carne sabrosa, todas las poblaciones de dudongo están amenazadas de extinción.

Ficha técnica

Nombre vulgar:
Manatí de las Antillas
Nombre científico:
Trichechus manatus
Clasificación:
Orden sirenios.
Familia triquéquidos
Características:
LCC 3-4 m;
P 200-650 kg;
G 13 m; Nc 1
Distribución:
costa del Caribe y Atlántico, desde Virgina hasta el E Brasil; cuenca Orinoco; grandes Antillas y Bahamas

Familia triquéquidos

Consta de tres especies del género *Trichechus*. Se les conoce con el nombre de manatíes. A diferencia del dugongo, tienen la cola redondeada o romboidal, nunca escotada en el centro. Nadan muy despacio y descienden al fondo del agua para buscar plantas sumergidas, aunque también se alimentan de vegetación flotante o emergente. Éste es especialmente el caso del manatí del Amazonas, cuyo desafilado hocico revela la poca tendencia a nutrirse en el fondo, y de algunas poblaciones del manatí de Senegal que se alimentan de la vegetación terrestre que cuelga sobre los ríos o bien de las hojas de los manglares.

El manatí de las Antillas (*T. manatus*) no sólo vive en las costas del Caribe sino también en las del golfo de México y en las del Atlántico, desde Virgina hasta el E de Brasil. Es más marino que las otras dos especies, pero también penetra en algunos sistemas fluviales del golfo de México, así como en la cuenca del Orinoco. Las hembras de esta especie suelen sujetar a sus crías con las aletas anteriores, circunstancia que indujo a los navegantes del primer viaje de Colón a confundirlos con sirenas. El estudio posterior de estos mamíferos, cuyo rostro no destaca precisamente por su belleza, reveló un lejano parentesco con los elefantes, en tanto que la confusión de los descubridores de América (y un mito similar relacionado con los dugongos) le valió al orden que los engloba el nombre de sirenios.

El manatí del Amazonas (*Trichechus inunguis*) vive en la cuenca del río homónimo y, si bien frecuenta a veces su inmensa desembocadura, no abandona nunca la zona de influencia de las aguas dulces. Sus hábitats preferidos son los lagos, brazos muertos y lagunas de aguas «negras», siem-

Trichechus manatus.

Trichechus manatus.

pre que éstos estén conectados con grandes ríos y abundantes plantas acuáticas. El manatí del Senegal (*Trichechus senegalensis*) vive en África occidental, desde el país que le da nombre hasta el río Cumene, en Angola. Sus hábitats preferidos son los estuarios poco profundos y los marjales cercanos a las costas, pero también se adentra en aguas marinas.

A causa de su docilidad extrema, de su carne deliciosa y de su baja capacidad reproductora, las tres especies de manatíes son consideradas como vulnerables por la UICN. Sobre el manatí del Caribe pende también la amenaza de la contaminación de los embalses que regulan el caudal de los ríos, así como las hélices de las embarcaciones deportivas. ■

ORDEN PERISODÁCTILOS

Los perisodáctilos y los artiodáctilos son mamíferos ungulados, esto es, que han sustituido las garras por pezuñas durante la evolución. Ambos grupos, como veremos en los apartados correspondientes, difieren en el número de dedos y en su tipo y grado de modificación.

Las pezuñas son envolturas córneas que resguardan por completo la punta de los dedos, en lugar de cubrir sólo su cara superior, como ocurre con las uñas. Por regla general, los ungulados son al mismo tiempo unguligrados, es decir, andan sobre las pezuñas levantando el resto del pie. En un buey o en un caballo, lo que suele llamarse rodilla es en realidad el carpo o muñeca, y el corvejón es el talón; el codo y la verdadera rodilla en estos cuadrúpedos se hallan muy próximos al tronco. Podríamos decir que los ungulados son mamíferos que andan de puntillas. Esta posición del pie hace que, en la mayoría de especies, algunos dedos no toquen el suelo y acaben por desaparecer en el curso de la evolución de los diferentes grupos.

Los perisodáctilos son ungulados en los que el eje del pie pasa por en medio del tercer dedo, que es mayor que los demás en los cuatro pies. El número total de dedos es impar (excepto en los pies anteriores de los tapires), por lo que el orden recibe el nombre de perisodáctilos, de la voz griega *perissos*, impar. Como sucede con los artiodáctilos, estos ungulados nunca poseen los cinco dedos completos; la mayoría sólo tiene tres e incluso uno solo.

Clasificación

El orden perisodáctilos se clasifica en tres familias con seis géneros y 17 especies que se distribuyen por el centro, sur y sudeste de Asia, por África, y desde el sur de México hasta Argentina.

FAMILIA ÉQUIDOS

La componen ocho especies del género *Equus*. Son los caballos, los asnos y las cebras. Se trata de perisodáctilos sin cuernos y con un solo dedo funcional en cada pie, sobre cuya

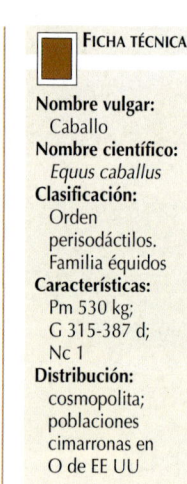

FICHA TÉCNICA

Nombre vulgar:
Caballo
Nombre científico:
Equus caballus
Clasificación:
Orden perisodáctilos.
Familia équidos
Características:
Pm 530 kg;
G 315-387 d;
Nc 1
Distribución:
cosmopolita; poblaciones cimarronas en O de EE UU

Equus caballus.

punta se sostienen (por lo que también se les denomina solípedos), adaptados para correr en extensos terrenos abiertos. En el esqueleto aún conservan vestigios de los dedos segundo y cuarto, representados por dos estiletes óseos, resto de los metacarpianos y metatarsianos.

Caballos. El caballo (*Equus caballus*) es, sin duda, uno de los animales domésticos que mayores servicios han prestado a la humanidad y que más influencia han tenido en su historia, desde que, en los tiempos primitivos, se domesticó para aprovechar su carne, hasta que se convirtió en un animal indispensable de silla, tiro y carga.

Desde la extinción del caballo de bosque (*E. c. sylvaticus*) de Europa central en 1800, y la del tarpán (*E. c. gmelini*) de las estepas rusas a finales del siglo XIX, ya no quedan ejemplares de esta especie en estado salvaje (véase sin embargo el caballo de Przewalski). Los llamados caballos salvajes de América son, en realidad, cimarrones o alzados, descendientes de los caballos domésticos que se perdían o escapaban en la época de la colonización y que, bajo un clima propicio, se habituaron a la vida libre de las praderas y las pampas. También en algunas regiones de Europa viven, como en estado salvaje, caballos libres; así ocurre en algunos montes de Galitzia (Polonia) y en las estepas de Rusia. En las islas Shetland, al norte de Escocia, existe en el mismo estado libre una raza de jacas pequeñas, muy apreciadas a principios del siglo XX para el tiro de pequeños coches y para exhibirlas en los espectáculos circenses.

El único caballo realmente salvaje que sobrevivió hasta bien entrado el siglo XX es el caballo de Przewalski (*E. przewalskii*), al que muchos autores consideran como una simple subespecie del caballo doméstico. Este équido de escasa altura, cabeza grande, crines hirsutas y pelaje bayo todavía era abundante a mediados del pasado siglo en las estepas y desiertos de Mongolia, Kazajstán, Sinkiang y de la región del Transbaikal (S de Siberia), pero sus efectivos empezaron a declinar drásticamente poco después de su descubrimiento por la ciencia en 1879, debido a la caza excesiva y a la ocupación de su hábitat salvaje por animales ganaderos. A principios del siglo XX ya se había convertido en un animal raro, y durante los años 1950 su área de distribución era tan reducida que la especie ya no podía recuperarse al estado natural. El último ejemplar salvaje fue observado en 1968 y el millar largo de caballos de Przewalski que hoy subsisten son los descendientes de doce ejemplares puros y de uno híbrido con caballo doméstico que se conservaron en cautividad a finales del siglo XIX y principios del XX. Desde hace algo menos de una década, esta especie (o subespecie) amenazada se está intentando reintroducir en el límite occidental del desierto de Gobi, en Mongolia, pero los planes de reintroducción todavía se enfrentan al problema de la escasa diversidad genética —pese a la recurrente utilización de yeguas de ponies como «madres de alquiler» para aumentar la diversidad genética de la población cautiva— y de la habituación de los jóvenes caballos cautivos a las duras condiciones de la estepa predesértica.

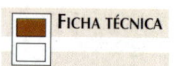

FICHA TÉCNICA

Nombre vulgar:
Caballo de Camargue
Nombre científico:
Equus caballus
Clasificación:
Orden perisodáctilos.
Familia équidos
Características:
Pm 530 kg;
G 315-387 d;
Nc 1
Distribución:
La Camarga (SE de Francia)

FICHA TÉCNICA

Nombre vulgar:
Caballo de Przewalski
Nombre científico:
Equus caballus przewalskii
Clasificación:
Orden perisodáctilos.
Familia équidos
Características:
LCC 2,2-2,8 m;
P 200-300 kg;
G 332-342 d;
Nc 1
Distribución:
se está intentando reintroducir en Mongolia

Equus caballus (caballo de Camargue).

Equus caballus przewalskii.

Aunque no se realizaron estudios científicos de campo sobre el caballo de Przewalski en estado salvaje, las investigaciones sobre ejemplares cautivos revelaron escasas diferencias entre este équido y los caballos cimarrones o incluso los domésticos. Los sementales adultos del Przewalski formaban, según parece, grupos reproductores o harenes de 15 a 20 individuos, en tanto que los caballos subadultos se reunían en grupos de solteros. A veces, varios grupos se unían y formaban manadas de cien animales o más. Los sementales intentaban prolongar su dominio el mayor tiempo posible sobre el harén, pero sus «derechos» sexuales no les libraban del «deber» de proteger a los otros miembros del grupo de los peligros exteriores y de coordinar sus movimientos.

Asnos. Existe otra especie de équido asiático que suele considerarse como asno, aunque sus formas son más elegantes que las del caballo de Przewalski, ya que tiene las orejas largas y la cola sólo posee cerdas en la punta. Se trata del hemión o asno asiático (*Equus hemionus*), una especie vulnerable que cuenta con cuatro subespecies vivas y una extinguida, el diminuto *E. h. hemippus*, que habitaba en la región que se extiende desde Palestina hasta Irak. Las cuatro subespecies vivas del hemiono son el amenazado onagro (*E. h. onagrus*), propio de los desiertos del norte de Irán, el también amenazado khur (*E. h. khur*) del Gujarat, en la India, el hemiono propiamente dicho o subespecie nominal (*E. h. hemionus*) del sur de Mongolia y el kulán (*E. h. kulan*) del Turkmenistán.

Una tercera especie asiática, el kiang (*E. kiang*), es el mayor asno salvaje y uno de los menos conocidos porque sólo se encuentra en el Tíbet y las regiones adyacentes, en estepas altas y onduladas hasta unos 5 000 metros de altitud. En estas apartadas tierras, la hierba y las plantas de bajo porte sólo abundan en agosto y septiembre, lo que obliga a los kiangs a nutrirse frenéticamente y a ganar mucho peso —hasta 45 kg— para poder afrontar el duro y prolongado invierno. Hasta los años 1950, el kiang era una especie abundante, pero sus efectivos disminuyeron drásticamente tras la ocupación china del Tíbet. Sin embargo, y aun cuando el número de ejemplares cautivos es muy bajo, existen buenas esperanzas para la recuperación de las poblaciones salvajes —que de todos modos suman un total de cabezas bastante superior al de los efectivos del hemión— gracias a la reciente creación de una enorme reserva de vida salvaje en el centro del Tíbet.

En el sur de Sudán, Etiopía y Somalia vive todavía el verdadero asno salvaje (*E. asinus*), del que procede el asno doméstico. En su estado natural, este équido es mucho más hermoso y robusto que cuando está domesticado. El pelaje de la parte superior suele ser gris o pardusco, puede volverse más rojizo en verano y se torna blanco en la parte inferior; suele haber una línea dorsal oscura, a veces hay una marcada franja transversal en el hombro y, más a menudo, unas bonitas bandas oscuras en las patas. Desgraciadamente, la población total de este équido muy bien adaptado a los hábitats desérticos cuenta apenas con 3 000 ejemplares.

FICHA TÉCNICA

Nombre vulgar:
Asno asiático o hemión
Nombre científico:
Equus hemionus
Clasificación:
Orden perisodáctilos.
Familia équidos
Características:
LCC 2-2,5 m;
P 200-260 kg;
G 11 m; Nc 1
Distribución:
desiertos del N de Irán, India, Turquestán y Mongolia

FICHA TÉCNICA

Nombre vulgar:
Kiang
Nombre científico:
Equus kiang
Clasificación:
Orden perisodáctilos.
Familia équidos
Características:
LCC 142 cm;
P 250-400 kg;
Gm 11,5 m; Nc 1
Distribución:
Tíbet y altas tierras adyacentes

Equus hemionus.

Equus kiang.

Cebras. Los équidos rayados o cebras (un término que no tiene ninguna categoría taxonómica, ya que, por ejemplo, la cebra de Grevy y la de montaña son tan distantes genéticamente como el caballo de los asnos) son exclusivos de la región etiópica y algunas especies se conocen ya desde la Antigüedad. Como tipo de cebras solía designarse a la cebra de montaña (*Equus zebra*), por ser la que conocían los antiguos naturalistas. No es, sin embargo, la especie común, ya que sólo habita en zonas reducidas del SO de Angola, Namibia y S y O de Sudáfrica, donde su situación es vulnerable. Este équido cuenta con dos subespecies, la nominal (*E. z. zebra*), propia de Sudáfrica y amenazada de extinción, y la cebra de Hartmann (*E. z. hartmannae*), que, pese a ser vulnerable, es todavía objeto de caza legal por el comercio de sus pieles.

La cebra que posee un área de distribución más extensa es la común o de Burchell (*E. burchelli*), que vive en herbazales, sabanas, arboledas abiertas y terrenos de «bush» del este de África, desde el S de Etiopía hasta el centro de Angola y el E de Sudáfrica. Aunque suele vivir en zonas llanas, esta especie también se encuentra a veces en terrenos ondulados o montañosos hasta 4 400 m de altura. Presenta una considerable variación geográfica que ha llevado a la descripción de varias subespecies, aunque la amplia gama de diversidad individual hace muy difícil delimitar las poblaciones, tanto que no resulta fácil encontrar dos cebras iguales, incluso en la misma manada.

La subespecie nominal o cebra de Burchell propiamente dicha (*E. b. burchelli*) vivía en grandes manadas en las llanuras del estado de Orange y algunas zonas adyacentes, pero ya empezó a escasear a mediados del siglo XIX y se extinguió por completo en 1909, fecha en que murió el último ejemplar cautivo en el zoo de Londres. Esta subespecie carecía de estrías en los cuartos traseros —donde sin embargo aparecían a menudo leves sombras de estrías—, en el vientre y en las patas por debajo del codo.

La cebra de Grant (*E. b. granti*) habita desde el norte de Sudán, Etiopía y Somalia hasta el sur de Tanzania; posee rayas negras y espacios intermedios blancos y anchos; las patas son rayadas hasta los cascos. La cebra de Selous (*E. b. selousi*) se encuentra desde el Zambeze inferior y norte de Mozambique hasta el Limpopo, este de Zambia y Malawi; tiene las rayas y los espacios intermedios más estrechos y numerosos; las patas están rayadas hasta los cascos.

La cebra de Chapman (*E. b. antiquorum*) vive desde Benguela hasta el Transvaal. El color de fondo es amarillo cremoso apagado, con estrías oscuras menos numerosas, alternado a menudo con sombras de estrías (zona rayada poco contrastada y con rasgos poco definidos), que tienden a volverse difusas en los cuartos traseros. Las patas no están completamente estriadas y a veces carecen por completo de estrías.

El cuaga (*E. b. quagga*), que algunos autores consideran como especie independiente (*E. quagga*), había llegado a ser muy abundante en la región de El Cabo y en otras zonas de Sudáfrica, pero se extinguió por completo en 1883, fecha en

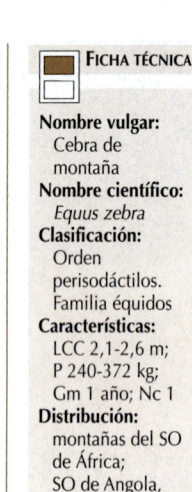

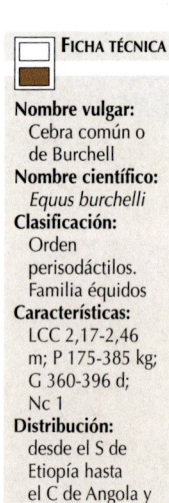

FICHA TÉCNICA

Nombre vulgar: Cebra de montaña
Nombre científico: *Equus zebra*
Clasificación: Orden perisodáctilos. Familia équidos
Características: LCC 2,1-2,6 m; P 240-372 kg; Gm 1 año; Nc 1
Distribución: montañas del SO de África; SO de Angola, Namibia, O y S de Sudáfrica

FICHA TÉCNICA

Nombre vulgar: Cebra común o de Burchell
Nombre científico: *Equus burchelli*
Clasificación: Orden perisodáctilos. Familia équidos
Características: LCC 2,17-2,46 m; P 175-385 kg; G 360-396 d; Nc 1
Distribución: desde el S de Etiopía hasta el C de Angola y el E de Sudáfrica

Equus zebra.

Equus burchelli.

que murió el último ejemplar cautivo en Amsterdam. El cuaga presentaba una gran variación en su pelaje y, si bien es costumbre definirlo como una cebra escasamente rayada, lo cierto es que junto a individuos escasamente o apenas rayados coexistían otros tan estriados como las también extinguidas cebras de Burchell.

La cebra de Grevy (*E. grevyi*) es el mayor de los équidos salvajes actuales y, en opinión de muchos especialistas, la más hermosa de todas las cebras. Desgraciadamente, y como muchos de sus congéneres, está amenazada de extinción. Sólo se encuentra en unas pocas zonas semidesérticas del S y E de Etiopía, de Somalia y del N de Kenia, casi siempre en hábitats más áridos que los de la cebra *común,* pero nunca tan desérticos como los que ocupa el asno salvaje.

Familia tapíridos

La componen cuatro especies del género *Tapirus* que viven en las regiones Oriental y Neotropical.

Estos perisodáctilos con cuatro dedos anteriores tienen formas corporales muy bien adaptadas a su denso hábitat forestal. La parte anterior fusiforme, que contrasta con los redondeados cuartos traseros, les confieren una línea compacta y a la vez aerodinámica que les permite huir velozmente por entre la densa maleza; por lo demás, la piel dura y lisa permite al animal escurrirse a toda prisa por entre la espesura sin ser lastimado por la vegetación, a veces muy agresiva, de los estratos más bajos del bosque tropical. El hocico, muy característico, es una trompa corta y muy movible que les sirve de ayuda para arrancar las hojas de los árboles y arbustos que constituyen su principal alimento (aunque son principalmente ramoneadores, los tapires también pacen a veces en la vegetación herbácea).

Una de las especies más conocidas es el tapir amazónico (*Tapirus terrestris*), al que los brasileños denominan danta y cuya área de distribución se extiende desde Colombia y Venezuela hasta el N de Argentina y el S de Brasil. Este tapir habita preferentemente en selvas húmedas —en ocasiones frecuenta asimismo hábitats herbáceos, siempre que haya mucha agua disponible— en las que, a fuerza de pasar siempre por un mismo sitio, forma pistas o pasos muy marcados, que conducen a algún río o charco, donde se baña o se revuelca en el cieno con aparente placer. Nada muy bien y anda por el fondo, como los hipopótamos; al igual que éstos, se lanza al agua cuando le amenaza algún peligro. Su voz es un chillido penetrante. Su carne, bastante apreciada, y su piel, que proporciona un cuero de buena calidad, han provocado una intensa caza que amenaza el futuro de esta especie; sus pezuñas, pulverizadas, las usaban los indios del Orinoco como medicina.

En la mitad norte de los Andes, desde Venezuela hasta el NO de Perú vive el pinchaque o tapir de montaña (*T. pinchaque*) y, en América Central, el tapir norteño o de Baird (*T. bairdii*), que también llega hasta el sur de México y hasta el oeste

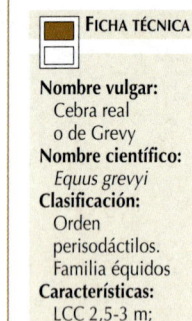

Ficha técnica

Nombre vulgar:
Cebra real o de Grevy
Nombre científico:
Equus grevyi
Clasificación:
Orden perisodáctilos.
Familia équidos
Características:
LCC 2,5-3 m;
P 352-450 kg;
G 390 d; Nc 1
Distribución:
Somalia, S y E de Etiopía, N de Kenia

Ficha técnica

Nombre vulgar:
Tapir amazónico
Nombre científico:
Tapirus terrestris
Clasificación:
Orden perisodáctilos.
Familia tapíridos
Características:
LCC 1,8-2,5 m;
P 180-320 kg;
G 385-412 d;
Nc 1
Distribución:
desde Colombia y Venezuela hasta el N de Argentina y el S de Brasil

Equus grevyi.

Tapirus terrestris.

de Ecuador. Ambas especies han sufrido en gran medida la destrucción de su hábitat —bosque andino el primero y bosques pantanosos y montanos el segundo— y hoy se encuentran en situación vulnerable. El tapir norteño no es tan selvático como las otras especies, ya que se encuentra en bosques secundarios bastante degradados e incluso en bosques abiertos. Su extraordinario olfato le permite guiarse por las múltiples sendas que recorre regularmente y donde encuentra los frutos de los que se nutre durante la estación seca, así como las hojas y brotes tiernos que ramonea durante las épocas más húmedas.

En el sur de Birmania y de Thailandia, en Malaysia peninsular y Sumatra habita el tapir asiático (*T. indicus*), una especie amenazada de extinción que en la actualidad raras veces se encuentra fuera del Taman Negara y de otros grandes parques nacionales. Como los otros tapires, es un animal solitario que, a excepción de las hembras con sus crías, muestra un comportamiento francamente agresivo frente a los individuos de su misma especie.

FICHA TÉCNICA

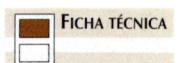

Nombre vulgar: Tapir norteño
Nombre científico: *Tapirus bairdii*
Clasificación: Orden perisodáctilos. Familia tapíridos
Características: LCC 1,8-2,5 m; P 180-320 kg; G 390-395 d; Nc 1
Distribución: desde el S de México hasta el O de Ecuador, siempre al O de los Andes

FAMILIA RINOCERÓNTIDOS

Comprende cuatro géneros y cinco especies de África y Asia tropical. Los rinocerontes son animales de gran tamaño y pesadas formas, con tres dedos en cada pata y uno o dos cuernos encima del hocico. No se trata de cuernos con un núcleo óseo, como los de los rumiantes, sino de naturaleza dérmica, como los pelos o las pezuñas.

Rinocerontes asiáticos. La piel de los rinoceróntidos carece de pelo —o tiene un pelaje rojizo y muy ralo, en el caso del rinoceronte de Sumatra— y es muy gruesa; en algunas especies crea extraños pliegues en las articulaciones, de modo que el animal parece estar cubierto con las diversas piezas de una armadura.

Esta particularidad es especialmente acusada en el rinoceronte indio (*Rhinoceros unicornis*), que vivía antiguamente en gran parte del subcontinente indio. Como otros rinocerontes, esta especie está amenazada de extinción por la absurda creencia de que su cuerno es afrodisíaco, y hoy sólo mantiene poblaciones superiores a 500 individuos en los parques nacionales de Kaziranga (Assam, India) y de Chitwan (Nepal). Como indica su nombre científico, tiene un cuerno único. Su hábitat preferido son las llanuras aluviales que bordean las marismas y los grandes ríos. Es poco social, y cuando dos individuos se encuentran de frente, entablan feroces luchas en las que no utilizan el cuerno sino los afilados colmillos.

El rinoceronte de Java (*Rhinoceros sondaicus*) tiene un solo cuerno, pero es menos corpulento, con la cabeza más pequeña y los pliegues corporales menos pronunciados que en el rinoceronte indio. Pese a su aspecto menos «antediluviano» que el de su congénere indio es, en realidad, más primitivo que éste, ya que su estructura apenas ha cambiado en los últimos diez millones de años. El labio superior, puntiagudo y

FICHA TÉCNICA

Nombre vulgar: Rinoceronte de Sumatra
Nombre científico: *Dicerorhinus sumatrensis*
Clasificación: Orden perisodáctilos. Familia rinoceróntidos
Características: LCC 2,36-3,18 m; Pmáx 800 kg; Nc 1
Distribución: Birmania, Malaysia peninsular, Borneo, N de Sumatra

Tapirus bairdii.

Dicerorhinus sumatrensis.

prensil, indica que este rinoceronte es un ramoneador que se alimenta de ramitas, brotes tiernos y hojas jóvenes, y que sólo ocasionalmente complementa su dieta con frutos caídos en el suelo selvático.

El hábitat exclusivo del rinoceronte de Java son las densas pluvisilvas, en las que abundan los abrevaderos y las pozas de barro, generalmente en zonas llanas, aunque a veces se han encontrado ejemplares por encima de los 1 000 m de altitud. Desgraciadamente, la pérdida acelerada de este tipo de hábitats, aunada a las persistentes y absurdas matanzas para obtener el preciado cuerno, han convertido a esta especie, antaño muy difundida por todo el Sudeste Asiático y gran parte del subcontinente indio, en uno de los mamíferos de gran tamaño más raros del mundo. En la actualidad, apenas quedan un centenar de ejemplares en el parque nacional de Ujung Kulon (al oeste de Java) y una o dos decenas en una población «redescubierta» por George Schaller y sus colaboradores en el centro de Vietnam. Ambas poblaciones, y sobre todo la segunda, continúan estando muy expuestas a la caza furtiva y a las epidemias, circunstancia que se ve agravada por la inexistencia de ejemplares de esta especie en cautividad.

Otra especie amenazada es el rinoceronte de Sumatra (*Dicerorhinus sumatrensis*) que, con una altura en la cruz que no supera los 145 cm y un peso rara vez superior a 800 kg —la mitad que el rinoceronte blanco—, es, con diferencia, el representante más pequeño de la familia. Este rinoceronte es también el único miembro superviviente de la subfamilia *Dicerorhinae*, que incluía al rinoceronte lanudo (*Coelodontha*) al que daban caza nuestros antepasados del Paleolítico, y su primitivismo se refleja en unas formas apenas cambiadas desde hace 40 millones de años, y en el hecho de que todavía conserva no sólo los incisivos —rasgo común con otros rinocerontes asiáticos— sino también los caninos.

Menos exigente que el rinoceronte de Java en cuanto a hábitats —aunque también exclusivamente ramoneador como éste—, el rinoceronte de Sumatra no sólo vive en las pluvisilvas de llanura sino también en selvas montanas y marjales, desde el nivel del mar hasta altitudes bastante elevadas. Por desgracia, esta mayor tolerancia ecológica no le ha librado de desaparecer de gran parte de su área de distribución original, que se extendía desde el NE de la India hasta Indochina, Sumatra y Borneo, y de convertirse en una especie inminentemente amenazada de extinción. El millar escaso de ejemplares supervivientes se reparten por una zona muy apartada de Birmania —5 o 6 individuos de la subespecie ya prácticamente extinguida *D. s. lasiotus*—, por Borneo —unos 30 a 50 individuos de la subespecie *D. s. harrisoni*—, por Malasia peninsular, donde subsisten unos 100 ejemplares de la subespecie nominal, y por el norte de Sumatra donde en 1990 (*Walker´s Mammals of the World*, Ronald M. Novak), vivían otros 400 a 700 individuos de esta misma subespecie.

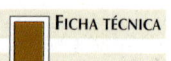

FICHA TÉCNICA

Nombre vulgar:
Rinoceronte indio
Nombre científico:
Rhinoceros unicornis
Clasificación:
Orden perisodáctilos. Familia rinoceróntidos
Características:
LCC 3,1-3,8 m; Pm 1,6-2,2 Tn; G 462-491 d; Nc 1
Distribución:
Chitwan (Nepal) y Kaziranga (Assam, India)

Rhinoceros unicornis.

Rinocerontes africanos. En África oriental y meridional existen dos especies de rinocerontes, que representan otros tantos géneros distintos. Ambas tienen dos cuernos y carecen de los grandes pliegues de la piel que presentan las especies asiáticas. La principal diferencia estriba en que el rinoceronte negro posee el labio superior largo, puntiagudo y movible como una pequeña trompa, como corresponde a un animal ramoneador de arbustos, mientras que en el blanco es corto, ancho y obtuso, propio de un animal pacedor.

El rinoceronte negro (*Diceros bicornis*) alcanza 1,80 m de altura en la cruz y un peso de 1 400 kg. Su cuerno anterior mide a veces cerca de un metro y el posterior suele ser menor. Aunque se ha exagerado mucho al respecto, este rinoceronte es un animal de costumbres impredecibles y puede ser peligroso. Lo es, sobre todo, cuando se ve acorralado de improviso en la espesura, pero también se han dado casos en los que el animal atacó al hombre tras olfatearle a gran distancia. En cualquier caso, la actitud de carga sistemática contra el hombre en ciertas regiones probablemente es fruto de la selección genética, ya que los individuos menos agresivos perecieron bajo las armas de caza.

El rinoceronte negro ha sido perseguido por el hombre desde épocas muy antiguas, pero su caza se ha intensificado en gran medida durante los dos últimos siglos. Los motivos de esta persecución han sido numerosos: la caza por razones «deportivas» o por considerarlo un animal peligroso y nocivo, por el valor de su piel y, sobre todo, por el de su cuerno. Esta última ha sido la causa que más víctimas se ha cobrado recientemente, pero la caza por otros motivos acabó en 1853 con la subespecie de mayor tamaño, D. b. bicornis, que vivía en Namibia y en la mayor parte de Sudáfrica. Pese a las intensas persecuciones, en 1970 todavía quedaban unos 65 000 rinocerontes negros en África y sus poblaciones ocupaban casi todos los países de su área de distribución original, una inmensa zona que se extendía desde Camerún hasta Etiopía y, por el sur, hasta Sudáfrica y Namibia. En la siguiente década, no obstante, el valor del cuerno de rinoceronte empezó a dispararse y, con él, la caza furtiva. En 1975 la CITES incluyó el rinoceronte negro en el apéndice 1 y el mismo año la UICN lo clasificó como especie vulnerable. Poco después, sin embargo, esta última organización lo clasificó como especie amenazada, clasificación que continúa más vigente que nunca en la actualidad.

Si en 1980 «todavía» sobrevivían 15 000 rinocerontes negros, a finales de esta misma década el número de sus efectivos ya había descendido a unos 3 000, más unos 200 en cautividad. Desde entonces, diversas organizaciones consagran sus esfuerzos a la salvación de esta especie. La UICN, en colaboración con la WWF y otras organizaciones, desarrolló a principios de nuestra década un plan internacional de conservación, plan que no sólo ponía el acento en salvar del furtivismo a las últimas poblaciones salvajes, mediante vallados, supresión de cuernos y otras medidas drásticas, sino también en

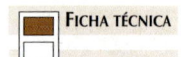

FICHA TÉCNICA

Nombre vulgar: Rinoceronte negro
Nombre científico: *Diceros bicornis*
Clasificación: Orden perisodáctilos. Familia rinoceróntidos
Características: LCC 2,86-3,75 m; P 0,8-1,4 Tn; G 419-478 d; Nc 1
Distribución: discontinua en África subsahariana

FICHA TÉCNICA

Nombre vulgar: Rinoceronte blanco
Nombre científico: *Ceratotherium simum*
Clasificación: Orden perisodáctilos. Familia rinoceróntidos
Características: LCC 3,35-4,20 m; P 1,4-3,6 Tn; G 16 m; Nc 1
Distribución: discontinua en África subsahariana

Diceros bicornis.

Ceratotherium simum.

detener el tráfico y la utilización del cuerno. Mucho mayor que el rinoceronte negro con sus 3 600 kg de peso máximo y sus 1,85 de altura máxima en la cruz, el rinoceronte blanco (*Ceratotherium simum*) es la única especie de la familia que no está amenazada de extinción (aunque sí lo está la subespecie norteña). También es la que tiene una estructura social más compleja, no siendo raras las agrupaciones temporales de diez individuos o más, formadas por grupos permanentes más pequeños; aunque los machos territoriales suelen ser solitarios, a menudo toleran la presencia de varios machos subordinados en sus territorios, así como de hembras y subadultos, e incluso intentan que las primeras no escapen de dichos territorios cuando están en celo. Contrariamente al rinoceronte negro, el blanco es poco agresivo, no sólo frente al hombre y otros animales, sino también frente a los individuos de su especie, lo que, unido a la posibilidad de emitir unas diez vocalizaciones distintas, sin duda ayuda a su sociabilidad. ■

ORDEN ARTIODÁCTILOS

En este orden de ungulados falta siempre el primer dedo de cada extremidad; como consecuencia de ello, la estructura del pie ha sufrido una desviación, de manera que el eje o línea media, en lugar de corresponder al tercer dedo, pasa por entre éste y el cuarto, quedando los dedos repartidos en pares simétricos. De ahí que a estos mamíferos se les denomine «artiodáctilos», palabra que en griego significa «con dedos pareados». Esta forma de las extremidades indica que los artiodáctilos están especialmente organizados para andar o correr, y que no son mamíferos trepadores.

Clasificación

El orden artiodáctilos comprende dos grupos diferentes de animales: los suiformes (suborden suiformes), que incluyen a los cerdos, pecaríes e hipopótamos, animales de régimen alimentario omnívoro, y los artiodáctilos rumiantes, que engloban a los subórdenes tilópodos (camellos y similares) y rumiantes (ciervos, jirafas, antílopes, bisontes, búfalos, gacelas, cabras y carneros), y que son herbívoros especializados que han adquirido un estómago con varias cámaras y el hábito de rumiar para poder digerir las fibras vegetales.

En total el orden se compone de 10 familias, 81 géneros y 211 especies, y se distribuye por todo el mundo excepto (sin contar las introducciones efectuadas por el hombre) las Antillas, Nueva Guinea, Australia, Nueva Zelanda y la Antártida.

SUBORDEN SUIFORMES

Está formado por las familias suidos (cerdos), tayasuidos (pecaríes) e hipopotámidos (hipopótamos). Son animales de formas pesadas y piel muy gruesa, por lo que también se les ha llamado «paquidermos». Excepto los pecaríes, poseen cuatro dedos

---

Ficha técnica

Nombre vulgar:
Jabalí
Nombre científico:
Sus scrofa
Clasificación:
Orden artiodáctilos.
Suborden suiformes.
Familia suidos
Características:
LCC 0,9-1,8 m;
P 50-350 kg;
G 100-140 d;
Nc 4-8
Distribución:
N de África, desde Europa occidental hasta Japón, Taiwán, Sumatra, Java; introducido en Norteamerica, las Antillas, Nueva Zelanda

Sus scrofa.

en cada pie, los dos centrales más desarrollados que los laterales; tienen los colmillos fuertes, en muchos casos largos y encorvados por fuera de la boca, y sus muelas romas denotan un régimen omnívoro. Muchas especies, en efecto, no sólo comen vegetales, sino también insectos, reptiles y otros animales.

Familia suidos

Consta de cinco géneros y nueve especies que se distribuyen por Europa, Asia y África, y que han sido introducidas por el hombre en numerosos lugares del planeta. Son los cerdos o jabalíes. Se reconocen por tres importantes características: su nariz se abre en el extremo del hocico, que es truncado, termina en un disco calloso y recibe el nombre de jeta; sus colmillos superiores están vueltos hacia arriba por fuera de la boca; y de los cuatro dedos de sus pies, sólo se apoyan en el suelo los dos del centro.

Jabalí y cerdo doméstico. El suido más conocido, no sólo por su abundancia en muchas regiones, sino también porque de él desciende el cerdo doméstico, es el jabalí (*Sus scrofa*). Este ungulado de enorme cabeza con afilados y corvos colmillos, y abundante y cerdoso pelaje pardo o negruzco tiene un área de distribución original muy extensa, que abarca Europa y Asia desde Portugal, Gran Bretaña y Escandinavia hasta el Sahara occidental y Egipto por el sur, y hasta el SE de Siberia, Japón y Malaysia peninsular, Sumatra y Java por el este, incluidas muchas otras islas como Córcega, Cerdeña, Sri Lanka, Hainan, Taiwán y las Ryukyu. También ha sido introducido, más o menos involuntariamente y a veces con funestas consecuencias ecológicas, en el continente americano, las Antillas, Hawai, Nueva Zelanda y otras islas oceánicas.

Debido sobre todo a la despoblación de los medios rurales desde los años 1960 y a la práctica desaparición de los depredadores naturales como el lobo y los linces, el jabalí es indudablemente el mamífero de gran tamaño más común y abundante de la fauna salvaje ibérica. Durante los años 1970, las poblaciones ibéricas, consideradas en conjunto, se incrementaron en un 200 por ciento y este incremento fue especialmente importante en la mitad norte de la península, donde la desruralización ha propiciado una gran recuperación del bosque —y una escasa limpieza de la maleza— en muchas regiones.

Aunque, como otras especies del género, el jabalí puede vivir en muchos tipos de hábitats, sus parajes preferidos son los montes bastante cerrados, especialmente los robledales y encinares, o bien los lugares pantanosos con cañaverales muy espesos. En estos cerrados parajes suele formar pequeñas piaras, de unos 20 individuos como media, aunque se han observados algunas de más de cien animales, en tanto que los machos viejos acostumbran vivir en solitario. Principalmente crepuscular y nocturno, el jabalí permanece durante el día encamado en la espesura, lejos de la luz del sol, y sale de noche a buscar su alimento, recorriendo a veces grandes distancias, y a revolcarse en el cieno, actividad a la que puede en-

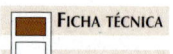

Ficha técnica

Nombre vulgar:
Jabalí
Nombre científico:
Sus scrofa
Clasificación:
Orden artiodáctilos. Suborden suiformes. Familia suidos
Características:
LCC 0,9-1,8 m; P 50-350 kg; G 100-140 d; Nc 4-8
Distribución:
N de África, desde Europa occidental hasta Japón, Taiwán, Sumatra, Java; introducido en Norteamerica, las Antillas, Nueva Zelanda

---

Ficha técnica

Nombre vulgar:
Cerdo doméstico
Nombre científico:
Sus scrofa
Clasificación:
Orden artiodáctilos. Suborden suiformes. Familia suidos
Características:
LCC 0,9-1,8 m; Pmáx. 450 kg; G 100-140 d; Nc 4-8
Distribución:
cosmopolita

Sus scrofa (jabalí).

Sus scrofa (cerdo doméstico).

tregarse durante horas si la ocasión lo permite. Se alimenta de raíces y tubérculos, que saca escarbando con su duro hocico; también come hongos, semillas, bellotas, hayucos y otros frutos caídos, así como vegetación verde, tanto silvestre como cultivada, invertebrados, pequeños vertebrados y carroña.

Hacia noviembre y diciembre en la Eurasia templada, y principalmente tres meses antes de las lluvias en las regiones tropicales (donde, en realidad, la reproducción puede darse durante todo el año), los machos de jabalí entran en celo y luchan entre sí, asestándose tremendas dentelladas; 100 a 140 días después, la hembra suele parir de cuatro a ocho jabatos, que nacen con la piel listada. Las jabalinas madres suelen reunirse en pequeñas colonias, en las que cada una ocupa con sus crías una cama de hojas secas, musgo y agujas de pino, escondida entre la maleza.

Según Lekagul y Mc Neely (citado en *Walker´s Mammals of the World*), la domesticación del cerdo a partir del jabalí tuvo lugar en China hacia el 4 900 a.C. y pudo haberse iniciado en fechas tan tempranas como el 10 000 a.C. en Thailandia-Malaysia. Desde entonces, muchas son las razas que se han desarrollado, especialmente en Europa, donde la domesticación del jabalí se inició en el Neolítico, separadamente de China, India y Thailandia-Malaysia.

El cerdo es especialmente útil para las economías agrarias porque alcanza la madurez sexual antes que otros ungulados domésticos, tiene mayores camadas y puede alimentarse de desechos humanos. Gracias a ello, contribuyó a la difusión de las poblaciones humanas por Nueva Guinea y las islas del Pacífico, regiones en las que todavía existen culturas «porcófilas», completamente centradas en la cría y el consumo de cerdos.

Otras especies. Otros miembros del género Sus son el jabalí enano (*S. salvanicus*), de Nepal, Sikkim, Bután y norte de India; el de Java (*S. verrucosus*) que también vive en las islas adyacentes Madura y Bawean; el de Célebes (*S. celebensis*), que según parece fue domesticado inicialmente en esta isla y luego llevado a las Molucas y algunas otras islas indonesias, donde se hibridó con cerdos cimarrones de la especie *S. scrofa*; y el jabalí barbudo (*S. barbatus*), de Malaysia peninsular, Sumatra, Borneo y Filipinas. Todos ellos tienen formas corporales, costumbres y ecología similares al jabalí euroasiático, si bien *S. salvanius* no supera los 65 cm de longitud corporal y los 30 cm de altura en la cruz, mientras que las otras especies alcanzan 1,8 m de longitud y 1,1 m de altura.

En el archipiélago malayo también se encuentra el babirusa (*Babyrousa babyrussa*), un suido atípico cuyos colmillos, en lugar de asomar por los lados de la boca, perforan la piel y salen por encima del rostro. El babirusa sólo vive en Célebes (Indonesia) y algunas islas vecinas, y su hábitat preferido son las selvas húmedas y tupidas, así como los cañaverales a orillas de lagos y ríos; si a ello se añade el hecho de que la población total no cuenta con más de unos 4 000 indivi-

---

FICHA TÉCNICA

Nombre vulgar:
Babirusa
Nombre científico:
Babyrousa babyrussa
Clasificación:
Orden artiodáctilos. Suborden suiformes. Familia suidos
Características:
LCC 0,87-1,07 m; P máx 100 kg; G 160 d; Nc 1-2
Distribución:
selvas y espesuras de Sulawesi (Célebes), Togian, Sula y Burú

FICHA TÉCNICA

Nombre vulgar:
Jabalí verrugoso o facoquero
Nombre científico:
Phacochoerus aethiopicus
Clasificación:
Orden artiodáctilos. Suborden suiformes. Familia suidos
Características:
LCC 0,9-1,5 m; P 50-150 kg; G 171-175 d; N 2-3
Distribución:
sabana y bosques claros de África subsahariana

Babyrousa babyrussa.

Phacochoerus aethiopicus.

duos, así como la persecución de que es objeto por los nativos, se comprende lo difícil que es observar a este extraño suido.

Otro suido singular, propio éste de las zonas de sabana del África subsahariana, es el jabalí verrugoso o facoquero (*Phacochoerus aethiopicus*), cuya cabeza enorme y aplastada presenta, en los machos adultos, dos pares de gruesas verrugas en las mejillas y unos colmillos superiores enormes, de hasta 63,5 cm de longitud (no más de 25 cm en las hembras), vueltos hacia fuera y encorvados a modo de cuernos. Durante las horas de calor, este suido principalmente diurno se mete bajo tierra, construyéndose una cueva o aprovechando la de otro animal cavador; suele entrar de grupa, quedando de cara al exterior. A pesar de sus formidables defensas, es un animal huidizo, que, al menor asomo de peligro, huye corriendo con la cola levantada; pero, acosado de cerca, sabe defenderse y se le ha visto poner en fuga incluso al leopardo. Los lechones de esta especie nacen de color uniforme, como sus padres.

Otro suido de la fauna etiópica es el potamoquero o cerdo de bosque africano (*Potamochoerus porcus*), que se reconoce por su abundante pelaje, por sus orejas muy puntiagudas y terminadas en un pincelillo de cerdas, y por sus colmillos pequeños. El potamoquero vive en gran parte del África subsahariana, Madagascar y la isla de Mayotte (Comores), en bosques de galería, sabanas, herbazales húmedos, selvas y otras zonas boscosas.

En la zona forestal que se extiende desde Liberia hasta el SO de Etiopía y el N de Tanzania, vive el cerdo gigante de selva o hiloquero (*Hylochoerus meinertzhageni*), un animal de pelaje negruzco que, pese a su considerable robustez (alcanza los 270 kg de peso), es uno de los últimos grandes mamíferos descubiertos por la ciencia. Este suido de peculiares características faciales —dos protuberancias suboculares y una marca en forma de «Y» que va desde la frente a la nariz— deambula por la selva en piaras de hasta 20 individuos conducidos por un viejo macho y se alimenta esencialmente de la vegetación herbácea que crece por encima del suelo. Contrariamente a otros suidos, es por tanto un animal principalmente pacedor que rara vez hoza el suelo en busca de raíces y tubérculos.

Familia tayasuidos

Se compone de dos géneros y tres especies de aspecto muy parecido a los suidos, pero con la cola atrofiada, sólo dos dedos funcionales en las extremidades posteriores —excepto en Catagonus, también existe un tercer dedo vestigial— y una glándula en el dorso que, junto con los pelos del cuello, segrega una sustancia de olor almizclado detectable a varios metros de distancia. Los tayasuidos se distribuyen desde el sudoeste de Estados Unidos hasta el centro de Argentina y se conocen con los nombres comunes de pecaríes, saínos o báquiros.

El pecarí de collar o saíno común (*Tayassu tajacu*), mide de 44 a 57 cm de altura en la cruz y es de color negruzco, con

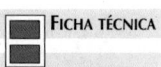

Ficha técnica

Nombre vulgar:
Pecarí de collar
Nombre científico:
Tayassu tajacu
Clasificación:
Orden artiodáctilos.
Suborden suiformes.
Familia tayasuidos
Características:
LCC 0,75-1 m;
P 14-30 kg;
G 145 d; Nc 2
Distribución:
desde Arizona y Texas (EE UU) hasta Argentina

Tayassu tajacu.

Tayassu tajacu.

una banda casi blanca alrededor de los hombros. El pecarí barbiblanco o báquiro caret (*T. pecari*) es algo mayor en promedio, de pelaje pardo rojizo a negro, con los labios y parte de la quijada blancos. Ambas especies habitan en la parte meridional de Norteamérica y en América Central y del Sur, tienen costumbres nocturnas y son principalmente vegetarianas, aunque también consumen invertebrados, ocasionalmente serpientes y otros pequeños vertebrados. Los pecarís forman a menudo grandes piaras de ambos sexos que, en el caso de algunas poblaciones del pecarí barbiblanco, pueden contar con varios centenares de individuos.

El pecarí del Chaco (*Catagonus wagneri*) habita en la región del Gran Chaco de Bolivia, Paraguay y Argentina, donde forma piaras más pequeñas que las dos especies del género *Tayassu* (de 1 a 10 individuos, generalmente 4 o 5 de todas las edades y de ambos sexos).

Familia hipopotámidos

La familia hipopotámidos está compuesta por dos géneros y dos especies propias de África. Son los hipopótamos, mamíferos africanos de cuerpo rechoncho y abultado, cubierto de piel gruesa y desnuda, patas muy cortas y terminadas en cuatro dedos, cola también reducida, y enorme cabeza acabada en un hocico ancho y redondo, con las ventanas de la nariz abiertas en su parte superior.

El hipopótamo propiamente dicho (*Hippopotamus amphibius*) es una enorme mole, con pequeñas orejas tiesas, ojos pequeños y protuberantes, y boca rasgada hasta las mejillas. Su tamaño es considerable, y los machos, que son mayores que las hembras en promedio, alcanzan 5 m de longitud corporal y 1,65 m de altura en la cruz. El peso supera con frecuencia las tres toneladas y alcanza 4,5 tm en los machos de mayor tamaño, lo que hace del hipopótano el más corpulento de los mamíferos terrestres después de los elefantes y por delante del rinoceronte blanco.

Todavía abundante en el alto Nilo y en otras zonas de África, el hipopótamo se ha vuelto raro en gran parte de su área de distribución original —ríos, lagos y humedales de agua permanente del África subsahariana y todo el Nilo hasta el delta— y ha desparecido por completo en el Nilo más al norte de Khartum, así como en gran parte de África occidental y meridional. Aunque en las regiones donde todavía abunda forma a veces grupos de hasta 150 individuos, lo más usual es que estas agrupaciones no superen las 10 a 15 cabezas. Estas pequeñas piaras pasan la mayor parte del día en el agua o cerca de ella, descansando o durmiendo en la orilla o en islotes de arena. De noche acuden a tierra y a veces se alejan a gran distancia del agua, hasta 10 km o más, para comer la hierba que constituye lo esencial de su dieta.

Pese a su corpulencia, los hipopótamos son bastante frugales porque su tasa metabólica relativamente baja les permite consumir diariamente apenas el 1,5 por ciento de su peso corporal, una cantidad bien exigua si se compara con el 2,5 por

Ficha técnica

Nombre vulgar:
Hipopótamo
Nombre científico:
Hippopotamus amphibius
Clasificación:
Orden artiodáctilos. Suborden suiformes. Familia hipopotámidos
Características:
LCC 2,9-5,05 m;
P 1-4,5 Tm;
G 227-240 d;
Nc 1
Distribución:
discontinua en África subsahariana

Hippopotamus amphibius.

Hippopotamus amphibius.

ciento que se ven obligados a consumir casi todos los demás ungulados. A pesar de sus cortas patas, son animales bastante ligeros en tierra. El agua, sin embargo, es su verdadero elemento y hacia ella corren en cuanto observan cualquier motivo de alarma, siendo capaces de permanecer sumergidos 25 minutos o más, aunque por lo general sus inmersiones no duran más de cinco minutos.

Tras una gestación de 32 a 34 semanas, la hembra pare una cría, más rara vez dos. Las crías, que pesan de 25 a 55 kg al nacer, aprenden a nadar antes de andar y maman bajo el agua. La hembra es una madre muy entregada y no es raro que la cría se suba a su dorso para asolearse mientras ella flota en la superficie, comportamiento que le brinda cierta protección contra los cocodrilos.

Unas de las peculiaridades más curiosas del hipopótamo es el sudor encarnado, muy viscoso y alcalino, con aspecto de sangre, cuya función es la de proteger al animal de los temibles rayos de sol tropical y, probablemente, contra las infecciones bacterianas y fúngicas. Esta peculiaridad también la muestra el hipopótamo pigmeo que a continuación se describe, si bien de un modo no tan acusado.

El hipopótamo pigmeo (*Choeropsis liberiensis*) parece una versión reducida del verdadero hipopótamo, pero en realidad existen marcadas diferencias de estructura, ecología y comportamiento entre uno y otro: el hipopótamo pigmeo es menos acuático y tiene el cráneo muy redondeado; los ojos, no tan salientes, aparecen situados a ambos lados de la cabeza; además, sólo presenta dos incisivos en la mandíbula inferior frente a los dos o tres pares que posee *Hippotamus*. El hipopótamo pigmeo es un animal difícil de ver en libertad, que sólo se encuentra en las selvas de llanura de Liberia, Costa de Marfil y -con poblaciones mucho menores— Sierra Leona y Guinea. Su tamaño y su peso son similares a las del hiloquero o cerdo gigante de selva y sus costumbres son muy parecidas a las de los suidos: le gusta revolcarse en el cieno, pero sólo se lanza al agua para bañarse o cuando le amenaza algún peligro. Esta especie está considerada por la UICN como vulnerable y según parece, siempre ha sido bastante rara.

SUBORDEN TILÓPODOS

El segundo grupo de artiodáctilos (subórdenes tilópodos y rumiantes) comprende un gran número de ungulados que tienen el estómago formado por varios compartimentos sucesivos, en los que los alimentos, después de haber llegado al primero de ellos y sufrido allí una fermentación previa, pueden volver a la boca y ser de nuevo masticados para su posterior digestión definitiva. Este acto recibe el nombre de «rumia» y los animales capaces de ejecutarlo, el de «rumiantes».

Por regla general, las cavidades del estómago son cuatro, denominadas panza, redecilla, libro y cuajar, pero en algunas familias (camélidos, tragúlidos) sólo hay tres. Otro carácter peculiar de los rumiantes consiste en la forma de sus molares, cuyas coronas presentan pliegues en figura de media

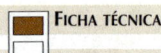

FICHA TÉCNICA

Nombre vulgar: Hipopótamo enano o pigmeo
Nombre científico: *Choeropsis liberiensis*
Clasificación: Orden artiodáctilos. Suborden suiformes. Familia hipopotámidos
Características: LCC 1,5-1,75 m; P 160-270 kg; G 192-210 d; Nc 1
Distribución: bosques de Liberia, Costa de Marfil, Sierra Leona, Guinea y Nigeria

---

FICHA TÉCNICA

Nombre vulgar: Camello bactriano
Nombre científico: *Camelus bactrianus*
Clasificación: Orden artiodáctilos. Suborden tilópodos. Familia camélidos
Características: dos jorobas; LCC 2,25-3,45 m; P 300-690 kg; G 370-440 d; Nc1
Distribución: antiguamente en estepas secas y semidesiertos; actualmente desierto de Gobi y áreas adyacentes

Choeropsis liberiensis.

Camelus bactrianus.

luna. Los colmillos superiores faltan casi siempre y los inferiores suelen poseer la misma forma que los incisivos. Por último, los dedos segundo y quinto son rudimentarios o faltan por completo, y los metacarpianos y metatarsianos de los dedos tercero y cuarto se hallan fundidos en un hueso único, llamado «caña».

Los tilópodos, incluyen una única familia, los camélidos.

Familia camélidos

Comprende tres géneros y seis especies repartidas por Asia central y Mongolia, la península Arábiga, África septentrional y la mitad sur de Sudamérica. Son los camellos, guanacos, llamas, alpacas y vicuñas.

La falta de cuernos es uno de los caracteres distintivos de esta familia, pero más distintiva aún es la forma de sus hematíes o glóbulos rojos, que son ovales y no circulares como en los demás mamíferos. Sus representantes son de gran tamaño (aunque hay una gran diferencia de talla entre los camellos del Viejo Mundo y los camélidos americanos) y tienen el labio superior partido en el centro. En los pies sólo poseen dos dedos, que en lugar de pezuñas tienen uñas en la parte superior, dejando detrás un ancho espacio calloso, que descansa en el suelo y sobre el cual anda el animal.

La joroba es un carácter del género *Camelus*, que comprende a los camélidos del mundo antiguo. Los del Nuevo Mundo (llamas y vicuñas) carecen de giba y se distinguen, además, por sus orejas largas y por tener los dedos relativamente finos, mientras que en los verdaderos camellos las orejas son cortas y los dedos son gruesos y anchos.

Sólo existen dos especies de camellos: el dromedario o camello de Arabia (*Camelus dromedarius*), que tiene una sola joroba y sólo se conoce en estado doméstico (o cimarrón, es decir asilvestrado, en Australia) y el camello bactriano (*Camelus bactrianus*) o de dos jorobas, que debe su nombre al hecho de haber sido muy común en la antigua región de Bactriana, entre el Turquestán e Irán.

El dromedario existió como animal salvaje en Arabia probablemente hasta hace unos 2 000 años. Fue domesticado en el 1 800 a.C. como mínimo y quizás en fechas tan tempranas como el 4 000 a.C., probablemente en el sur de Australia, desde donde se extendió como animal doméstico al SO y S de Asia (incluida la India, donde hoy es muy numeroso) y al N de África, donde tuvo un gran papel en el desarrollo de las culturas nómadas y de las rutas comerciales del Sahara. En los desiertos y grandes llanuras de estas regiones es el más precioso auxiliar que puede encontrar el hombre. Sus pies están perfectamente adaptados para marchar por la arena blanda sin hundirse, y su alimentación no plantea problemas, pues come tanto las espinosas palas de la chumbera como la más jugosa cebada, contentándose en caso de necesidad con plantas saladas que otros mamíferos no ingerirían jamás. Puede resistir largos períodos sin beber (hasta 10 meses si no realiza esfuerzos, contentándose con la esca-

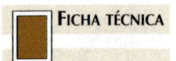

Ficha técnica

Nombre vulgar:
Camello bactriano

Nombre científico:
Camelus bactrianus

Clasificación:
Orden artiodáctilos. Suborden tilópodos. Familia camélidos

Características:
dos jorobas; LCC 2,25-3,45 m; P 300-690 kg; G 370-440 d; Nc 1

Distribución:
antiguamente en estepas secas y semidesiertos actualmente desierto de Gobi y áreas adyacentes

Camelus bactrianus.

sa vegetación del desierto), lo que le permite realizar largas travesías por zonas desérticas. Cuando bebe, llega a ingerir 135 litros en unos pocos minutos. La conservación del agua la realiza gracias a varias adaptaciones: produce heces secas y muy poca orina, y no suele refrigerarse sudando, sino elevando la temperatura corporal y liberando el calor durante la noche; además, las ventanas de la nariz pueden cerrarse a voluntad (lo que también evita la entrada de arena) y en sus cavidades nasales se humedece el aire que respira. Los depósitos de grasa, rica en energía, que acumula en la joroba, le ayudan a sobrevivir durante largos períodos sin comida. La carga máxima que uno de estos rumiantes puede transportar es de unos 270 kg, pero si el viaje es largo y penoso no se le ponen más de 130. Su resistencia es tan notable como su velocidad; con uno de estos camellos se pueden recorrer más de 100 km en un día.

Debido a la utilidad del dromedario en los países áridos se ha intentado aclimatarlo en diversas partes del mundo; pero esta aclimatación sólo ha dado resultado en Australia, donde existe una población cimarrona de 25 000 individuos.

Para los pueblos nómadas de Asia central, el camello bactriano reviste la misma importancia que su congénere para los de Arabia y norte de África. Los mongoles poseen muchos de estos camellos de dos gibas, a los que emplean como animales de carga. Este camello es más dócil, lento y fácil de montar que el dromedario; aun así, es capaz de correr a 65 km durante breves intervalos de tiempo. Como el dromedario, su manera de cabalgar es la característica ambladura: las dos patas de un lado se mueven hacia delante mientras que las del otro son proyectadas hacia atrás.

El camello bactriano fue domesticado probablemente antes del 2.500 a.C. en la zona mesetaria situada al N de Irán y SO del Turquestán. Desde allí, los camellos domesticados se extendieron hacia Irak y Asia menor por el oeste y hacia el N de China y Mongolia por el este.

Al contrario que el dromedario, que sólo cuenta con representantes domésticos o asilvestrados, el camello bactriano cuenta todavía con poblaciones salvajes en el desierto de Gobi. En invierno, estos camellos se desplazan hasta la orilla de la estepa de Gobi, pero tan pronto como funde la nieve regresan al desierto. Estas poblaciones salvajes todavía eran bastante numerosas en la década de 1920, pero a partir de estas fechas comenzaron a disminuir drásticamente, quedando relegadas a pequeños núcleos dispersos en el SO de Mongolia y el NO de China que no suman más de mil cabezas en total.

Los camellos bactrianos salvajes viven en solitario o en manadas que a veces suman más de 30 individuos. Los apareamientos tienen lugar durante todo el año, pero el período en el que se registra el mayor número de nacimientos coincide con la temporada de máximo crecimiento vegetal, es decir en marzo y abril. Después de 390 a 410 días de gestación, la hembra pare una cría única que es capaz de ponerse a correr al día siguiente de su nacimiento.

FICHA TÉCNICA

Nombre vulgar:
Dromedario o camello común

Nombre científico:
Camelus dromedarius

Clasificación:
Orden artiodáctilos.
Suborden tilópodos.
Familia camélidos

Características:
una sola joroba;
LCC 2,2-3,4 m;
P 300-690 kg;
G 370-440 d;
Nc 1

Distribución:
hoy sólo se conoce en estado doméstico (o asilvestrado en Australia); antiguamente en toda la región arábiga

Camelus dromedarius.

Camélidos americanos. En el Nuevo Mundo existen dos camélidos salvajes, el guanaco y la vicuña, pertenecientes a géneros distintos, y dos en domesticidad, la llama y la alpaca, considerados por la mayoría de autores como derivados del guanaco.

Los Andes de Chile, Perú y Argentina, así como la Patagonia y la Tierra del Fuego, son las regiones en las que habita el guanaco (*Lama guanicoe*); también se encuentra en las islas que cierran el estrecho de Magallanes, formando rebaños que pacen la escasa hierba de aquellas regiones y que, en algunos puntos, sólo pueden beber agua salada. El guanaco mide entre 1,10 y 1,15 m de altura en la cruz y está cubierto de un espeso pelaje lanoso de color leonado vivo, con las partes inferiores blancas y la cabeza gris oscura. Cuando alguien le ataca o le molesta, se defiende escupiendo, lanzando con el salivazo parte de su alimento medio digerido.

La llama (*L. glama*) es muy parecida al guanaco y, como casi todos los animales domésticos, de color muy variable. Fue domesticada por los antiguos peruanos y todavía se usa mucho en los Andes centrales.

En la actualidad, los indios aymarás, de Bolivia y Perú, son los que crían más llamas y los que mejor saben servirse de ellas. El peso que se pone a cada llama oscila entre 25 y 60 kg; los animales, así cargados, son capaces de andar de 15 a 30 km diarios por terrenos abruptos situados a gran altitud.

La alpaca (*L. pacos*) es algo menor que la llama y su lana es mucho más larga y fina. Ambas especies fueron domesticadas en Perú hace unos 4 000 a 5 000 años y se contaban por decenas de millones en la época de los conquistadores españoles. La alpaca se sigue criando selectivamente para obtener su lana, que es la mejor del mundo después del «shatoosh» o lana del antílope tibetano y que, en la época de los antiguos incas, se destinaba únicamente a la confección de ropajes para la realeza. Mientras los poco menos de tres millones de llamas que todavía subsisten van siendo sustituidos en muchas zonas por camiones y trenes, la alpaca, que hoy cuenta con más de 3,5 millones de cabezas, adquiere cada vez mayor importancia gracias al valor de su lana.

La vicuña (*Vicugna vicugna*) es algo menor que el guanaco y, si bien no es tan rápida (aunque es capaz de correr a 47 km/h a 4 500 m de altitud), sus movimientos son extremadamente gráciles, quizás más que los de cualquier otro ungulado. Habita en las mesetas de los Andes, en los prados de puna, hasta 5 700 m de altitud, y su dieta se compone casi exclusivamente de la hierba baja y perenne que crece en estos herbazales semiáridos. Las vicuñas forman pequeños rebaños guiados por un macho; éste, al observar cualquier peligro, lanza una especie de silbido, a cuya señal huyen todas a gran velocidad. Los habitantes de aquellas montañas las cazaban y les daban muerte para aprovechar su piel, disminuyendo radicalmente sus números, hasta el punto de que a mediados de los años 1960 habían descendido a menos de 6 000, por lo que la especie fue incluida por la UICN en la lista de los animales en peligro de extinción. Afortuna-

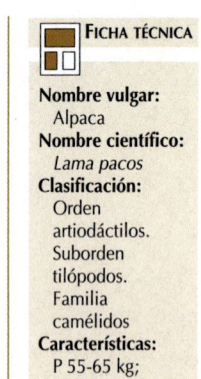

FICHA TÉCNICA

Nombre vulgar:
Alpaca
Nombre científico:
Lama pacos
Clasificación:
Orden artiodáctilos.
Suborden tilópodos.
Familia camélidos
Características:
P 55-65 kg;
G 342-68 d; Nc 1
Distribución:
doméstica S Perú y O Bolivia

FICHA TÉCNICA

Nombre vulgar:
Vicuña
Nombre científico:
Vicugna vicugna
Clasificación:
Orden artiodáctilos.
Suborden tilópodos.
Familia camélidos
Características:
LCC 1,25-1,9 m;
P 35-65 kg;
G 330-350 d;
Nc 1
Distribución:
puna de los Andes

Lama pacos.

Lama pacos.

Vicugna vicugna.

EUTERIOS

damente, los esfuerzos de conservación posteriores permitieron una buena recuperación de los efectivos —especialmente en la Reserva Nacional peruana de Pampas Galeras, donde hoy se concentra casi la mitad de la población total de la especie— y así, en 1987, la población mundial ya había llegado a 125 000 individuos, debido a lo cual la UICN reclasificó a la vicuña como especie vulnerable.

SUBORDEN RUMIANTES

Además de los caracteres de todos los artiodáctilos que rumían, los del suborden rumiantes suelen presentar cuernos, protuberancias óseas del cráneo que unas veces están encerradas en una vaina córnea, denominada asta, y otras revestidas de piel, en cuyo caso la porción terminal puede perder esta envoltura dérmica y quedar desnuda, constituyendo lo que se llama una «cuerna». En su dentición faltan los incisivos superiores, mientras que los caninos inferiores tienen la misma forma que los incisivos.

FAMILA TRAGÚLIDOS

La familia tragúlidos, una de las seis en las que se divide el suborden rumiantes, comprende dos géneros y cuatro especies que habitan en el oeste y centro de África y en el sur de Asia.

La especie más común de esta familia es el ciervo ratón menor o kanjil (*Tragulus javanicus*), cuya área de distribución se extiende por el Sudeste Asiático, Sumatra, Borneo y las islas de la Sonda. No mayor que una liebre, el kanjil es el más pequeño de los artiodáctilos y, como otros tragúlidos, carece de cuernos pero tiene los caninos superiores muy desarrollados, especialmente en el macho. Del género *Tragulus* existen otras dos especies algo mayores, *T. meminna* de India y Sri Lanka, y *T. napu* que tiene una distribución similar al kanjil.

En las selvas de llanura de África ecuatorial vive otro tragúlido, el hiemosco (*Hyemoschus aquaticus*), que es también de hábitos nocturnos y que tiene un pelaje castaño vivo con manchas blancas.

FAMILIA MÓSQUIDOS

La familia mósquidos está formada por cinco especies del género *Moschus* que se distribuyen por la mitad oriental de Asia. Se les denomina ciervos almizcleros, o simplemente almizcleros, debido a una glándula abdominal que presentan los machos y que segrega una sustancia, el almizcle propiamente dicho, que ha sido muy usada en perfumería (todavía lo es en la preparación de perfumes de lujo, ya que es el mejor fijador de perfumes conocido hasta la fecha) y en la preparación de determinados productos farmacéuticos. Los ciervos almizcleros tienen también largos caninos superiores, que sobresalen de la boca y que en el macho alcanzan 8 cm de longitud. Todos ellos carecen de cuernos y su estómago consta de cuatro cavidades.

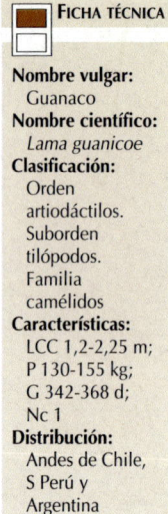

FICHA TÉCNICA

Nombre vulgar:
Guanaco
Nombre científico:
Lama guanicoe
Clasificación:
Orden artiodáctilos. Suborden tilópodos. Familia camélidos
Características:
LCC 1,2-2,25 m; P 130-155 kg; G 342-368 d; Nc 1
Distribución:
Andes de Chile, S Perú y Argentina

FICHA TÉCNICA

Nombre vulgar:
Ciervo ratón menor o kanjil
Nombre científico:
Tragulus javanicus
Clasificación:
Orden artiodáctilos. Suborden rumiantes. Familia tragúlidos
Características:
LCC 40-75 cm; P 0,7-8 kg; G 140-177; Nc 1
Distribución:
Tailandia, Indochina, península Malaya, Sumatra, Borneo y islas de Indonesia

Lama guanicoe.

Tragulus javanicus.

La especie más apreciada en perfumería es el almizclero común *Moschus moschiferus*, que vive en Siberia, Mongolia, Manchuria, Corea y Sajalín. Su tamaño es el de una cabra y posee un pelaje espeso y de coloración variable, aunque generalmente pardo rojizo con algunas manchas pálidas poco señaladas.

Las otras cuatro especies del género son el almizclero enano (*M. berezovskii*), del E y S de China y N de Vietnam; el de montaña (*M. chrysogaster*), del Himalaya y el Tíbet, el gorgiblanco (*M. leucogaster*), de Nepal, Sikkim y Bután, y el almizclero de Yunán (*M. fuscus*), que también se encuentra en el N de Birmania.

FAMILIA CÉRVIDOS

Se compone de cuatro subfamilias, 16 géneros y 40 especies que se distribuyen por toda América, Eurasia y norte de África.

La de los cérvidos es una de las familias de rumiantes con mayor número de especies, y todas ellas, excepto el ciervo acuático chino, están provistas de cuernos, aunque tan sólo durante una parte del año. Los cuernos constan de dos partes: un pedúnculo duradero, cubierto de piel, y una porción terminal, por lo común ramificada, que nace revestida de una envoltura dérmica a la que se da el nombre de terciopelo o correal. La presencia de los cuernos completos, que coincide con la época del celo, constituye a la vez un ornamento sexual y un arma que los machos emplean para luchar por la posesión de las hembras. Éstas no poseen cornamenta, excepto en los renos, y aun en esta especie sus cuernos son pequeños y débiles.

La cuerna, o parte terminal desnuda del cuerno típica de los cérvidos, se compone de dos ramas, una dirigida hacia delante, llamada garceta, y otra hacia atrás, que es la que primero aparece y se denomina vara o estaca. En general, la garceta es sencilla, mientras que la vara presenta varios candiles o puntas accesorias.

Subfamilia hidropotinos

Comprende únicamente al ciervo acuático chino (*Hydropotes inermis*), propio de China y Corea. Carece de cuernos, su altura en la cruz varía entre 45 y 55 cm y su peso oscila en torno a 30 kg. Vive cerca de las orillas de los ríos, alimentándose de la vegetación de ribera, aunque también frecuenta pastos de montaña y campos de cultivo. Los caninos superiores, sobre todo en el macho, están muy desarrollados, sobresaliendo de la boca.

Subfamilia muntiacinos

Son los muntjacs (género *Muntiacus*) y el eláfodo (*Elaphodus cephalophus*), que se encuentran en China, Taiwán, Sri Lanka, el Tíbet, la India, Birmania, Tailandia, Malaysia, O de Indonesia y Vietnam (dos de las cinco especies de muntjacs han sido introducidas en Gran Bretaña y otros países). Los muntjacs

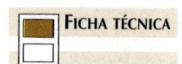

FICHA TÉCNICA

Nombre vulgar:
Almizclero enano
Nombre científico:
Moschus berezovskii
Clasificación:
Orden artiodáctilos.
Suborden rumiantes.
Familia mósquidos
Características:
LCC 70-100 cm;
P 7-17 kg;
G 196-198 d;
Nc 2
Distribución:
E y S de China y N de Vietnam

FICHA TÉCNICA

Nombre vulgar:
Ciervo acuático chino
Nombre científico:
Hydropotes inermis
Clasificación:
Orden artiodáctilos.
Suborden rumiantes.
Familia cérvidos
Características:
LCC 77,5-100 cm; P 30 kg;
G 170-210 d;
Nc 2
Distribución:
China y Corea

Moschus berezovskii.

Hydropotes inermis.

poseen cuernos de tamaño mediano o pequeño (rara vez superan los 13 cm de longitud, y el *M. atherodes* ni siquiera los 4 cm) y tienen una longitud corporal y un peso máximos de 1,32 m y 28 kg. El eláfodo tiene los cuernos muy pequeños, a menudo ocultos, mide 1,1 a 1,6 m de longitud y pesa de 17 a 50 kg. Los machos de ambos géneros poseen, sin embargo, unos caninos bien desarrollados y puntiagudos con los que pueden infligir graves heridas a animales incluso bastante mayores que ellos.

En 1994, sin embargo, el científico británico John McKinnon descubrió en la cordillera Annamítica de Vietnam unos cuernos parecidos a los del muntjac común (*M. muntjak*), pero que doblaban su tamaño: 20 cm en lugar de 9. McKinnock trajo los cuernos a Europa y los presentó al profesor Peter Arctander, del Instituto zoológico de la universidad de Copenhague. El profesor danés, gran especialista en ADN, ya había identificado dos años antes los restos del saola, el bóvido salvaje descubierto por el zoólogo Freddy Wulff en la cordillera Annamítica y, tras analizar los cuernos del cérvido, confirmó que se trataba de una especie desconocida hasta la fecha. Posteriormente, este muntjac gigante fue fotografiado por Wulff y recibió el nombre de *Megamuntiacus vuquangensis*.

Subfamilia cervinos

Son los ciervos propiamente dichos. El representante más conocido de esta subfamilia es el ciervo común (*Cervus elaphus*), especie extendida por casi toda la región Holártica y que cuenta con numerosas subespecies, entre ellas las amenazadas *C. c. corsicana* de Córcega y Cerdeña, y *C. c. barbarus* del norte de África.

Por regla general, el ciervo común habita en las sierras y en los montes ricos en vegetación, sobre todo en terrenos arbolados. Rara vez se le encuentra en el monte bajo o en las dehesas, salvo si hay cerca montañas, y jamás en las grandes alturas, fuera de la zona de los árboles. En las zonas donde vive en completa libertad, cambia de localidad según las estaciones. Incluso los ciervos que no pertenecen a una población realmente migradora (que en otoño se desplaza a menores altitudes para evitar la nieve) prefieren en verano la vertiente norte de las montañas y los sitios sombríos y húmedos, mientras que en invierno se desplazan a la vertiente meridional, donde buscan los lugares descubiertos y soleados.

Las costumbres del ciervo común son más bien nocturnas que diurnas, pero, como sucede con muchos mamíferos, esto se debe sobre todo a la persecución de que es objeto. Es muy gregario y forma pequeñas manadas fuertemente jerárquicas (especialmente los grupos de hembras, ya que los de machos son poco más que meras agregaciones de individuos), que durante la mayor parte del año permanecen separadas por sexos, generalmente de 4 a 7 miembros, sin contar las crías y subadultos en las manadas femeninas. A principios de septiembre en las regiones templadas, las hembras empiezan a limitar sus

---

FICHA TÉCNICA

Nombre vulgar:
Muntjac común
Nombre científico:
Muntiacus muntjak
Clasificación:
Orden artiodáctilos.
Suborden rumiantes.
Familia cérvidos
Características:
LCC 64-132 cm;
P 14-28 kg;
G 210 d
Distribución:
Sri Lanka, Hainan, Sumatra, Borneo, Java, Bali e islas Kangean

---

FICHA TÉCNICA

Nombre vulgar:
Ciervo común
Nombre científico:
Cervus elaphus
Clasificación:
Orden artiodáctilos.
Suborden rumiantes.
Familia cérvidos
Características:
LCC 1,6-2,6 m;
P 75-340 kg;
G 235 d; Nc 1
Distribución:
Europa, Asia Menor y Central, el N de África, el S de Canadá y el N de México

Muntiacus muntjak.

Cervus elaphus.

áreas de deambulación y a concentrarse en las áreas tradicionales de celo. Poco después, los machos abandon a su vez sus cuarteles de verano y se reúnen con las hembras, dando inicio a la brama o berrea, una intensa competencia por las hembras que se expresa mediante bramidos, chorros de orina y luchas frecuentes, a menudo cruentas. Una vez los machos vencedores han conseguido formar un harén de hembras, las vigilan constantemente, intimidando a los machos rivales o luchando encarnizadamente con ellos si la ocasión lo requiere. Esta actividad frenética, que apenas deja tiempo para la alimentación, debilita de tal forma a los sementales que éstos acaban siendo desplazados por otros machos que días antes habían sido derrotados por los primeros y que ahora entran en liza con renovado vigor. En mayo o a principios de junio, la hembra pare una sola cría, muy rara vez dos, y se aísla con ella para criarla durante sus primeras semanas de vida, aunque luego se junta con otras hembras y sus cervatos para formar manadas femeninas dirigidas por una cierva vieja. Los cervatos pierden su librea moteada al empezar el invierno, cuando tienen unos tres meses de edad, pero continúan mamando hasta los seis, siete meses o incluso más.

La alzada y el peso del ciervo común es bastante variable en función de las subespecies y la localidad. Los mayores ciervos llegan a medir 1,5 m de altura y a pesar 340 kg y las cuernas, en los machos más viejos, llegan a alcanzar 1,75 m de longitud. Muchos de estos ejemplares pertenecen a alguna de las cuatro subespecies que subsisten en Norteamérica y que reciben el nombre de wapitis (y que antes recibían tratamiento específico, como *C. canadensis*). Hace más de un siglo, estos ciervos gigantes existían en gran parte de Estados Unidos y Canadá, pero, como consecuencia de la activa persecución de que fueron objeto, han quedado relegados a la parte occidental de estos países, sobre todo al pie de las Montañas Rocosas.

En la mitad oriental de Asia existen numerosas especies de ciervos, entre ellas el sámbar (*Cervus unicolor*) de India, S de China y Sudeste Asiático; el sámbar de la Sonda (*C. timorensis*) y el de Filipinas (*C. mariannus*); el barasingha (*C. duvauceli*) de India y Nepal; el ciervo sika (*C. nippon*) de Japón, Taiwán, China y Vietnam; el ciervo porcino (*Axis porcinus*) de Asia tropical, y el bellísimo chital o ciervo moteado (*Axis axis*), rumiante bien conocido por las asociaciones defensivas que forma en el subcontinente indio con el primate langur hanumán.

Una especie muy difundida de la subfamilia cervinos es el gamo (*Dama dama*), cuyos cuernos tienen la vara ensanchada en forma de pala y que, por lo general, tiene el pelaje manchado de blanco en verano y de color pardo uniforme en invierno. Se le encuentra en estado salvaje en algunos montes de la península Ibérica, Grecia, Asia Menor, Irán e islas de Cerdeña y Rodas, y está «reaclimatado» en muchos parques y cotos de Europa e introducido en Canadá, EEUU, las Antillas, sur de Sudamérica, Sudáfrica, Japón, Madagascar, Australia, Nueva Zelanda y las Fidji. En España puebla el

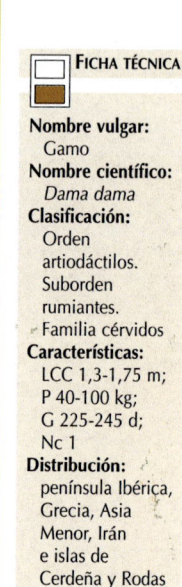

FICHA TÉCNICA

Nombre vulgar: Ciervo wapití
Nombre científico: *Cervus elaphus "canadensis"*
Clasificación: Orden artiodáctilos. Suborden rumiantes. Familia cérvidos
Características: LCC 1,65-2,65 m; P 75-340 kg; G 235 d; Nc 1
Distribución: Montañas Rocosas (Norteamérica)

FICHA TÉCNICA

Nombre vulgar: Gamo
Nombre científico: *Dama dama*
Clasificación: Orden artiodáctilos. Suborden rumiantes. Familia cérvidos
Características: LCC 1,3-1,75 m; P 40-100 kg; G 225-245 d; Nc 1
Distribución: península Ibérica, Grecia, Asia Menor, Irán e islas de Cerdeña y Rodas

Cervus elaphus "canadensis".

Dama dama.

monte bajo, las grandes dehesas y las zonas de marjal, siempre que encuentre en ellos arbolado y matorral abundantes aunque poco espesos. Suele vivir en grupos más o menos numerosos, compuestos por individuos de un mismo sexo, aunque las hembras pueden ir acompañadas de algunos machos muy jóvenes, a los que todavía amamantan. En la época de cría, los machos realizan una especie de danza de cortejo, entablan luchas ritualizadas e incruentas, y berrean para atraer a las hembras en territorios muy concretos a los que algunos autores dan categoría de «leks» o arenas de cortejo.

Subfamilia odocoilinos

En Europa, Siberia, norte de Irán y China habitan los corzos (*Capreolus capreolus, C. pygarus*), gráciles cérvidos de tamaño mediano, con el pelaje del dorso rojizo en verano y gris parduzco en invierno, y con sólo tres puntas en los cuernos. Los corzos viven en bosques caducifolios o de hoja perenne, valles con arbolado disperso y zonas agrícolas con espesa vegetación en las lindes, generalmente a altitudces que no superan los 2 400 m. En esta amplia variedad de hábitats suelen permanecer en lo más hondo de la espesura, excepto a primeras horas de la mañana y últimas de la tarde, cuando salen a pacer en zonas más abiertas. Son animales tímidos, aunque curiosos, y tienen los sentidos muy desarrollados. Son excelentes nadadores y se alimentan de plantas herbáceas, incluidas las de cultivo. Suelen vivir en solitario o en pequeños grupos y, contrariamente a otros cérvidos, el macho suele competir por una hembra única, luchando ferozmente contra cualquier intruso una vez la ha conseguido.

En América existe un género muy parecido en aspecto, coloración y costumbres a los corzos euroasiáticos, pero de corpulencia generalmente mayor y con unos cuernos más desarrollados, que presentan la garceta dirigida hacia dentro y la vara encorvada hacia delante. A este género pertenece el ciervo mulo (*Odocoileus hemionus*), que vive en Norteamérica desde el sur de los estados canadienses de Yukón y Manitoba hasta el norte de México y cuyo nombre común procede de la enorme longitud de sus orejas. Otro componente del género es el ciervo de Virginia (*O. virginianus*), de Norteamérica, Centroamérica y norte y centrooriente de Sudamérica (e introducido en Nueva Zelanda y Escandinavia).

El amenazado ciervo de las pampas (*Ozotoceros bezoarcticus*) y el vulnerable ciervo de los pantanos (*Blastocerus dichotomus*) representan a este mismo grupo en Brasil, Bolivia, Paraguay, Uruguay, sudeste de Perú y Argentina, ya que numerosos autores clasifican estas dos especies dentro del género *Odocoileus*. La última, que como indica su nombre es propia de marjales y otras zonas húmedas, se distingue por su gran tamaño —es el mayor de los cérvidos sudamericanos— y por sus formas gráciles. Según parece, el ciervo de los pantanos vive a menudo en solitario y no lucha por la posesión de las hembras, no existiendo una estación definida de caída de las cuernas; este comportamiento contrasta con el del cier-

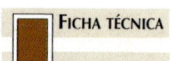

FICHA TÉCNICA

Nombre vulgar:
Reno o caribú
Nombre científico:
Rangifer tarandus
Clasificación:
Orden artiodáctilos. Suborden rumiantes. Familia cérvidos
Características:
LCC 1,2-2,2 m; P 60-318 kg; G 227-229 d; Nc 1
Distribución:
estado salvaje, únicamente en el N de Alaska, Canadá y N de Idaho (EE UU); doméstico en el N de Eurasia

Rangifer tarandus.

vo de las pampas y los ciervos Odocoileus, que forman a menudo grupos mixtos de machos y hembras (aunque sólo en invierno los Odocoileus) y que luchan ritual o ferozmente por las hembras sin que se lleguen a formar harenes.

Otros cérvidos sudamericanos son el amenazado pudu o venadito de los páramos del sur (*Pudu puda*), de los Andes del sur de Chile y de Argentina, y la corzuela mexicana (*Mazama americana*), que se distribuye desde México hasta Argentina; ambas especies tienen las cuernas reducidas a una simple clavija, sin candiles. Los altos páramos de los Andes poseen también sus ciervos, de cuernas bifurcadas simples y sin librea juvenil; uno de ellos es el vulnerable huemul o ciervo andino de Perú (*Hippocamelus antisensis*), que también se encuentra en el O de Bolivia, el NE de Chile y el N de Argentina; el otro es el huemul o ciervo andino de Chile (*H. bisulcus*), propio del centro y sur de Chile y de los andes argentinos.

El reno (*Rangifer tarandus*), que vive en estado salvaje en Escandinavia, Rusia desde Carelia hasta Sajalín, Alaska, Canadá, N de Idaho (EE UU), Groenlandia e islas adyacentes, es el único cérvido cuya hembra posee cuernos, aunque pequeños, y uno de los pocos cuyas crías no son manchadas. También es el único representante de esta familia que el hombre ha podido domesticar completamente. Los pueblos más septentrionales de Europa y Asia lo utilizan desde hace siglos como animal doméstico (y más recientemente en Alaska, Canadá, Groenlandia, Irlanda y Escocia), entre ellos los lapones que calculan su fortuna por el número de renos que tienen. En América del Norte se le conoce con el nombre de caribú y sus poblaciones más norteñas realizan enormes migraciones entre la tundra que frecuentan en verano y los territorios forestales de invierno. Algunos individuos de Alaska y del Yukón han llegado a recorrer más de 5.000 km en estas migraciones anuales, la mayor distancia documentada hasta la fecha para un animal terrestre.

El alce (*Alces alces*), que es el mayor de los cérvidos, puebla gran parte de las zonas boreales de la región holártica y ha sido introducido en Nueva Zelanda. Su aspecto es muy característico, con la cabeza enorme y terminada en un hocico ancho y abultado, la garganta provista de un apéndice colgante y los cuernos muy grandes y ensanchados en enormes palas con numerosas puntas en el borde. Este inmenso cérvido suele habitar en zonas boscosas cubiertas por la nieve durante la estación fría, siendo uno de sus hábitats favoritos las zonas húmedas con abundantes sauces y álamos. Aunque a veces los alces se concentran en grandes números en áreas favorables en las que abunda la vegetación leñosa de la que se nutren en invierno, durante gran parte del año son animales solitarios que se alimentan de vegetación acuática o de hojas de árboles y arbustos. Durante la estación reproductora, los machos compiten por obtener una hembra, realizando elaboradas paradas que a veces degeneran en luchas cruentas; y, lo que es más curioso, las hembras tienen también una parte activa en estas lizas ya que intentan atraer a los machos por el sonido y el olor.

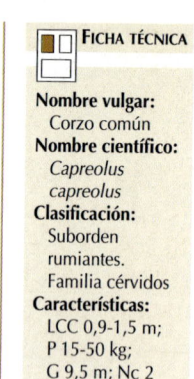

FICHA TÉCNICA

Nombre vulgar:
Corzo común
Nombre científico:
Capreolus capreolus
Clasificación:
Suborden rumiantes.
Familia cérvidos
Características:
LCC 0,9-1,5 m;
P 15-50 kg;
G 9,5 m; Nc 2
Distribución:
de Gran Bretaña y España al Volga y N Irán

FICHA TÉCNICA

Nombre vulgar:
Alce
Nombre científico:
Alces alces
Clasificación:
Suborden rumiantes.
Familia cérvidos
Características:
LCC 2,4-3 m;
P 200-825 kg;
G 226-264 d;
Nc 1
Distribución:
zonas boreales y Nueva Zelanda

FICHA TÉCNICA

Nombre vulgar:
Corzuela roja
Nombre científico:
Mazama gouazoubira
Clasificación:
Suborden rumiantes.
Familia cérvidos
Características:
LCC 0,7-1,3 m;
P 8-25 kg;
G 206 d; Nc 1
Distribución:
de Colombia y Venezuela al N Argentina

Capreolus capreolus.

Alces alces.

EUTERIOS

Mazama gouazoubira.

Familia Jiráfidos

Se compone de dos géneros y dos especies propias de la fauna etiópica.

Los jiráfidos tienen grandes ojos y orejas, una lengua extensible, el cuello y las patas largas, y sólo tienen dos dedos funcionales, recubiertos de pezuñas, en cada pie. Los cuernos, distintos de los de cualquier otro animal, están presentes desde el nacimiento como protuberancias cartilaginosas que rápidamente se osifican y que crecen lentamente durante toda la vida, no perdiendo nunca su cobertura de piel. Ambos sexos tienen cuernos pero en las hembras no crecen con tanto vigor.

La jirafa (*Giraffa camelopardalis*) es bien conocida por su inmensa altura —con sus 5,88 m de altura máxima es el más alto de los animales que hoy existen en la Tierra—, su lomo en declive, su cuello extremadamente largo y su piel ornamentada con manchas oscuras. Pese a su longitud, el cuello de la jirafa, adaptado para ramonear a mayor altura que los otros herbívoros, tiene el mismo número de vértebras que el de los demás mamíferos, es decir, siete. Este singular rumiante vivía antiguamente en casi todas las zonas abiertas de África, pero hoy limita su distribución a unas cuantas zonas discontinuas del África subsahariana por encima del Kalahari y del Zambeze, siendo las únicas poblaciones importantes que aún subsisten las de Tanzania y algunas zonas adyacentes. Estas zonas discontinuas están pobladas por varias subespecies de jirafas que difieren por ciertos detalles del dibujo y de la coloración, desde las grandes manchas regulares de color castaño separadas por una red de estrechas líneas blancas en la jirafa reticulada, hasta las manchas muy irregulares, dentadas o en forma de estrella, en la jirafa masai.

Las jirafas viven en pequeños grupos de dos a diez individuos, aunque en el pasado podían verse manadas de más de cien cabezas. Suelen poblar zonas de arbolado muy esparcido y poco elevado, cuyo follaje les sirve de alimento. Son ramoneadoras y comen, sobre todo, las hojas y brotes de las mimosas y de una especie de acacia llamada por antonomasia «acacia de jirafa». Muy rara vez pacen en el suelo, y si lo hacen, han de abrir mucho las patas anteriores, actitud similar a la que adoptan para beber. Su extraordinaria talla les permite descubrir desde muy lejos cualquier peligro y su aguzada vista alcanza una gran distancia. Por otra parte, este mamífero anda moviendo las dos patas de un mismo lado a la vez y no las extremidades opuestas en diagonal, como la mayoría de los cuadrúpedos (ambladura). Si algo le alarma, huye galopando de modo extraño, con un movimiento parecido al de un caballo mecedor, y girando la cola. Aunque puede dar una coz a un depredador que se le acerque demasiado, es un animal poco agresivo; los machos adultos suelen establecer sus jerarquías de dominio mediante luchas muy ritualizadas en las que los oponentes entrelazan ambos cuellos y se empujan uno a otro, sin llegar a golpearse, excepto en las raras ocasiones en las que varios machos están en presencia de una hembra en celo.

Ficha técnica

Nombre vulgar:
Jirafa
Nombre científico:
Giraffa camelopardalis
Clasificación:
Orden artiodáctilos.
Suborden rumiantes.
Familia jiráfidos
Características:
LCC 3,8-4,7 m;
P 550-1.930 kg;
Gm 457 d; Nc 1
Distribución:
estepa y monte abierto desde el S del Sahara hasta el desierto de Kalahari y el Zambeze

Giraffa camelopardalis.

Giraffa camelopardalis.

En las pluvisilvas densas del N y el NE de la República Democrática del Congo habita un jiráfido que fue desconocido por la ciencia hasta principios del siglo XX. Este animal es el okapi (*Okapia johnstoni*), cuyo descubrimiento en 1909 y subsiguiente presentación en Europa del primer ejemplar vivo en 1918 produjeron una gran sensación. El okapi no alcanza el tamaño gigantesco de la jirafa; de hecho, su alzada y proporciones son las de un caballo mediano. El macho adulto presenta dos cuernos cubiertos de piel peluda y el pelaje de ambos sexos tiene una coloración extraña y elegante, entre negra y castaña en el cuerpo, amarillenta en la cabeza y rayada de negro y crema en las patas. El okapi vive en solitario, en parejas o en pequeños grupos, pero nunca en manadas como las jirafas. Es diurno y suele recorrer las mismas sendas con regularidad pero, siendo extremadamente asustadizo y cauteloso, se precipita hacia el interior de la selva ante la menor sospecha de peligro.

Familia antilocápridos

Está compuesta por una única especie viviente, el berrendo o antílope americano (*Antilocapra americana*), propio de las llanuras del norte de México y la parte occidental de Estados Unidos y Canadá. El berrendo es un mamífero bastante singular. Su aspecto y pelaje recuerdan a los de los ciervos, mientras que sus pies, con sólo dos dedos, se parecen a los de las jirafas. Pero lo más notable son sus cuernos, que tienen dos puntas, una encorvada hacia atrás y otra, más baja, dirigida hacia delante. Todos los inviernos el berrendo muda los cuernos, pero éstos no se desprenden enteros como en los ciervos, sino que lo único que cae es la vaina de asta, debajo de la cual aparecen las clavijas óseas. Las hembras tienen cuernos más pequeños y algunas incluso carecen de ellos.

En invierno, este rumiante forma manadas laxas y numerosas —hasta 1 000 cabezas— de individuos de todas las edades y ambos sexos; a finales de marzo, sin embargo, estas agrupaciones se disgregan en grupos más pequeños, segregados por sexos, que se mantienen así hasta principios de octubre. El berrendo tiene una actividad tanto diurna como nocturna y suele cambiar de área de deambulación al agotarse o mermar los recursos alimentarios y el agua.

A cada lado de la cola, en las ancas, este rumiante presenta una extensa mancha blanca como la nieve. Cuando presiente algún peligro, los pelos que forman estas manchas se erizan, adoptando el aspecto de dos enormes crisantemos, y se hacen mucho más visibles. Tan pronto como los berrendos observan que se produce este fenómeno en uno de ellos, erizan igualmente los pelos blancos de sus ancas, repitiéndose la señal de unos a otros, y la manada entera emprende la fuga. Escapar corriendo es innegablemente un mecanismo de defensa eficaz, ya que el berrendo es capaz de alcanzar los 85 km/h a la carrera y de mantener durante mucho tiempo una velocidad de 48 km/h, lo que hace de él el mamífero más veloz del Nuevo Mundo. También es capaz de dar prodigiosos saltos

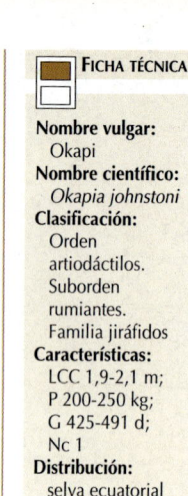

Ficha técnica

Nombre vulgar:
Okapi
Nombre científico:
Okapia johnstoni
Clasificación:
Orden artiodáctilos.
Suborden rumiantes.
Familia jiráfidos
Características:
LCC 1,9-2,1 m;
P 200-250 kg;
G 425-491 d;
Nc 1
Distribución:
selva ecuatorial de la R. D. del Congo

Ficha técnica

Nombre vulgar:
Berrendo
Nombre científico:
Antilocapra americana
Clasificación:
Orden artiodáctilos.
Suborden rumiantes.
Familia antilocápridos
Características:
LCC 1-1,5 m;
P 36-70 kg;
Gm 252 d; Nc 1
Distribución:
llanuras del N de México y del O de EE UU y Canadá

Okapia johnstoni.

Antilocapra americana.

que a veces superan los 6 m de longitud pero, pese a estas aptitudes, su extraña costumbre de acercarse a todo objeto en movimiento, incluido el depredador humano (cuando éste no le alerta con su olor o sus movimientos bruscos), estuvo a punto de causar su extinción durante la década de 1920.

FAMILIA BÓVIDOS

Es la familia más extensa de artiodáctilos rumiantes, con cinco subfamilias, 47 géneros y 138 especies distribuidas por toda África, la mayor parte de Eurasia y de América del Norte, y algunas islas del Ártico, de Indonesia y Filipinas. Los bóvidos tienen los cuernos envueltos en una vaina córnea, que no mudan nunca; nacen sin cuernos, y cuando éstos empiezan a aparecer, salen ya con su vaina, creciendo sin los cambios que se producen en los ciervos o en el berrendo. Otro carácter distintivo estriba en que, aunque sólo poseen dos dedos, en varias especies quedan restos de los otros dos en unas pezuñas rudimentarias que penden detrás del pie. Sin embargo, estas pezuñas sólo están adheridas a la piel, sin que existan indicios de las falanges de los dedos correspondientes, como sucede en los ciervos o en los tragúlidos.

Subfamilia bovinos
Comprende los antílopes de cuernos espiralados, los antílopes de cuatro cuernos y los toros, bisontes, búfalos y similares.

Antílopes de cuernos espiralados (tribu *Strepsicerotini*). El gigante entre los antílopes es una especie africana, el eland común o de El Cabo (*Taurotragus oryx*), de formas parecidas a las de los bueyes, incluida la papada colgante, y con una altura máxima en la cruz de 1,80 m. Los cuernos del macho, retorcidos a modo de barrena, son muy robustos y alcanzan 102 cm de longitud; la hembra los tiene algo más largos (hasta 140 cm), pero más delgados. Este rumiante ha desaparecido de buena parte de su área de distribución original —terrenos abiertos desde Etiopía y el sur de la República Democrática del Congo hasta Sudáfrica— y hoy vive únicamente en reservas y ranchos de caza de algunas zonas de África oriental y meridional.

Otro gran antílope africano es el gran kudú (*Tragelaphus strepsiceros*), que vive en los terrenos arbolados y espesuras del E, centro y S de África; este bóvido tiene el cuerpo listado de blanco, y los cuernos, sólo presentes en el macho, están retorcidos en espiral. También alcanza gran tamaño el bongo (*T. euryceros*), uno de los animales de más brillante colorido pues su pelaje, de un anaranjado cálido, está surcado por delgadas listas blancas, lo que contribuye a disimular su presencia en el hábitat selvático (coloración disruptiva); en efecto, este antílope vive en selvas de llanura en casi toda su área de distribución (desde Sierra Leona hasta Kenia y el sur de Sudán), excepto en Kenia, donde vive en bosques de montaña entre 2 300 y 3 000 m de altitud.

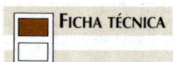

FICHA TÉCNICA

Nombre vulgar:
Eland común o de El Cabo
Nombre científico:
Taurotragus oryx
Clasificación:
Orden artiodáctilos. Suborden rumiantes. Familia bóvidos
Características:
LCC 1,8-3,45 m; P 400-1.000 kg; G 254-277 d; Nc 1
Distribución:
reservas y ranchos de caza del E y S de África.

FICHA TÉCNICA

Nombre vulgar:
Gran kudú
Nombre científico:
Tragelaphus strepsiceros
Clasificación:
Orden artiodáctilos. Suborden rumiantes. Familia bóvidos
Características:
LCC 1,9-2,4 m; P 120-315 kg; G 7-9 m; Nc 1
Distribución:
desde el S del Tchad hasta Somalia por el E, y hasta Sudáfrica por el S

Taurotragus oryx.

Tragelaphus strepsiceros.

Otras especies del mismo género son el antílope jeroglífico o buschbuck (*T. scriptus*), que se distribuye de manera local por gran parte del África subsahariana, el nyala (*T. angasi*), propio de las zonas de matorral seco y espesuras de ribera del SE de África, y el nyala de montaña (*T. buxtoni*), propio de los montes Bale y Arusi, en Etiopía.

Antílopes de cuatro cuernos (tribu *Boselaphini*). En el subcontinente indio se encuentran dos especies de antílopes provistos de dos pares de cuernos. Una de ellas es el nilghai (*Boselaphus tragocamelus*), que habita en Nepal, la India y el este de Pakistán, en zonas cubiertas de monte bajo; pese a su gran tamaño (alcanza unos 2 m de longitud y 1,5 m de altura) el nilghai es un animal bastante dócil, tanto ramoneador como pacedor, que forma grupos no territoriales de unos pocos individuos. La otra especie es el antílope de cuatro cuernos (*Tetracerus quadricornis*) propiamente dicho, que habita en tierras arboladas próximas al agua, en la India y en Nepal; es un herbívoro exclusivamente pacedor, que suele vivir en solitario o, como máximo, en parejas.

Toros y afines (tribu *Bovini*). Las diferentes especies del género *Bos*, uno de los cuatro que forman la tribu *Bovini*, se cacterizan por su pelaje oscuro y corto (excepto el yak y algunos bovinos domésticos) y por tener el núcleo de los cuernos de sección circular.

Como ocurre con muchos animales domésticos, el toro (*Bos taurus*), que empezó a ser reducido a este estado hace unos 8 000 años, ya no existe como animal salvaje. Los últimos ejemplares realmente salvajes vivieron en la Europa Central hasta el siglo XVII. Sin embargo, en los tiempos neolíticos, la especie estaba muy extendida por el continente y su imagen aparece con frecuencia en las pinturas rupestres que nos dejaron los pueblos primitivos. De aquellos toros salvajes, que suelen designarse con el nombre de «uros», descienden las numerosas razas que reconocen los zootécnicos en el toro doméstico, y algunas, como el toro de lidia español, el de las «highlands» escocesas o el de Chillingham en Inglaterra, recuerdan a estos toros primigenios en algunos de sus caracteres externos. El área de distribución del uro era muy extensa: abarcaba desde Inglaterra y el norte de África hasta el sur de Asia, por lo que su domesticación pudo producirse en varios puntos aislados.

El cebú, que antes se consideraba como una especie distinta, es en realidad una raza de *Bos taurus* que difiere de las variedades europeas por la forma de los cuernos y las orejas y, además, por su mayor resistencia al calor y a los artrópodos. Por esta razón, se usa al cebú en gran parte de América tropical y se aconseja su cruzamiento con el ganado vacuno ordinario para obtener una descendencia más a salvo de epizootias. En la India, como es bien sabido, el cebú se considera animal sagrado, y en casi todas sus ciudades se ven cebúes que circulan sueltos por las calles y que son respetados por todo el mundo.

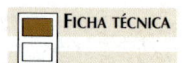

FICHA TÉCNICA

Nombre vulgar: Nilghai
Nombre científico: *Boselaphus tragocamelus*
Clasificación: Orden artiodáctilos. Suborden rumiantes. Familia bóvidos
Características: LCC 1,8-2,1 m; Pmáx 300 kg; G 243-247; Nc 1-2
Distribución: Nepal, India y E de Pakistán

FICHA TÉCNICA

Nombre vulgar: Toro
Nombre científico: *Bos taurus*
Clasificación: Orden artiodáctilos. Suborden rumiantes. Familia bóvidos
Características: P 450-1.000 kg; G 277-290 d; Nc 1
Distribución: doméstico y cosmopolita

Boselaphus tragocamelus.

Bos taurus (Toro).

En el norte del subcontinente indio y en algunos puntos aislados de Indochina y Malaysia peninsular vive otro bóvido domesticable, el gaur o seladang (*B. gaurus*), una especie vulnerable y de gran tamaño que alcanza 3,3 m de longitud y 2,2 m de altura en la cruz. La forma domesticable del gaúr es el gayal, un animal de menor tamaño que el gaúr salvaje y obviamente mucho más dócil, que es utilizado como animal de carga y de carne por los nagas y otras etnias del E de la India y el NO de Birmania.

Otra especie indochina, amenazada ésta de extinción —hasta el punto de que, durante la guerra de Vietnam, se creyó que se había extinguido por completo—, es el kouprey (*B. sauveli*), también de gran tamaño (hasta 2,3 m de longitud y 1,9 m de altura) y color oscuro. Otra especie exclusivamente asiática es el banteng (*B. javanicus*), cuyas escasas poblaciones salvajes viven en Borneo, Java y unas pocas localidades de Indochina, Malaysia, Thailandia y Birmania. El banteng es el único bóvido doméstico de Bali y de Sumbawa, y fue introducido como tal en muchas islas de Indonesia, así como en el norte de Australia, donde hoy existen poblaciones asilvestradas.

Mientras que estos bovinos indomalayos viven en bosques y otros terrenos arbolados, el yak (*B. grunniens*) sólo se encuentra en estado salvaje en localidades dispersas de tundra alpina o desiertos de hielo de la altiplanicie del Tíbet, aunque como animal doméstico ocupa una zona mucho más amplia que rebasa el techo del mundo y en verano sube hasta altitudes de 6 000 m. Los yaks domésticos se utilizan sobre todo como bestias de carga, siendo capces de transportar 150 kg de peso por los más escarpados senderos, pero también se aprovechan su leche, su lana y su piel para los más diversos usos. El carácter más notable de esta especie consiste en el pelo largo que cubre sus costados, sus miembros y su cola. Los individuos salvajes son de un color muy oscuro, pero los ejemplares domésticos, que también son mucho menores, son con frecuencia blancos o píos; la cola, que casi siempre es blanca y está densamente poblada, es muy solicitada en la India para fabricar espantamoscas. En la naturaleza, los yaks hembras y los machos jóvenes forman manadas bastante grandes —antes eran inmensos, pero hoy la especie está amenazada de extinción en estado salvaje—, mientras que los machos adultos suelen vivir en solitario o bien forman pequeños grupos de solteros.

Bisontes (*Tribu bovini*). Existen dos especies de bisontes: una europea y otra americana. El bisonte europeo (*Bison bonasus*), muy semejante a la especie que vivió durante el Paleolítico en la península Ibérica (*B. antiquorum*, a la que algunos consideran coespecífico con *B. bonasus*) y de la que nos queda recuerdo gráfico en la famosa cueva de Altamira, aún existía durante la Edad Media en Europa central. Extinguido en estado salvaje en 1925, fue reintroducido en Bialowieza (en la frontera entre Polonia y Bielorrusia), en el Cáucaso y en algunas localidades montañosas de Rusia, zonas todas ellas donde la especie se recupera lenta pero apreciablemente. El bisonte europeo mide cerca de 2 m de altura, a la que contribuye la elevación de la

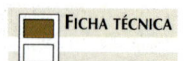

FICHA TÉCNICA

Nombre vulgar:
Gaur o seladang
Nombre científico:
Bos gaurus
Clasificación:
Orden artiodáctilos. Suborden rumiantes. Familia bóvidos
Características:
LCC 2,5-3,3 cm; P 650-1 000 kg; G 270-280 d; Nc 1
Distribución:
Nepal, NE de la India, Birmania y algunas zonas de Indochina y Malaysia

---

FICHA TÉCNICA

Nombre vulgar:
Cebú
Nombre científico:
Bos taurus
Clasificación:
Orden artiodáctilos. Suborden rumiantes. Familia bóvidos
Características:
P 450-1.000 kg
Distribución:
originariamente en el subcontinente indio; hoy subcosmopolita en regiones tropicales y subtropicales

Bos gaurus.

Bos taurus (cebú).

cruz, que forma una especie de giba cubierta, como todo el cuello y la cabeza, de pelo largo, crespo y tupido. Habita en bosques húmedos con monte bajo y espacios abiertos y se alimenta de hojas, brotes tiernos y cortezas.

El bisonte americano (*B. bison*) suele clasificarse en dos subespecies: el bisonte de bosque (*B. b. athabascae*), oscuro, de gran tamaño y distribución norteña, y el bisonte de la pradera (*B. b. bison*), propio de zonas abiertas. En otro tiempo, esta especie vivía en la parte occidental de América del Norte, constituyendo manadas que se reunían todos los años, al empezar el invierno, para constituir un inmenso rebaño único, el cual emigraba desde las fronteras de Canadá hasta el golfo de México. La masa de rumiantes viajaba muy despacio, dando en algunos puntos grandes rodeos para aproximarse a los ríos o lagos, junto a los cuales descansaban por la noche. Es difícil calcular el número de reses que formaban el rebaño. El coronel Dodge, del ejército estadounidense, relata que en 1871 su columna recorrió 40 km a través de una apretada masa de estos animales, y se calcula que en aquella época debían de tomar parte en la migración cerca de cuatro millones de bisontes. Al llegar la primavera, la gran manada se disolvía y los rumiantes regresaban al Norte en pequeños rebaños, que se reunían otra vez en grandes grupos en los lugares de alimentación preferidos hasta entrado el verano, la época de reproducción. Entonces volvían a separarse hasta el inminente invierno, en que se repetía el viaje hacia el Sur.

Los amerindios se alimentaban con la carne del bisonte y empleaban su piel para hacer tiendas y vestiduras. Mientras este rumiante sólo fue combatido con las armas primitivas, nada alteró el ritmo normal y la población total de bisontes continuó siendo, según se estima, de unos 50 millones de cabezas; pero a mediados del siglo XIX cambiaron las cosas, cuando llegaron al Oeste los hombres blancos con sus armas de fuego y su ambición de lucro. Las grandes matanzas organizadas por verdaderos ejércitos de «cazadores de pieles» se sucedieron sin interrupción. La hecatombe se agravó más tarde debido a la construcción del Ferrocarril Central Pacífico, que proporcionaba a los exterminadores un modo muy cómodo para acercarse hasta las praderas. A fines de 1875 quedaban apenas unas 10 000 reses y, pocos años después, sólo algunos centenares. Unos 300 se refugiaron en el parque nacional de Yellowstone, cuyos descendientes forman la única población (unas 2 000 cabezas) que se ha mantenido siempre en estado salvaje; los otros huyeron a territorios ocupados por tribus indígenas, que se apresuraron a venderlos a personas interesadas en evitar la completa extinción de la especie. Todos los demás fueron muertos. Entre los pequeños rebaños que subsisten en parques, reservas y zonas no protegidas pero inalcanzables, y los ejemplares aislados de las colecciones zoológicas, en la actualidad sobreviven en todo el mundo unos 120 000 bisontes. Tan sólo unos 2 500 pertenecen a la subespecie de bosque, casi todos ellos descendientes de la

---

FICHA TÉCNICA

Nombre vulgar:
Bisonte americano
Nombre científico:
Bison bison
Clasificación:
Orden artiodáctilos.
Suborden rumiantes.
Familia bóvidos
Características:
LCC 2,1-3,5 m;
P 350-1.000 kg;
Gm 285 d; Nc 1
Distribución:
discontinua en Canadá y EE UU

Bison bison.

única población del parque nacional de Wood Buffalo (Canadá), que pudo librarse de la contaminación genética con el bisonte de la pradera.

Búfalos (*Tribu bovini*). Los búfalos son bovinos corpulentos y de color oscuro, con los cuernos de sección triangular. Existen dos géneros, bien diferenciados geográficamente: el asiático *Bubalus* y el africano *Synceros*.

El representante más conocido del género *Bubalus* es el búfalo asiático (*B. bubalis*), un rumiante de piel cubierta de pelos ralos y grandes cuernos rugosos torcidos hacia atrás, que sobrevive en estado salvaje en algunas reservas y zonas remotas de la India, Nepal, Birmania, Indochina, Malaysia e Indonesia. Hace varios siglos, el búfalo asiático fue domesticado e introducido para los mismos usos que el buey, en China, Indonesia y Filipinas, y posteriormente en Egipto, los países balcánicos, Italia, parte de Asia, Australia, África oriental, Madagascar, Hawai, Centroamérica y Sudamérica.

En los bosques de la isla de Mindoro (Filipinas), vive un búfalo salvaje de talla más reducida, el amenazado tamarao (*B. mindorensis*), que tiene fama de ser nocturno y muy bravo. En Célebes existen otras dos especies de pequeñas dimensiones, de un metro escaso de alzada, el anoa de llanura (*B. depressicornis*) y el anoa de montaña (*B. quarlesi*), que, como el tamarao, se hallan amenazadas de extinción.

El único representante del género *Synceros* (y el único bovino salvaje de la región etiópica) es el búfalo cafre (*S. caffer*), un animal de aspecto feroz, con grandes cuernos muy gruesos en la base que cubren toda la frente. Se le considera como uno de los animales más peligrosos de África y, como sucede con el gaúr, no son raros los casos de animales que se ocultan para matar por sorpresa a sus perseguidores humanos. La alzada de este rumiante llega con frecuencia a 1,5 m y puede alcanzar 1,7 m. Vive en manadas de composición compleja que a veces cuentan con centenares de individuos, pace a últimas horas de la tarde o por la noche, y descansa durante gran parte del día. Su sentido del oído es tan fino y tanto más importante que la visión, que incluso se han dado casos de búfalos ciegos que vivían sin problemas junto con los otros miembros de su manada.

Subfamilia cefalofinos

Son los duikers, que viven en África al sur del Sahara. El duiker común (*Sylvicapra grimmia*), única especie de su género, se encuentra en zonas de sabana o matorral abierto del África subsahariana, desde Senegal hasta Etiopía y por el sur hasta Sudáfrica. Tiene de 45 a 70 cm de altura en la cruz, entre 80 y 115 cm de longitud, y unos cuernos muy rectos, de 10 a 12 cm. El otro género, *Cephalophus*, está muy diversificado y cuenta con 18 especies. Una de las menores es el duiker de Ader (*C. adersi*), de Zanzíbar, isla de Pemba y costa de Kenia, con una longitud de 66-72 cm y un peso de 6,5-12 kg. Según algunos especialistas, a partir de este duiker particularmente primitivo habrían evolucionado los demás miembros de su género, que hoy se distribuyen por gran parte de África tropical.

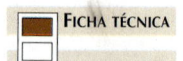

FICHA TÉCNICA

Nombre vulgar: Búfalo asiático
Nombre científico: *Bubalus bubalis*
Clasificación: Orden artiodáctilos. Suborden rumiantes. Familia bóvidos
Características: LCC 2,4-3 m; P 250-1.200 kg.
Distribución: zonas aisladas de India, Nepal, Birmania, Indochina, Malaysia e Indonesia

---

FICHA TÉCNICA

Nombre vulgar: Búfalo cafre
Nombre científico: *Synceros caffer*
Clasificación: Orden artiodáctilos. Suborden rumiantes. Familia bóvidos
Características: LCC 2,1-3,4 m; P 300-900 kg; Gm 340 d; Nc 1.
Distribución: sabanas del E de África

Bubalus bubalis.

Synceros caffer.

Subfamilia hipotraginos

Esta subfamilia se distribuye por casi toda el África subsahariana y el sudeste de la península Arábiga.

En la estrecha franja del Sahel y semidesierto que se extiende entre Mauritania y el mar Rojo, sobrevivía hasta hace unas décadas el oryx de cuernos de cimitarra u oryx blanco (*Oryx dammah*), antílope de la alzada de un asno, con largos cuernos curvos y pelaje crema a gris pardusco muy pálido (a excepción de las marcas marrones y negras en rostro, cuello, patas y parte inferior de flancos, que son típicas del género). Esta especie era antiguamente común en la mayor parte del norte de África pero, debido a la caza indiscriminada, se extinguió completamente en todo el Sahara, luego en el Sahel y quedó reducido a una pequeña población confinada a una reserva del Chad.

Otras especies del mismo género, pero que tienen los cuernos rectos, son el oryx de El Cabo (*O. gazella*) y el oryx blanco de Arabia (*O. leucoryx*). Ambos son animales de estepa o desierto, que se contentan con una vegetación escasa y pueden pasar largo tiempo sin beber nada de agua; la segunda de estas dos especies, que es algo menor que los otros dos oryx, está especialmente adaptada a las rudas condiciones desérticas, ya que hasta hace unas décadas se encontraba incluso en el corazón de los desiertos arábigos del Nefud y del Rub-al-Khali, que figuran entre los más áridos y duros del mundo. Los largos cuernos de estos animales constituyen una buena defensa, pero no les sirvieron de gran cosa frente a los cazadores, y así el oryx blanco de Arabia está hoy tan gravemente amenazado de extinción como el oryx blanco.

Del oryx de El Cabo existen cinco subespecies, entre ellas el gemsbok (*O. g. gazella*) del sudoeste de África, el oryx beisa (*O. g. beisa*) del Cuerno de África, y el oryx empenachado (*O. g. callotis*) de Kenia y Tanzania. Los machos tienen una altura de 1,50 m y los cuernos, anillados hasta cerca de la mitad de su longitud, llegan en algunos casos a doblar la talla del animal. El amenazadísimo oryx de Arabia, por su parte, vivía en esta península y en el Sinaí; tras su extinción definitiva en estado salvaje, fue reintroducido hace unos años en Omán y en el sur de Judea.

Otro antílope de los lugares desérticos más áridos y faltos de agua es el addax (*Addax nasomaculatus*), que tiene los cuernos retorcidos en larga espiral y un mechón de pelos oscuros en el testuz que contrasta con el resto del pelaje, especialmente en verano, cuando éste vira del tono invernal pardogrisáceo a un arena casi blanco. Antiguamente, el addax habitaba en todo el Sahara. Hoy las poblaciones residuales de esta especie amenazada se encuentran en localidades aisladas de Mauritania, Malí, Níger y Chad, siendo la única viable la del NE del Níger.

Un género muy próximo a *Oryx* y *Addax* es el de los hipotragos, hermosos antílopes de la alzada de un caballo, con cuernos gruesos, anillados desde la base y muy encorvados hacia atrás. El antílope sable (*Hippotragus niger*), así como el hipotrago equino o antílope roano (*H. equinus*) figuran entre

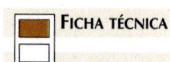

FICHA TÉCNICA

Nombre vulgar:
Orix de El Cabo
Nombre científico:
Oryx gazella
Clasificación:
Orden artiodáctilos.
Suborden rumiantes.
Familia bóvidos
Características:
LCC 1,5-2,3 m;
P 100-210 kg;
G 8,5 m; Nc 1
Distribución:
zonas áridas de Etiopía y Somalia hasta Namibia y el E de Sudáfrica

---

FICHA TÉCNICA

Nombre vulgar:
Alcelafo común
Nombre científico:
Alcelaphus buselaphus
Clasificación:
Orden artiodáctilos.
Suborden rumiantes.
Familia bóvidos
Características:
LCC 1,5-2,45 m;
P 100-225 kg;
G 214-242 d;
Nc 1
Distribución:
discontinua en África subsahariana

Oryx gazella.

Alcelaphus buselaphus.

los más bellos rumiantes de la fauna etiópica. Viven en zonas de sabana del África subsahariana (el sable en una zona restringida y discontinua del centro-sur del continente, y el roano principalmente al este del valle del Rift), donde forman manadas de quince cabezas como máximo el antílope roano, y de hasta cien o más el sable. Son animales veloces en la carrera y los machos de ambos establecen una jerarquía de dominio luchando frecuentemente con los cuernos.

El alcelafo o bubal (*Alcelaphus buselaphus*) es quizás el rumiante cuya área de distribución se ha visto más reducida, debido a la competencia ejercida por el ganado y a la facilidad de su caza. Varias subespecies están amenazadas y la nominal o del N de África se extinguió hacia 1920. Sin embargo, la especie continúa siendo común en varias zonas de Botswana, Namibia, Kenia y Tanzania. El alcelafo es un antílope muy ligero y resistente, adaptado a la vida en sabanas secas y herbazales toscos, donde forma grupos segregados por el sexo y por edades.

Un género parecido es *Damaliscus*, con tres especies de formas más graciosas y cuernos de curvatura más sencilla que el alcelafo, parecidos a los de las gacelas. La especie más vistosa es *D. dorcas*, de África austral, cuyo contrsatado pelaje ostenta una gran mancha blanca en el rostro. Existen dos subespecies, el bontebok (*D. d. dorcas*) del SO de la península de El Cabo y el blesbok (*D. d. phillipsi*) del E de Sudáfrica. Otra especie bien conocida es el topi (*D. lunatus*), que vive en praderas verdes de sabana abierta y en llanuras pantanosas e inundables, desde la franja subsaheliana hasta el sur de África. Mucho más raro y localizado es el damalisco de Hunter (*D. hunteri*), que sólo se encuentra en el E de Kenia y el extremo SO de Somalia.

La subfamilia hipotraguinos también incluye a los ñus, animales de figura extraña, que por su crin y poblada cola recuerdan al caballo y por su cornamenta al búfalo o al toro almizclado. El ñu negro o de cola blanca (*Connochaetes gnou*) sólo vive en Sudáfrica, mientras que el del ñu azul (*C. taurinus*), que en realidad es de color pizarra, extiende su área desde el norte de Sudáfrica hasta el sur de Kenia. Contrariamente a otros grandes mamíferos africanos, el ñu azul ha experimentado un gran aumento de sus efectivos, especialmente en el parque nacional Serengeti de Tanzania, donde sus efectivos superan hoy el millón y medio y constituyen, por tanto, la mayor concentración de mamíferos pacedores que existen en la Tierra. Incluso el ñu negro, que fue casi exterminado durante el siglo XIX, cuenta hoy con más de 10 000 ejemplares en libertad.

El cob untuoso o antílope acuático (*Kobus defassa*), que habita en las sabanas africanas al sur del Sahara, debe el calificativo a su tendencia a frecuentar lugares húmedos y a meterse en el agua cuando se siente amenazado por algún peligro. Existen dos grupos taxonómicos de esta especie, el grupo *ellipsiprymnus*, de color gris oscuro y que presenta una elipse blanca en los cuartos traseros, y el grupo *defassa*, de color rojizo y con una mancha blanca en los cuartos traseros. Pese a su nombre vulgar, el antílope acuático no es tan dependiente

---

FICHA TÉCNICA

Nombre vulgar: Cob untuoso o antílope acuático
Nombre científico: *Kobus defassa*
Clasificación: Orden artiodáctilos. Suborden rumiantes. Familia bóvidos
Características: LCC 1,7-2,3 m; P 170-250 kg; G 9 m; Nc 1
Distribución: sabanas al S del Sahara

FICHA TÉCNICA

Nombre vulgar: ñu Azul o ñu de barba blanca
Nombre científico: *Connochaetes taurinus*
Clasificación: Orden artiodáctilos. Suborden rumiantes. Familia bóvidos
Características: LCC 1,5-2,4 m; P 118-275 kg; G 8-9 m; Nc 1
Distribución: desde el S de Kenia hasta el N de Sudáfrica

Kobus defassa.

Connochaetes taurinus.

de los terrenos inundados como el lechwe rojo (*K. leche*) y el lechwe del Nilo (*K. megaceros*), los cuales, contrariamente al primero, jamás se introducen en bosques y arboledas alejados del agua.

Subfamilia antilopinos

La subfamilia antilopinos incluye al impala, a los antílopes enanos, a las gacelas y al antílope jirafa o gerenuk.

El impala (*Aepyceros melampus*) habita en las llanuras abiertas del sur y el este africano, desde Kenia y el S de Angola hasta el N de Sudáfrica. Nunca se le encuentra lejos del agua y es capaz de realizar saltos prodigiosos (de hasta 9 m de longitud cuando corre a toda velocidad), a veces sin motivo aparente alguno. Este antílope de tamaño mediano vive en rebaños de hasta cien hembras con sus crías, custodiados por un macho dominante durante la época de reproducción, y en manadas de machos solteros de todas las edades.

Antílopes enanos (tribu *Neotragini*). Algunos antílopes son verdaderos pigmeos, como el diminuto dik-dik de Phillips (*Madoqua saltiana*), que es apenas mayor que una liebre, o el antílope enano (*Neotragus pygmaeus*), que es el más pequeño de los ungulados junto con algunos individuos del género *Tragulus*. Este último habita en las selvas de tierras bajas de Ghana, Sierra Leona, Liberia y Costa de Marfil, mientras que el dik-dik de Phillips es propio de las zonas áridas del Cuerno de África. Otro antílope de pequeño tamaño, el steenbok o raficero común (*Raphicerus campestris*), que vive en sabanas levemente arboladas, desde el nivel del mar hasta 4 750 m de altitud, en un área que se extiende desde Kenia y el S de Angola hasta Sudáfrica.

Otro antílope enano propio de las zonas de sabana es el oribí (*Ourebia ourebi*), cuya área de distribución abarca, si bien de un modo muy fragmentado, gran parte del África subsahariana. Es un antílope de aspecto ágil y elegante que acostumbra esconderse entre la hierba alta, y que no huye del depredador hasta que éste se encuentra a unos pocos metros. Cuando finalmente huye, lo hace velozmente, dando saltos por encima de la hierba. Más saltador y más «adorable» aún que el oribí es el klipspringer o antílope saltarrocas (*Oreotragus oreotragus*), un pequeño antílope propio de zonas rocosas, que anda sobre las puntas de sus pezuñas y es capaz de saltar sobre una proyección rocosa de 5 cm de diámetro, aterrizando en ella con los cuatro pies.

Los rasgos comunes a todos estos antílopes enanos son, aparte del pequeño tamaño, el mayor tamaño de las hembras —caso insólito entre los ungulados— y el gran desarrollo de las glándulas preorbitales para marcar con olor.

Gacelas (tribu *Antilopini*). La tribu *Antilopini* se distribuye por África y Asia, y sus miembros se distinguen por su cornamenta, cubierta de anillos salientes y contorneada en forma de lira. Además de las gacelas, pertenece a esta tribu el sasin (*Antilope cervicapra*), más conocido como antílope negro,

---

FICHA TÉCNICA

Nombre vulgar:
Impala
Nombre científico:
Aepyceros melampus
Clasificación:
Suborden rumiantes.
Familia bóvidos
Características:
LCC 1-1,5 m;
P 40-65 kg;
G 6-7 m; Nc 1
Distribución:
de Kenia y S Angola al N Sudáfrica

FICHA TÉCNICA

Nombre vulgar:
Oribí
Nombre científico:
Ourebia ourebi
Clasificación:
Suborden rumiantes.
Familia bóvidos
Características:
LCC 0,92-1,4 m;
P 14-21 kg;
G 210 d; Nc 1
Distribución:
sabanas África subsahariana

FICHA TÉCNICA

Nombre vulgar:
Gacela de Thompson
Nombre científico:
Gazella thompsoni
Clasificación:
Suborden rumiantes.
Familia bóvidos
Características:
LCC 0,85-1,7 m;
P 12-85 kg;
G 160-180 d; Nc 1
Distribución:
SE Sudán, Kenia y Tanzania

Aepyceros melampus.

Ourebia ourebi.

Gazella thompsoni.

aunque este color sólo lo presentan los machos, ya que las hembras muestran un bonito matiz leonado. Esta especie se caracteriza por los largos cuernos divergentes y retorcidos de los machos, que a veces miden cerca de 80 cm. Habita en las llanuras del subcontinente indio, en grupos compuestos por un macho adulto y de cuatro a 50 hembras, pero antiguamente, cuando era una especie más abundante, no resultaba raro ver manadas de varios cientos e incluso de más de mil cabezas.

La gacela común (*Gazella dorcas*), incluidas las subespecies *G. d. saudyia* y *G. d. bennetti*, que algunos autores clasifican como especies distintas, tienen un área de distribución muy amplia, que se extiende desde Senegal y Marruecos hasta Irán, Pakistán y el N de la India; ello no le impide hallarse en situación vulnerable a causa de la caza despiadada de que ha sido objeto. Es una de las gacelas más pequeñas, pues rara vez alcanza 60 cm de alzada; sobrevive en algunas zonas desérticas y de estepa, donde sólo crecen algunas plantas raquíticas y mimosas, a cuya sombra rumia durante las horas de más calor.

El edmi o gacela del Atlas (*G. cuvieri*), especie en peligro de extinción propia de las montañas de Marruecos, Argelia y Tunicia, es de mayor tamaño, lo mismo que la gacela de frente roja (*G. rufifrons*), que habita en una estrecha franja que se extiende desde Senegal hasta Sudán. Todavía mayor es el mhor o gacela dama (*G. dama*), hermoso antílope de 88 a 108 cm de alzada, con el pelaje rojizo en el cuello y el dorso, y blanco en las ancas y las partes inferiores; esta bella gacela vive en el Sahara y en el norte del Sahel, desde Mauritania hasta Sudán. Pero la más hermosa especie del género es el suara o gacela de Grant (*G. granti*), que forma grandes rebaños en Kenia, N de Tanzania y algunas zonas de Etiopía, Somalia, Sudán y Uganda; esta gacela se distingue por el gran tamaño de los cuernos, cuya longitud llega en los machos a los 81 cm.

Otro «antilopino» muy notable es el gerenuk o antílope jirafa (*Litocranius walleri*), que se encuentra en el Cuerno de África, en Kenia y en Tanzania, y cuya enorme longitud de cuello ha hecho que se le comparase con una pequeña jirafa. Este ramoneador, que no vacila en alzarse sobre sus patas posteriores para alcanzar las ramas más altas, habita en sabanas de matorral espinoso, semidesiertos e incluso desiertos con cierta vegetación arbustiva.

El springbok o antílope saltarín (*Antidorcas marsupialis*) es un precioso rumiante del África austral. Su carácter más notable consiste en un largo pliegue que presenta en la parte posterior del lomo, revestido por dentro de largos pelos blancos, que el animal exhibe cuando se desplaza de su modo característico, es decir dando brincos, porque le acecha algún peligro o simplemente por puro placer. Este antílope es altamente gregario; las manadas migratorias que se desplazaban de una región a otra en busca de pasto fresco podían contener más de un millón de individuos, haciendo falta varios días para que un rebaño de estas dimensiones pasara por un punto concreto. Hoy, por desgracia, los efectivos de esta especie son mu-

---

FICHA TÉCNICA

Nombre vulgar:
Gerenuk o antílope jirafa
Nombre científico:
Litocranius walleri
Clasificación:
Orden artiodáctilos. Suborden rumiantes. Familia bóvidos
Características:
LCC 1,4-1,6 m;
P 28-52 kg;
G 6,5-7 m; Nc 1
Distribución:
zonas áridas del cuerno de África, Kenia y Tanzania

Litocranius walleri.

cho más redudidos, pero aun así pueden verse manadas de hasta 1 500 individuos.

Subfamilia caprinos

Son bóvidos robustos y gregarios que viven en terrenos empinados. Presentan como caracteres más destacados un hocico peludo y hendido en el centro, y unos cuernos rugosos o nudosos, mucho mayores en el macho que en la hembra (excepto los rupicaprinos) y, por lo común, retorcidos en espiral en el primero. Se distribuyen por Asia, sur de Europa, norte y centro de América y norte de África. Se distinguen cuatro tribus en la subfamilia caprinos: la primera incluye al saiga y al chiru, la segunda a los rebecos y afines, la tercera al toro almizclado y la cuarta a las cabras, carneros y afines.

Saiga (tribu *Saigini*). El saiga (*Saiga tatarica*) habitaba antiguamente en toda la zona esteparia que se extiende desde Ucrania hasta el O de Mongolia, pero hoy sólo se encuentra en el N del Cáucaso, en Kazajstán, SO de Mongolia y Sinkiang. Es un animal extraño, cuyos machos tienen los cuernos de color de caramelo (las hembras carecen de cuernos) y cuyo hocico muy hinchado y en forma de trompa tiene los orificios nasales abiertos hacia abajo. En cada uno de dichos orificios hay un saco tapizado de membranas mucosas —una característica que en los mamíferos sólo se encuentra en las ballenas— lo que, junto con otras estructuras nasales asociadas, constituye una adaptación al aire seco, polvoriento y frío de la estepa que, en verano, también permite la refrigeración. Los saigas viven en rebaños numerosos, son capaces de correr a 80 km/h en distancias cortas y algunas de sus poblaciones realizan largas migraciones.

El otro miembro de esta tribu es el chiru o antílope tibetano (*Pantholops hodgsoni*), un bóvido amenazado por la caza debido a la extrema suavidad de su lana, y que hoy sobrevive principalmente en algunas zonas de la meseta del Tíbet.

Rebecos y afines (tribu *Rupicaprini*). Los «rupicaprinos» son bóvidos muy parecidos a las cabras, pero que nunca poseen los cuernos en espiral, muestran escaso dimorfismo sexual y presentan en el centro del hocico un pequeño espacio desnudo, como el rinario de los perros.

En Europa están representados por los rebecos: *Rupicapra rupicapra* de los Alpes, los Balcanes, Asia Menor y el Cáucaso y *R. pyrenaica* del sistema Cantábrico, los Pirineos y los Apeninos. Los rebecos se distinguen de todos los demás bóvidos por sus delgados cuernos, lisos, próximos entre sí, implantados verticalmente con respecto al plano de la base del cráneo y luego encorvados hacia atrás en forma de gancho. Detrás de los cuernos existen dos glándulas cutáneas, que en otoño, durante el celo, se hinchan y exhalan un humor espeso, de fuerte olor cabruno. Propios de las alturas escarpadas, estos rumiantes viven durante el verano en las cumbres más inaccesibles; a finales de otoño o en invierno descienden hasta la zona de los árboles para comer los líquenes y los brotes

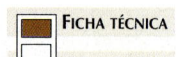

FICHA TÉCNICA

Nombre vulgar:
Saiga
Nombre científico:
Saiga tatarica
Clasificación:
Orden artiodáctilos.
Suborden rumiantes.
Familia bóvidos
Características:
LCC 1-1,4 m;
P 26-96 kg;
G 139-152 d;
Nc 1-2
Distribución:
N del Cáucaso, Kazajstán, SO de Mongolia y Sinkiang (China)

FICHA TÉCNICA

Nombre vulgar:
Rebeco pirenaico
Nombre científico:
Rupicapra pyrenaica
Clasificación:
Orden artiodáctilos.
Suborden rumiantes.
Familia bóvidos
Características:
LCC 0,9-1,3 m;
P 24-50 kg;
G 170 d;
Nc 1
Distribución:
montes Cantábricos, Pirineos y Apeninos

Saiga tatarica.

Rupicapra pyrenaica.

tiernos de las coníferas, pero vuelven a ascender a las zonas alpinas en primavera. Suelen desplazarse en pequeñas manadas guiadas por un viejo macho, que en caso de peligro lanza un grito ronco, a cuya señal huyen todos corriendo con pasmosa ligereza por las cornisas de roca y saltando de peña en peña; a veces salvan cortaduras de más de 6 m.

En la fauna oriental, los rupicaprinos están representados por los seraus o serows (*Capricornis sumatrensis, C. swinhoei* y *C. crispus*) que, con la excepción del tercero, habitan en el este del Asia tropical y subtropical, y por los gorals (*Nemorhaedus goral, N. baileyi* y *N. caudatus*), cuya área se extiende desde el N de la India y Birmania hasta el SE de Siberia, y por el sur hasta el O de Thailandia. Ambos géneros tienen los cuernos inclinados hacia atrás y sin formar gancho; se parecen mucho entre sí, pero mientras que los seraus poseen la alzada de un gamo y presentan glándulas delante de los ojos, los gorales sólo alcanzan la talla de una cabra doméstica y están desprovistos de glándulas faciales. Como el serau japonés (*Capricornis crispus*), que sólo vive en Honshu, Shikoku y Kyushul, los gorales están particularmente adaptados a las bajas temperaturas y los climas nevosos, adaptación que no es tan apreciable en los otros dos seraus.

En los riscos y laderas empinadas de las Montañas Rocosas y de otros sistemas montañosos del NO de Norteamérica existe también una especie de este grupo, el rebeco blanco o cabra blanca (*Oreamnos americanus*), que tiene los cuernos pequeños y negros, y un largo pelaje blanco como la nieve. Adaptado a la nieve y al frío, el rebeco blanco es capaz de trepar y saltar por las rocas más empinadas y de ascender a 460 m de altura sobre el punto inicial en menos de 20 minutos.

Toro almizclado y takín (tribu *Ovibovini*). A pesar de su aspecto, que recuerda al de un un yak en miniatura, el toro almizclado (*Ovibos moschatus*) es en realidad un caprino que sólo guarda un parentesco realmente cercano con el takín. Sus cuernos, que en los ejemplares viejos se juntan en la base, descienden por los lados de la cabeza y se encorvan luego hacia arriba; su pelaje es bastante largo, propio de un animal de las regiones árticas. Su hábitat actual, en efecto, son las tundras cercanas a glaciares de Groenlandia y el extremo septentrional de América, incluidas las islas árticas, existiendo algunas poblaciones residuales en Noruega, Svalbard, Rusia europea y Siberia.

El takín (*Budorcas taxicolor*) es un rumiante de 0,7 a 1,40 m de altura y con unos cuernos que, tras inclinarse hacia abajo y afuera, cambian de pronto de dirección y se inclinan hacia atrás. Vive en pequeños rebaños —que, sin embargo, llegan a ser mucho mayores en verano, cuando los animales remontan hacia la línea de árboles— en las montañas del Tíbet oriental y del centro y sur de China, Birmania, Assam, Sikkimm y Bután; es principalmente ramoneador y se alimenta de hojas, tallos y yemas de arbustos y árboles.

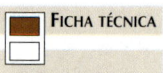

FICHA TÉCNICA

Nombre vulgar:
Rebeco o cabra blanca
Nombre científico:
Oreamnos americanus
Clasificación:
Orden artiodáctilos. Suborden rumiantes. Familia bóvidos
Características:
LCC 1,2-1,6 m; P 46-140 kg; G 186 d; Nc 1
Distribución:
zonas montañosas desde el SE de Alaska hasta Oregon, Dakota del Sur y Montana (EE UU)

FICHA TÉCNICA

Nombre vulgar:
Toro almizclado
Nombre científico:
Ovibos moschatus
Clasificación:
Orden artiodáctilos. Suborden rumiantes. Familia bóvidos
Características:
LCC 1,9-2,3 m; P 200-410 kg; G 8-9 m; Nc 1
Distribución:
tundras de América, Groenlandia, Noruega, Svalbard, Rusia y Siberia

Oreamnos americanus.

Ovibos moschatus.

Cabras y carneros (tribu *Caprini*). Aunque no existen grandes diferencias entre cabras y carneros, excepto si se comparan los dos géneros principales, *Capra* y *Ovis*, puede decirse que las cabras tienen los cuernos dirigidos hacia arriba y hacia atrás, mientras que los carneros los presentan enrollados a uno y otro lado de la cabeza, como rodeando las orejas. Otra distinción consiste en que estos últimos poseen en la cara, delante de los ojos, unas glándulas, a modo de lagrimales, que faltan en las cabras.

Cabras monteses ibéricas. Aunque las cabras monteses que habitan en la península Ibérica son todas de la misma especie (*Capra pyrenaica*), se atribuyen distintos nombres vulgares a las distintas subespecies que se distribuyen por los diferentes macizos montañosos. Así tenemos la cabra de los Pirineos o bucardo (*C. p. pyrenaica*), que hoy sólo se encuentra en el valle de Ordesa y alguna localidad contigua; la cabra de Sierra de Gredos (*C. p. victoriae*): y la cabra hispánica (*C. p. hispanica*), que se distribuye por las montañas del litoral mediterráneo, desde Sierra Morena hasta el sur de la cordillera litoral catalana. En el pasado había una cuarta subespecie que vivía en Galicia y en el norte de Portugal (*C. p. lusitanica*), pero ésta se extinguió por completo hacia 1890.

Cuando en los Pirineos abundaban las cabras monteses —en la actualidad son escasísimas—, solían bajar en invierno a pacer en los valles y praderas libres de nieve. Su descenso de las grandes alturas coincidía con el celo, que empezaba a principios de noviembre. En esta época, los machos luchaban con furia entre sí, y por lo bravos resultaban peligrosos para el ganado doméstico y a veces hasta para el hombre. En las primeras semanas de abril se iniciaba el regreso a los puntos elevados; poco después, las hembras se separaban de los machos y se aislaban para criar. El parto se producía en el mes de mayo y en él nacía un solo cabrito, rara vez dos. En la raza de Gredos, la reproducción es más temprana; el celo ocurre en septiembre u octubre, y los cabritos nacen en abril.

Las cabras de la cordillera litoral catalana muestran costumbres algo diferentes; lejos de vivir en las grandes alturas, habita en terrenos de altitud no superior a 1 400 m, aunque eso sí, de carácter muy abrupto, con grandes acantilados y profundas gargantas. En invierno se refugian en las solanas y a veces ocupan tierras más bajas, llegando incluso hasta la zona de olivares, fenómeno que no se observa nunca en las cabras de otros macizos ibéricos.

Cabras monteses asiáticas. En el Cáucaso habita una cabra montés, el tur del Cáucaso oriental (*Capra cylindricornis*), bastante parecida a las de la península Ibérica, pero tan grande como un ciervo. Esta cabra vive en rebaños de veinte a cuarenta cabezas, a altitudes que varían entre 800 y 3 600 m, e incluso más en verano, cuando sube en busca de las nieves perpetuas. Otra especie asiática es el amenazado marjor (*C. falconeri*) de las montañas de Cachemira, norte y centro de Pakistán, Afganistán, S de Uzbekistán y Tayikistán, cuyos cuernos están retorci-

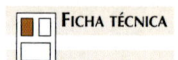

FICHA TÉCNICA

Nombre vulgar: Cabra montesa o ibérica
Nombre científico: *Capra pyrenaica*
Clasificación: Suborden rumiantes. Familia bóvidos
Características: LCC 1-1,4 m; Pmáx 110 kg; G 165-170 d; Nc 1
Distribución: montañas península ibérica

FICHA TÉCNICA

Nombre vulgar: Cabra montes de Sierra de Gredos
Nombre científico: *Capra pyrenaica victoriae*
Clasificación: Suborden rumiantes. Familia bóvidos
Características: id. *pyrenaica*
Distribución: Sierra de Gredos (España)

FICHA TÉCNICA

Nombre vulgar: Íbice
Nombre científico: *Capra ibex*
Clasificación: Suborden rumiantes. Familia bóvidos
Características: LCC 1,1-1,7 m; P 35-150 kg; G 150-180 d; Nc 1-3
Distribución: Alpes; de Afganistán al lago Baikal, y de N Etiopía a Palestina y Arabia

Capra pyrenaica.

Capra pyrenaica victoriae.

Capra ibex.

dos como un sacacorchos. En otras cabras cada cuerno se encorva sólo hacia atrás, en forma de alfanje, como ocurre en el íbice (*C. ibex*), propio de los Alpes y de varios sistemas montañosos de Asia y del este de África; lo mismo sucede en el pasang o cabra salvaje (*C. aegagrus*), que se encuentra en las montañas de Asia sudoccidental y algunas islas del Mediterráneo, y que es considerada como agriotipo de la cabra doméstica (*C. hircus*).

Hoy se conocen numerosas razas de cabras domésticas, algunas de las cuales pueden ser el resultado de hibridaciones con las especies salvajes de los respectivos países. En general se las cría para utilizar su carne y su leche; por esta última circunstancia sobresalen la cabra malagueña y la de Nubia. En Asia existen algunas razas, como la de Cachemira, cuyo pelo largo y sedoso tiene gran valor como fibra textil. La rusticidad y carácter arisco de la cabra hacen que vuelva con facilidad al estado salvaje.

Uno de los caracteres peculiares de las cabras es la barba que exhiben los machos. Este adorno falta, sin embargo, en el tahr himalayo (*Hemitragus jemlahicus*), una cabra montés del Himalaya que tiene, en cambio, el cuello rodeado de una espesa melena (el macho), y cuyos cuernos son cortos y encorvados hacia atrás. Esta especie vive en laderas escarpadas y boscosas, y los machos, que pasan la mayor parte del año lejos de las hembras, buscan los parajes más impenetrables y escabrosos. Especies similares viven en las montañas y colinas de Omán (*H. jayakari*, thar arábigo) y en los montes Nilgiri, en el sur de la India (*H. hilocrius*, thar del Nilgiri). Ambas están amenazadas y la primera lo está en un grado crítico.

Carnero doméstico. El carnero doméstico (*Ovis aries*) se encuentra en este estado desde épocas remotas y presenta gran número de razas, de las que se aprovechan la lana, la leche, la carne y el cuero. Las diferentes razas de carneros domésticos, a excepción del unia o carnero de pelea de la India, poseen la cola larga, mientras que en las especies salvajes la cola es siempre muy corta. Se cree que esto es una degeneración producida por la misma domesticidad, pues en ciertas razas asiáticas y africanas se observa la tendencia del rabo a aumentar de tamaño y a acumular grasa. Desde el punto de vista de la producción de lana, los mejores carneros son los merinos, raza creada en España a partir de los carneros traídos de África por los benimerines, en el siglo XVI.

Otras especies. Es corriente admitir como antecesor salvaje del carnero doméstico al muflón (*Ovis musimon*), especie nativa de Chipre, Cerdeña y Córcega, y ampliamente introducida en Europa; pero cuando se considera que en el Próximo Oriente el pastoreo de reses ovinas se remonta a los primeros días de la civilización, no puede dejar de pensarse que en este ganado existe algún elemento originario asiático, que bien pudiera ser el urial (*O. vignei*), propio de los terrenos montañosos y de los desiertos de Irán, Afganistán y regiones limítrofes, norte de Pakistán y Cachemira; o con más razón aún, el

---

FICHA TÉCNICA

Nombre vulgar:
Carnero doméstico
Nombre científico:
Ovis aries
Clasificación:
Orden artiodáctilos.
Suborden rumiantes.
Familia bóvidos
Características:
LCC m;
P 25-80 kg;
G 145-160 d;
Nc 1
Distribución:
cosmopolita

FICHA TÉCNICA

Nombre vulgar:
Muflón
Nombre científico:
Ovis musimon
Clasificación:
Orden artiodáctilos.
Suborden rumiantes.
Familia bóvidos
Características:
LCC 1,2-1,8 m;
P 20-200 kg,
G 150-180 d;
Nc 1-4
Distribución:
Chipre, Cerdeña y Córcega

Ovis aries.

Ovis musimon.

muflón asiático (*O. orientalis*) de Asia Menor y O de Irán. Asia es el continente en el que existen más especies de carneros monteses: además de los ya citados viven allí el gigantesco argali o argal (*O. ammon*) de Mongolia, Tíbet, región del Himalaya, S de Siberia y N de China, cuyos cuernos alcanzan la talla récord de 190 cm de longitud y 50 cm de circunferencia, y el carnero de las nieves (*O. nivicola*) del NE de Siberia, un animal que como indica su nombre sólo vive en las regiones árticas o extremadamente alpinas. En América del Norte, cuya fauna tantos puntos de contacto presenta con la del Asia paleártica, habitan también varias especies del género, como el hermoso carnero de Alaska o de Dall (*O. dalli*), de pelaje tan blanco como la nieve que cubre su territorio (excepto la muy localizada subespecie de Stone, que lo tiene gris o negro) y el bighorn o carnero de las Montañas Rocosas (*O. canadensis*), que se encuentra en el SO de Canadá, el O de Estados Unidos y el N de México y cuyos combates entre machos pueden oírse a 3 km de distancia.

La cordillera del Atlas y otros macizos montañosos del norte de África tienen también su carnero montés, el arruí o muflón del Atlas (*Ammotragus lervia*), que tiene las patas anteriores envueltas en largos pelos que le cuelgan debajo del cuello. Una curiosa particularidad del arruí es que, a diferencia de los demás carneros, carece de glándulas delante de los ojos, de modo que viene a ser una especie de término medio entre los carneros y las cabras. También faltan estas glándulas en una especie asiática, el bharal común o carnero azul (*Pseudois nayaur*), propio del Himalaya, de la meseta del Tíbet y del E de China, que habita entre 2 500 y 6 500 m de altitud. Las costumbres del bharal se parecen a las de las cabras monteses, si bien carece de un carácter peculiar de todas las especies caprinas, y es el olor característico que se denomina cabruno, lo que clasifica a este animal entre los carneros. ■

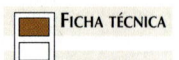

FICHA TÉCNICA

Nombre vulgar:
Carnero de Alaska o de Dall
Nombre científico:
Ovis dalli
Clasificación:
Orden artiodáctilos.
Suborden rumiantes.
Familia bóvidos
Características:
LCC 1,2-1,8 m;
P 20-200 kg;
G 150-180 d;
Nc 1-4
Distribución:
Alaska y NO de Canadá

FICHA TÉCNICA

Nombre vulgar:
Arruí o muflón del Atlas
Nombre científico:
Ammotragus lervia
Clasificación:
Orden artiodáctilos.
Suborden rumiantes.
Familia bóvidos
Características:
LCC 1,3-1,65 m;
P 40-145 kg;
G 154-161 d;
Nc 1-2
Distribución:
tierras altas en zonas desérticas y subdesérticas de Marruecos y Sahara occidental a Egipto y Sudán

Ovis dalli.

Ammotragus lervia.

Índice
temático

CLASE MAMÍFEROS 8
Características generales 8
Alimentación 10
Reproducción 12
Clasificación 13

ORDEN MONOTREMAS 14
Familia taquiglásidos 14
Familia ornitorrínquidos 16

ORDEN MARSUPIALES 20
Clasificación 20

Suborden poliprotodontos 22
Familia didélfidos 22
Familia cenoléstidos 24
Familia microbioteríidos 24
Familia tilacínidos 24
Familia dasiúridos 26
Familia mirmecóbidos 28
Familia peramélidos 28
Familia tilacomíidos 30
Familia notoríctidos 30

Suborden diprotodontos 30
Familia fascolárctidos 32
Familia vombátidos 32
Familia falangéridos 34
Familia petáuridos 34
Familia burrámidos 36
Familia macropódidos 36
Familia potóridos 40
Familia tarsipédidos 40

ORDEN INSECTÍVOROS 42
Familia erinaceidos 42
Familia solenodóntidos 44
Familia tenrécidos 44

Familia crisoclóridos	46
Familia sorícidos	46
Familia tálpidos	48

ORDEN MACROSCELIDEOS — 50
Familia macroscélidos — 50

ORDEN DERMÓPTEROS — 52
Familia cinocefálidos — 52

ORDEN QUIRÓPTEROS — 56
Clasificación — 56

Suborden megaquirópteros — 56
Familia pteropódidos — 56

Suborden microquirópteros — 58
Familia megadermátidos — 58
Familia rinolófidos — 60
Familia hiposidéridos — 60
Familia filostómidos — 62
Familia vespertiliónidos — 64
Familia molósidos — 66

ORDEN ESCANDENTES — 68
Familia tupaíidos — 68

ORDEN PRIMATES — 72
Suborden estrepsirrinos — 72
Familia lemúridos — 72
Familia queirogaleidos — 74
Familia indríidos — 76
Familia daubentoníidos — 76
Familia lorísidos — 78
Familia galagónidos — 78

Suborden haplorrinos	80
Familia tarsíidos	80
Familia cébidos	82
Sahuíes, sakís y uacarís	82
Monos de noche	84
Monos araña y monos lanudos	84
Monos aulladores o aluatas o	86
Familia calitríquidos	86
Familia cercopitécidos	88
Cercopitecos y afines	90
Mangabeyes y macacos	90
Gelada papiones y mandriles	94
Familia colóbidos	96
Familia hilobátidos	98
Familia homínidos	100
Orangutanes	100
Chimpancés	102
Gorila	104

ORDEN DESDENTADOS	**108**
Familia megaloníquidos	108
Familia bradipódidos	108
Familia mirmecofágidos	110
Familia dasipódidos	110

ORDEN FOLIDOTOS	**112**
Familia mánidos	112

ORDEN LAGOMORFOS	**114**
Familia ocotónidos	114
Familia lepóridos	116

ORDEN ROEDORES	**118**
Clasificación	118
Suborden esciuromorfos	118
Familia aplodóntidos	118

Familia esciúridos	118
Familia geómidos	122
Familia heteromíidos	122
Familia castóridos	122
Familia anomalúridos	124
Familia pedétidos	124

Suborden miomorfos 124
Familia múridos 124
   Ratones 124
   Ratas 126
   Topillos jerbillos y otras especies 126
Familia glíridos 128
Familia seleviníidos 130
Familia zapódidos 130
Familia dipódidos 130

Suborden histricomorfos 132
Familia histrícidos 132
Familia eretizónidos 132
Familia cavíidos 134
Familia hidroquéridos 134
Familia dinomíidos 134
Familia dasipróctidos 134
Familia chinchíllidos 136
Familia caprómidos 138
Familia octodóntidos 138
Familia ctenomíidos 138
Familia Abrocómidos 140
Familia equimíidos 140
Familia trionomíidos 140
Familia petromúridos 140
Familia batiérgidos 140
Familia ctenodactílidos 140

ORDEN CETÁCEOS 144
Clasificación. 144

Suborden odontocetos 144
Familia ínidos 144

Familia lipótidos	146
Familia pontopóridos	146
Familia platanístidos	146
Familia delfínidos	146
Familia focénidos	150
Familia monodóntidos	150
Familia zífidos	152
Familia fiseléridos	152
Suborden misticetos	154
Familia escríctidos	154
Familia balenoptéridos	156
Familia balénidos	158
Familia neobalénidos	158
ORDEN CARNÍVOROS	**160**
Clasificación	160
Familia cánidos	160
Lobos	162
Perros	166
Chacales	168
Coyote	168
Zorros	170
Zorro común o rojo	170
Zorros americanos	170
Zorro polar o ártico	172
Zorros africanos	172
Licaón	174
Familia prociónidos	174
Familia úrsidos	178
Oso pardo	178
Oso negro americano	180
Oso polar	180
Osos asiáticos	182
Oso de anteojos	184
Panda gigante	184
Familia mustélidos	188
Subfamilia Melinae	188
Subfamilia Melivorinae	190
Subfamilia Mephitinae	190

Subfamilia Mustelinae	192
Géneros americanos	192
Género Mustela	194
Género Gulo	196
Subfamilia Lutrinae	196
Familia vivérridos	196
Familia hiénidos	202
Género Hyaena	202
Género Crocuta	204
Género Proteles	204
Familia félidos	204
Género Felis	206
gato doméstico	206
Gato montés	208
Gatos africanos	208
Gatos asiáticos	208
Gatos americanos	210
Género Felis, subgéneros Lynx y Caracal	212
Linces	212
Género Felis, subgénero Puma	214
Puma	214
Género Panthera	214
León	214
Tigre	216
Leopardo	220
Jaguar y pantera de las nieves	220
Género Neofelis	222
Pantera nebulosa	222
Género Acinonyx	224
Guepardo	224
ORDEN PINNÍPEDOS	**226**
Clasificación	226
Familia otaríidos	226
Leones marinos	226
Osos marinos	228
Familia odobénidos	230
Familia fócidos	232
Género Phoca	232
Foca de casco y foca barbuda	234

Focas fraile	236
Focas antárticas	236
Elefantes marinos	238

ORDEN TUBULIDENTADOS — 240
Familia oricterópidos	240

ORDEN PROBOSCÍDEOS — 242
Familia elefántidos	242

ORDEN HIRACOIDEOS — 246
Familia procávidos	246

ORDEN SIRENIOS — 248
Familia dugóngidos	248
Familia triquéquidos	250

ORDEN PERISODÁCTILOS — 252
Clasificación	252
Familia équidos	252
Caballos	254
Asnos	256
Cebras	258
Familia tapíridos	260
Familia rinoceróntidos	262
Rinocerontes asiáticos	262
Rinocerontes africanos	266

ORDEN ARTIODÁCTILOS — 268
Clasificación	268
Suborden suiformes	268
Familia suidos	270
Jabalí y cerdo doméstico	270
Otras especies	272

Familia tayasuidos	274
Familia hipopotámidos	276
Suborden tilópodos	278
Familia camélidos	280
Camélidos americanos	284
Suborden rumiantes	286
Familia tragúlidos	286
Familia mósquidos	286
Familia cérvidos	288
Subfamilia hidropotinos	288
Subfamilia muntiacinos	288
Subfamilia cervinos	290
Subfamilia odocoilinos	294
Familia jiráfidos	298
Familia antilocápridos	300
Familia bóvidos	302
Subfamilia bovinos	302
Antílopes de cuernos espiralados	302
Antílopes de cuatro cuernos	304
Toros y afines	304
Bisonte	306
El bisonte americano	308
Búfalos	310
Subfamilia cefalofinos	310
Subfamilia hipotraginos	312
Subfamilia Antilopinos	316
Antílopes enanos	316
Gacelas	316
Subfamilia caprinos	320
Saiga	320
Rebecos y afines	320
Toro almizclado y takín	322
Cabras y carneros	324
Cabras monteses ibéricas	324
Cabras monteses asiáticas	324
Carnero doméstico	326
Otras especies	326
Indice temático	331
Indice iconográfico	341
Referencias iconográficas	351

Índice
iconográfico

Ceratotherium simum

A

Acinonyx jubatus, 225
Aepyceros melampus, 317
Aepyprymnus rufescens, 41
Agouti paca, 135
Ailuropoda melanoleuca, 187
Ailurus fulgens, 177
Alcelaphus buselaphus, 313
Alces alces, 297
Allocebus trichotis, 75
Alopex lagopus, 173
Alouatta caralia, 85
Ammotragus lervia, 329
Anomalurus peli, 125
Antilocapra amaricana, 301
Aotus trivirgatus, 83
Apodemus sylvaticus, 125
Aselliscus tricuspidatus, 61

B

Babyrousa babyrussa, 273
Balaenoptera musculus, 155
Balaenoptera physalus, 159
Bison bison, 309
Bos gaurus, 307
Bos taurus, 305, 307

C

Boselaphus tragocamelus, 305
Bradypus tridactylus, 109
Bubalus bubalis, 311

Callithrix pygmaea, 87
Callorhinus ursinus, 229
Camelus bactrianus, 279, 281
Camelus dromedarius, 283
Canis aureus, 169
Canis familiaris, 169
Canis familiaris braco alemán, 167
Canis familiaris coker spaniel, 167
Canis latrans, 171
Canis lupus, 165
Canis rufus, 163
Caperea marginata, 159
Capra ibex, 325
Capra pyrenaica, 325
Capra pyrenaica victoriae, 325
Capreolus capreolus, 297
Castor canadensis, 123
Cebus abella, 81
Cebus capucinus, 83
Ceratotherium simum, 267

Cercatetus concinnus

Cercatetus concinnus, 37
Cercopithecus mona, 89
Cervus elaphus, 291
Cervus elaphus canadiensis, 293
Choeropsis liberiensis, 279
Choloepus didactylus, 109
Choloepus hoffmanni, 109
Clethrionomys glareolus, 127
Coendou prehensilis, 133
Connochaetes taurinus, 315
Crocuta crocuta, 205
Cryptoprocta ferox, 201
Ctenomys magellanicus, 141
Cynocephalus variegatus, 53
Cynomys ludovicianus, 121
Cystophora cristata, 235

D

Dama dama, 293
Dasyprocta aguti, 137
Dasyurus maculatus, 27
Daubentonia madagascariensis, 77
Delphinapteurus leucas, 151
Desmodus rotundus, 63
Dicerorhinus sumatrensis, 263
Diceros bicornis, 267
Didelphis virginiana, 21, 23
Dipodomys ingens, 132
Dolichotis patagonum, 135
Dromiciops australis, 25
Dudong dudon, 249

E

Echinops telfari, 47
Elephantulus sp, 51
Elephas maximus, 243
Eliomys quercinus, 129
Equus burchelli, 259
Equus caballus, 253, 255
Equus caballus przewalskii, 255
Equus grevyi, 261
Equus hemionus, 257
Equus kiang, 257
Equus zebra, 259
Erignathus barbatus, 235

Lagothrix lagotricha

Erinaceus atelerix algirus, 43
Erinaceus europaeus, 43
Eschrichtius robustus, 155
Eubalaena glacialis, 157
Eulemur fulvus rufus, 73
Eulemur petterus fulvus, 75

F

Felis [caracal] caracal, 213
Felis catus, 207
Felis [lynx] pardina, 213
Felis [lynx] rufus, 213
Felis pardalis, 211
Felis [Puma] concolor, 215
Felis serval, 209
Felis silvestris silvestris, 207
Felis temmincki, 209
Felis tigrina, 211
Felis wiedii, 211
Fennecus zerda, 173

G

Gazella thompsoni, 317
Genetta genetta, 201
Giraffa camelopardalis, 299

Glis glis, 129
Gorilla gorilla beringei, 105
Gorilla gorilla gorilla, 107

H

Herpestes ichneumon, 203
Heterocephalus glaber, 141
Hippopotamus amphibius, 277
Hyaena hyaena, 203
Hydrochaeris hydrochaeris, 135
Hydropotes inermis, 289
Hylobates hoolok, 99
Hylobates las, 99

I

Indri indri, 77
Isoodon macrourus, 29

J

Jaculus jaculus, 131

K

Kobus defassa, 315

L

Lagostomus maximus, 137
Lagothrix lagotricha, 85

Lama guanicoe

Lama guanicoe, 287
Lama pacos, 285
Lasiorhinus latifrons, 33
Lavia frons, 59
Lemur catta, 73
Leontopithecus rosalia, 87
Leptonychotes weddelli, 237
Lepus arcticus, 117
Lipotes vexilifer, 147
Litocranius walleri, 319
Lobodon carcinophagus, 239
Loris tardigradus, 79
Loxodonta africana, 241, 245
Lutra lutra, 197
Lycaon pictus, 175
Lyncodon patagonicus, 193

M

Macaca fascilurairs, 91
Macaca fuscata, 93
Macaca sylvanus, 93
Macropus antilopinus, 39
Macropus eugenii, 39
Macropus rufus, 21, 37
Macrotis lagotis, 31
Mandrillus sphinx, 97
Manis tricuspis, 113
Marmota marmota, 121
Martes foina, 193
Massoutiera mzabi, 143
Mazama gouazoubira, 297
Megaptera novaeangliae, 157
Meles meles, 189
Mellivora capensis, 191
Mesocricetus auratus, 129
Mirounga leonina, 239
Mistrix indica, 133
Monachus monachus, 237
Moschus berezovskii, 289
Muntiacus mantjak, 291
Mustela putorius, 195
Mustela putorius furo, 195
Mustela vison, 197
Myocastor coypus, 139
Myotis myotis, 65
Myrmecobius fasciatus, 29
Myrmecophaga tridactyla, 111

N

Nasalis larvatus, 97
Nasua nasua, 177
Neofelis nebulosa, 225
Neomys anomalus, 47
Notoryctes typhlops, 31

O

Ochotona collaris, 115
Odobaenus rosmarus, 231
Okapia johnstoni, 301
Oreamnos americanus, 323
Ornithorhynchus anatinus, 17
Orycteropus afer, 241
Oryctolagus cuniculus, 117
Oryx gazella, 313
Otocyon megalotis, 173
Otolemur crassicaudatus, 79
Ourebia ourebi, 317
Ovibos moschatus, 323
Ovis ammon aries, 327
Ovis dalli, 329
Ovis musimon, 327

P

Pan paniscus, 103
Pan troglodytes, 103
Panthera leo, 215, 217
Panthera onca, 223
Panthera pardus, 221
Panthera tigris, 219
Panthera tigris altaica, 219
Panthera tigris tigris, 217
Panthera uncia, 223
Papio hamadryas, 95
Pedetes capensis, 125
Petauroides volans, 35
Phacochoerus aethiopicus, 273
Phascolarctos cinereus, 21, 33
Phoca groenlandica, 223
Phoca vitulina, 233
Phocaena phocaena, 151
Phocarctos hookeri, 227
Phyllostomus hastatus, 63
Physeter catodon, 153
Pipistrellus pipistrellus, 65
Platanista gangetica, 147
Pongo pygmaeus, 101
Potamogale velox, 45
Potos flavus, 177
Procavia capensis, 247
Procyon lotor, 175
Proteles cristatus, 205
Pteropus policephalus, 57
Pteropus rufus, 57

R

Rangifer tarandus, 295
Rattus norvegicus, 127
Rhinoceros unicornis, 265
Rhinolophus swynnyi, 61

Rhynchocyon chrysopygus

Rhynchocyon chrysopygus, 51
Rupicapra pyrenaica, 321

S

Saguinus imperator, 71
Saguinus oedipus, 89
Saiga tatarica, 321
Saimini oerstedii, 83
Sarcophilus harrisii, 27
Sciurus carolinensis, 119
Sciurus vulgaris, 119
Sicista betulina, 131
Solenodon parodoxus, 45
Sorex araneus, 49 (ficha)
Sorex minutus, 49 (foto)
Spalacopus cyanus, 139
Spilocuscus maculatus, 35
Spilogale putorius, 191
Stenella frontalis, 149
Suricatta suricatta, 199
Sus scrofa, 269, 271
Synceros caffer, 311

T

Tachyglossus aculeatus, 15
Tadarida australis, 67
Talpa europaea, 49
Tapirus bairdii, 263
Tapirus terrestris, 261
Tarsipes rostratus, 41
Tarsius syrichta, 81
Taurotragus oryx, 303
Taxidea taxus, 189
Tayassu tajacu, 275
Thylacinus cynocephalus, 25
Tragelaphus strepsiceros, 303
Tragulus javanicus, 287
Trichechus inunguis, 249
Trichechus manatus, 251
Tupaia glis, 69
Tursiops truncatus, 143

U

Uroderma bilobatum, 55
Urogale everetti, 69
Ursus americanus, 181
Ursus arctos, 179
Ursus arctos horribilis, 181
Ursus malayanus, 185
Ursus maritimus, 183
Ursus thibetanus, 183

V

Vicugna vicugna, 285
Vulpes vulpes, 161, 171

Z

Zaedyus pichiy, 111
Zaglossus bruijni,
 19
Zalophus californianus,
 227

Referencias iconográficas
AGE Photostock; Xavier Ferré; FIRO-FOTO